中公新書 2342

櫻澤誠著

沖縄現代史

米国統治、本土復帰から「オール沖縄」まで

中央公論新社刊

まえがき

沖縄本島最北端の辺戸《へど》岬には、沖縄現代史に関わる二つの記念碑が立っている。

一つは、岬の突端の見晴らしのよい場所に立つ「祖国復帰闘争碑」である。

米軍統治期、すでに日本に復帰していた与論《よろん》島を眺めることができる辺戸岬は、復帰運動の重要な舞台でもあった。この記念碑は復帰運動を牽引した沖縄県祖国復帰協議会（復帰協）が本土復帰から4年後の1976年に建立したものである。その碑文には「祖国復帰」を讃える記述はなく、「日米国家権力の恣意《しい》のまま　軍事強化に逆用された」ことへの苦渋の思いと、新たな闘いに向けて「決意を新たにし合うため」のものと記されている。

もう一つは、駐車場の手前に立つ「大田政作《おおたせいさく》先生緑化顕彰碑」である。

大田政作は琉球政府第3代行政主席（59〜64年、現在の県知事とほぼ同等だが米軍による任命）を務めた人物である。この碑文には、「主席就任後　祖国復帰への積み重ね方式の第一歩として自ら本土政府と接触し　実質的復帰としての本土政府の行財政　技術の援助を実現日米琉協調による復帰への第一歩をつくった」ことが記されている。緑化顕彰と言いながら、実際には祖国復帰への功績を讃える側面が強い。建立協力者には、西銘《にしめ》順治《じゅんじ》（衆議院議員、のち沖縄県知事）をはじめ、沖縄政財界の錚々《そうそう》たる面々が名を連ねている。

前者はガイドブックにも掲載され、辺戸岬を訪れた際には必ず目にするものであろう。一方、後者はほとんど知られていない。

このコントラストは、沖縄の復帰についての一般的な語り方と同じである。つまり、復帰運動は沖縄革新勢力によって展開されたものとされ、復帰時期尚早を唱えた沖縄保守勢力の復帰への取り組みには目が向けられないからである。だが、沖縄保守勢力は、60年代には復帰に向けて本土との一体化を推進し、沖縄経済が自立する前の復帰は時期尚早という立場であった。

72年の米国からの施政権返還以降、日本政府による沖縄振興開発計画が実施されるなか、本土企業の進出、公共事業や軍用地料・補助金収入の上昇などで、沖縄の経済構造は劇的に変化していく。それにより、復帰時に全国平均の約6割であった県民所得は、10年後に約7割まで上昇した。だが現在までその水準を脱していない。さらに、復帰前には1％前後で安定していた失業率は、復帰後すぐに3～4％台まで上昇し、その後も全国平均の約2～3倍で推移していく。沖縄保守勢力の懸念は杞憂ではなかった。

いままでの沖縄現代史は、見晴らしのよい場所に立つ碑文の見方が中心だった。だがそれだけなのだろうか――。

本土復帰後の沖縄県知事には、革新勢力と保守勢力の人物がほぼ交互に当選している。沖縄の民意はつねに一つの方向を示してきたわけではない。

屋良朝苗《やらちょうびょう》(72〜76年)、平良幸市《たいらこういち》(76〜78年、病気により辞職)と革新県政が続いたが、本土政府との強力な連携による経済問題の改善を期待して、県民は保守の西銘順治(78〜90年)を次の知事に選択する。この間、沖縄経済全体の規模が拡大するなかで、基地依存度が15・5%(72年)から7・6%(78年)、さらに4・9%(90年)へと低下している。

冷戦終結により、米軍基地縮小への期待が高まるなかで、県民は再び革新の大田昌秀《おおたまさひで》(90〜98年)を知事に選択する。95年には米兵少女暴行事件を契機として「沖縄県民総決起大会」が開催され、復帰以降初めて保革対立を超えた「島ぐるみ」運動が実現した。それに対して、96年に日米両政府は普天間基地などの返還に合意するが、辺野古《へのこ》への県内移設が条件とされ、北部振興策や特別補助金が投入されていく。移設受け入れの是非をめぐり保革に分断された県民は再び保守県政を選択し、稲嶺惠一《いなみねけいいち》(98〜2006年)、仲井眞弘多《なかいまひろかず》(06〜14年)を続けて当選させる。

しかし、2000年代後半以降、「教科書検定意見撤回を求める県民大会」(07年)、「米軍普天間飛行場の早期閉鎖・返還と県内移設に反対し国外・県外移設を求める県民大会」(10年)、「オスプレイ配備に反対する沖縄県民大会」(12年)と、保守勢力も含めた超党派による県民大会が立て続けに実施される。そこで問われたのは、沖縄戦をめぐる歴史認識や、日米安保を前提とした上での基地縮小・負担軽減の可能性である。それは、沖縄と日本（本土）との関係を問い直すことでもあった。

かつて琉球王国という独立国であり、明治に入り琉球処分によって日本に併合された沖縄県にとって日本への帰属は自明ではない。そのため、つねに日本との関係を歴史認識によって根拠付けることが必要とされてきた。そうしたなかで、日本軍による沖縄住民への残虐行為が頻発した沖縄戦に対する歴史認識は重要な問題であり続けてきた。

また、２０００年代以降のおもろまち（那覇市）や美浜《みはま》（北谷町《ちゃたんちょう》）などの米軍跡地再開発の経済的成功は、県民意識に大きな転換をもたらした。沖縄は基地依存経済と言われてきたが、実際には基地依存度は低下しており、一方で所得や失業率は一向に改善されない。実は米軍基地は経済的恩恵以上に成長への弊害となっているのではないか、という認識の定着である。

そうしたなかで近年、県民大会における保革を超えた「オール沖縄」体制がとられ、沖縄に対する日本（本土）の「構造的差別」という理解が一般化している。

そして、14年12月、「オール沖縄」を掲げた翁長雄志《おながたけし》が新たな県知事に就任した。いまだに大きい保革対立の側面と、超党派での「オール沖縄」としての側面をどう理解したらよいのか。その複雑に絡み合った糸を解きほぐすためには、沖縄の保革対立が形成されてきた過程、そして、「オール沖縄」を可能にしている歴史認識や基地・経済認識が創られてきた過程を知る必要がある。

この本では、沖縄現代史を見晴らしのよい場所に立つ碑の見方だけでなく、ほとんど顧みられずひっそりと佇《たたず》んでいた碑の見方も重ね合わせながら論じていく。

*

本書は、1～4章で本土復帰前における米国の統治政策、5～8章で本土復帰後における県政の保守と革新の交代によって、それぞれ時期区分・章立てを行っている。これは、本土復帰前には米国の方針転換が、本土復帰後には県民による県知事選択が、それぞれ政治的な変化を示していると考えるからである。

また各章では、それぞれ1～2節は政治・社会、3節は経済、4節は文化・思想を取り上げる。具体的には、本土との関係や基地問題、住民運動といった政治・社会を扱うだけでなく、自立と基地依存を対極としてつねに争点となる経済、帰属意識や自己決定論などで重視される文化・思想を同時に取り上げる。経済、文化・思想はいずれも近年の県民大会や「オール沖縄」での取り組みのなかで焦点となっているものである。

本書を通読することで、沖縄の現状を理解するための歴史的前提が、より立体的に浮かび上がってくれれば幸いである。

目次

南西諸島地図

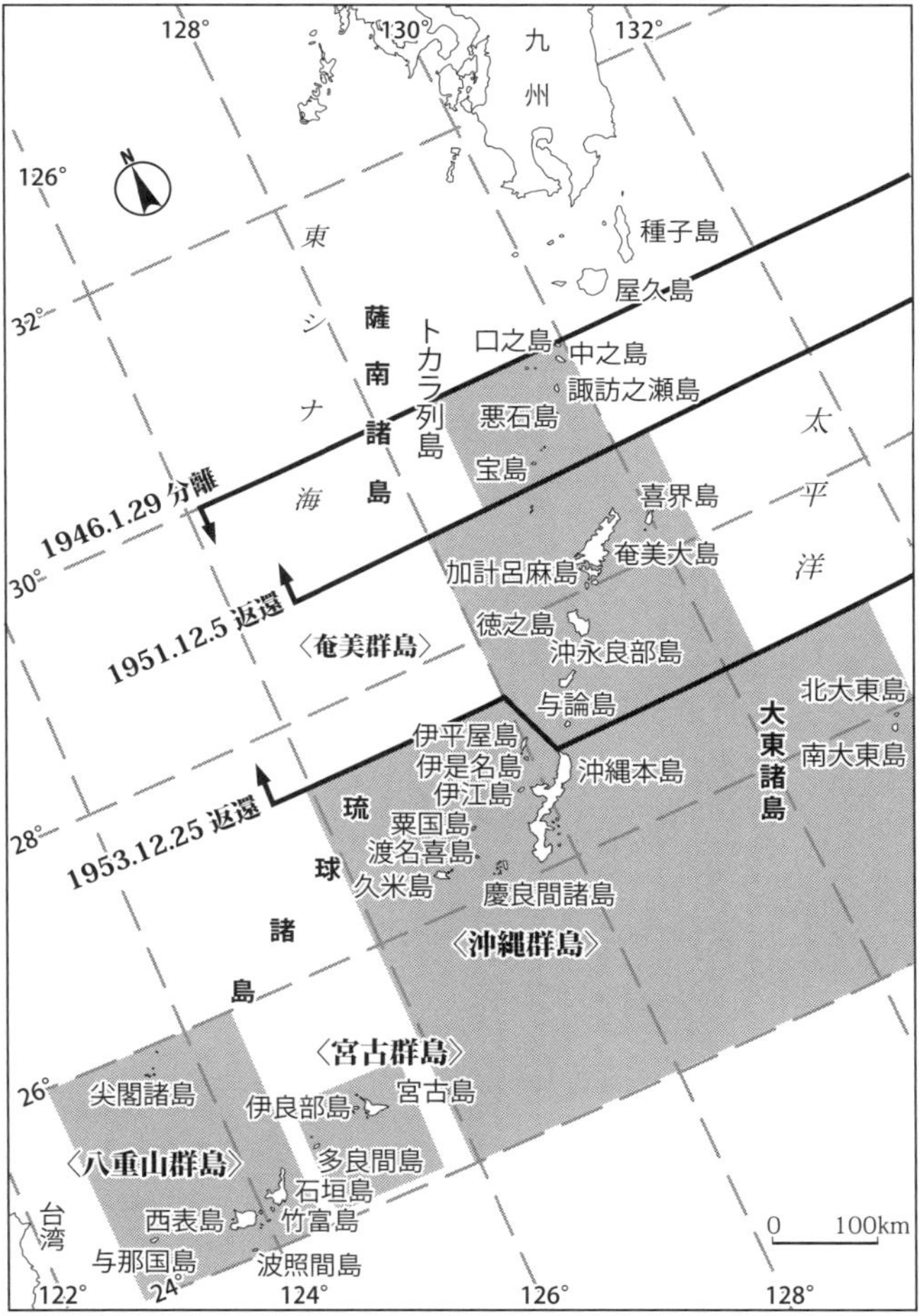

出典：沖縄県教育委員会編『概説　沖縄の歴史と文化』（沖縄県教育委員会，2000年）などを基に著者作成

伊平屋島
伊平屋村
伊是名島
伊是名村
伊江村
伊江島
国頭村
今帰仁村
大宜味村
本部町
東村
名護市
沖縄本島
恩納村
宜野座村
読谷村
金武町
金武湾
嘉手納町
うるま市
沖縄市
北谷町
宜野湾市
北中城村
中城湾
浦添市
中城村
西原町
那覇市
与那原町
豊見城市
北大東村
大東諸島
糸満市
南城市
南大東村
八重瀬町
南風原町

沖縄県市町村一覧図

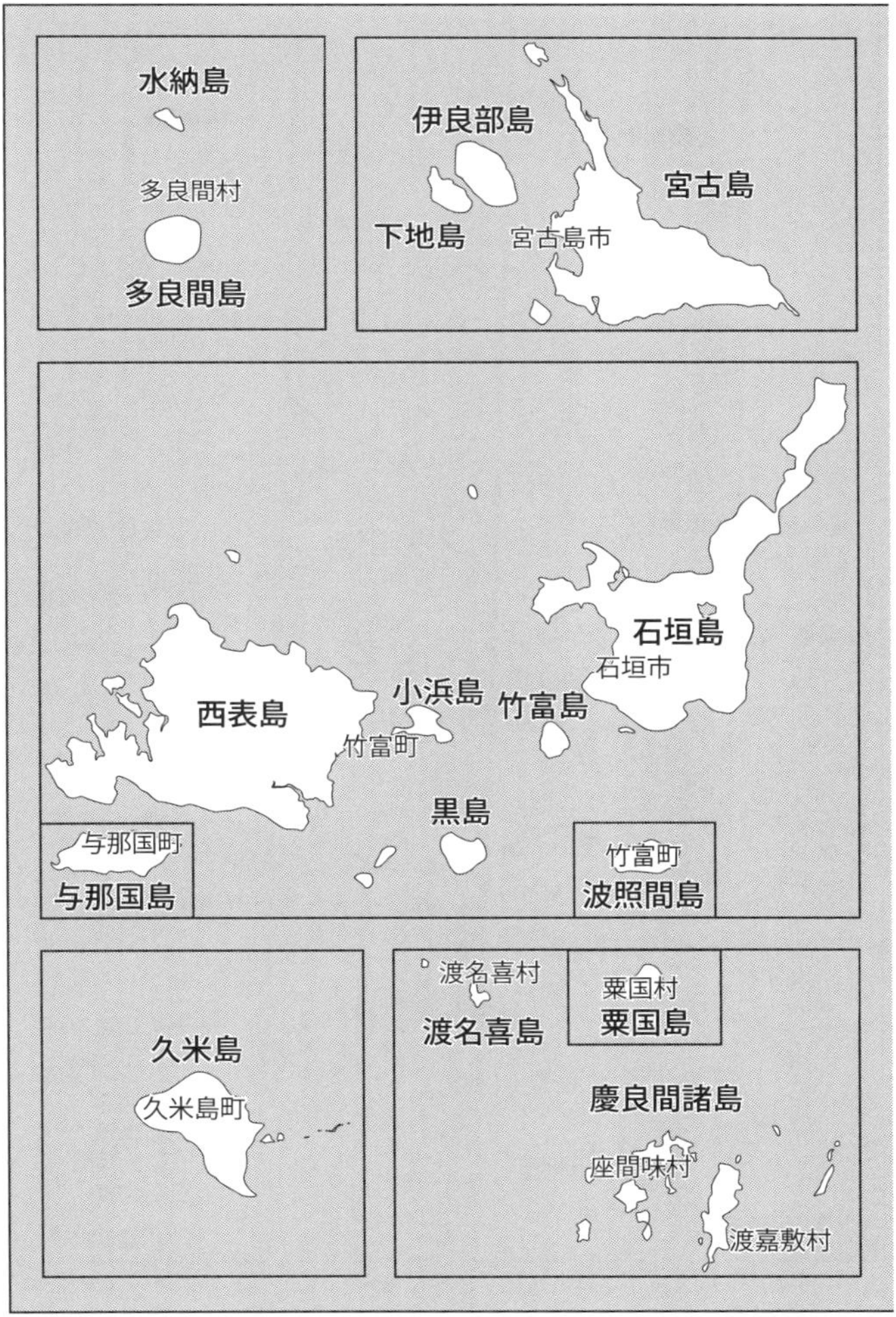

出典：『コンパクト日本地図帳』（昭文社，2015年）を基に著者作成

沖縄本島周辺の米軍基地

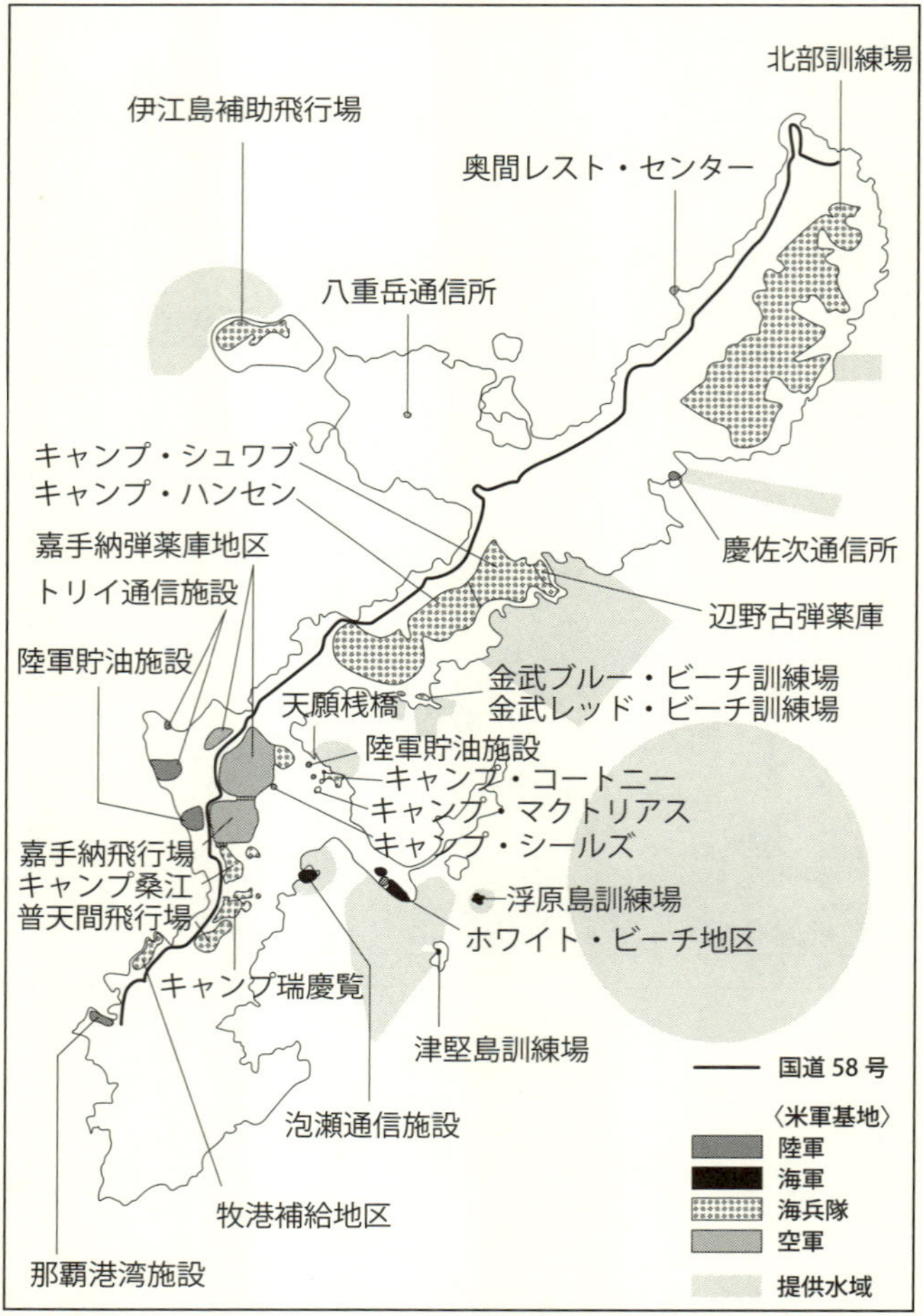

出典：沖縄県知事公室基地対策課編『沖縄の米軍基地　平成25年３月』（同課，2013年）

沖縄現代史

米国統治、本土復帰から「オール沖縄」まで

第1章　「沖縄戦」後の米軍占領　1945〜52

1　軍政――収容所からの出発

12万人以上の沖縄県出身戦没者

1945年3月26日、米軍の慶良間《けらま》諸島上陸によって始まった沖縄戦は、9月7日、すでに壊滅していた沖縄守備隊（第32軍）に代わり南西諸島守備軍代表が降伏文書に調印することで正式に終結した。東京湾上のミズーリ号で連合国と日本の降伏調印が行われた5日後のことである。

なぜ別々に降伏調印が行われたのか。それは、沖縄守備隊が台湾に置かれた第10方面軍の所属であり、屋久《やく》島と口之《くちの》島の間の北緯30度線で分離された「外地」の部隊だったからである。本土決戦準備および終戦工作のため、戦後米国によって分割される以前に、すでに日本によって分割されていたのである。

その境界線は、GHQから日本政府宛に発せられた46年1月29日の「若干の外郭地域を政治上行政上日本から分離することに関する覚書」（SCAPIN677）によってあらためて確認され、北緯30度線以南が日本政府域外とされて、奄美群島を含め、米国単独の占領下に置かれることとなった。

沖縄戦による戦没者は、米国側1万2520名に対して、日本側18万8136名。そのうち沖縄県出身者の戦没者数は、軍人・軍属2万8228名、戦闘参加者（準軍属）5万5246名、一般住民3万8754名、計12万2228名とされる（「沖縄県援護課資料〈1976年3月〉」）。沖縄県民に遺族でない者はいないといわれるゆえんである。

しかも、これはあくまで概数にすぎない。戦災によって戸籍などが消失したため、正確な一般住民の戦死者を把握できないためである。一般住民の戦死者は、軍人軍属を除く住民の戦死者を9万4000名と想定し、そこから戦傷病者戦没者遺族等援護法適用者である戦闘参加者（準軍属）を引いた数にすぎない。さらにいえば、この戦没者数のなかには、終戦前後のマラリアや餓死などで亡くなった人たちは含まれておらず、それらを含めると沖縄住民の戦死者は15万名前後になるとも推定されている。

40年12月の国勢調査で沖縄県人口は57万4579名であったが、沖縄の約4分の1にあたる人々が命を落としたのである。加えてこの数字には含まれていないが、陣地構築などのための軍夫や従軍慰安婦として動員された1万名以上の朝鮮半島出身者が犠牲になったとされる。

解放される対象だった「沖縄人」

45年3月26日に米軍は沖縄上陸作戦を開始したが、その実施に先立ち、上陸と同時に発令するよう、日付のない米国海軍軍政府布告第1号「米国軍占領下の南西諸島及其近海居住民に告ぐ（権限の停止）」（「ニミッツ布告」）が準備されていた。

この布告によって、日本の行政権の停止と沖縄における米軍政府の設立が宣言され、沖縄戦開始・上陸と同時に、順次軍政が開始される。

琉球列島軍政長官にはチェスター・W・ニミッツ海軍元帥が就任。捕虜の軍人と民間人は分けられて、それぞれ別の収容所に入れられたが、沖縄群島には12ヵ所の民間人収容所が作られ、収容所間の移動は厳しく制限された。

米軍にとって、沖縄上陸作戦の重要な目的は日本本土に対する最前線基地の構築であった。沖縄戦の最中にあって、飛行場などの基地修復や拡大は着々と進められた。米軍が戦闘終了を宣言するのは7月2日のことだが、その間も、米軍は基地拡張のために、北部へ民間人を移動させている。

地上戦が展開された地域の沖縄住民にとっては、米軍管理下の収容所に入れられたときがそれぞれの終戦であったといえる。すでに5月7日には沖縄本島中部の石川収容所で石川学園（現城前《しろまえ》小学校）が開校し、7月26日には『ウルマ新報』（現『琉球新報』）が創刊されている。

だが、収容所内も、日本軍の夜襲や米軍人による暴行、さらには食糧不足による飢餓やマラリアなどに苦しめられ、決して心休まるものではなかった。

8月15日には米軍の布告というかたちで、日本の無条件降伏が沖縄住民、日本軍に対して伝えられた。だが、ラジオ設備が破壊されていた沖縄では、正午の玉音放送は後述の仮沖縄諮詢会に参加した一部の者などが米軍の設備で聴いたにすぎない。

米軍は軍政にあたって文化人類学者などを動員し、「民事ハンドブック」や「琉球列島の沖縄人」などを作成していた。そこでは琉球列島は、朝鮮半島や台湾などと同様に近代日本が獲得した植民地とされ、「沖縄人」は解放される対象であった。

初期の米軍政府の管轄は目まぐるしく変遷した。設立時の米軍政府は海軍所管だったが、6月21日に陸軍へと移管。だが、陸軍が日本本土や朝鮮に派遣されることになり、9月21日には海軍に戻される。そして翌年7月1日には、再び海軍から陸軍へと移管される。このように変遷した理由は、戦後の急速な動員解除にともない米軍の再編成が行われたことや、沖縄よりも日本本土の占領が重視されたことなどであった。

軍政――4群島に分けた統治

北緯30度線以南の地域は、52年4月1日に後述する琉球政府が発足するまでの間、北から奄美群島、沖縄群島、宮古《みやこ》群島、八重山《やえやま》群島の4群島に分けて軍政が行われた。そのうち最

1－1 米軍占領期の統治形態変遷

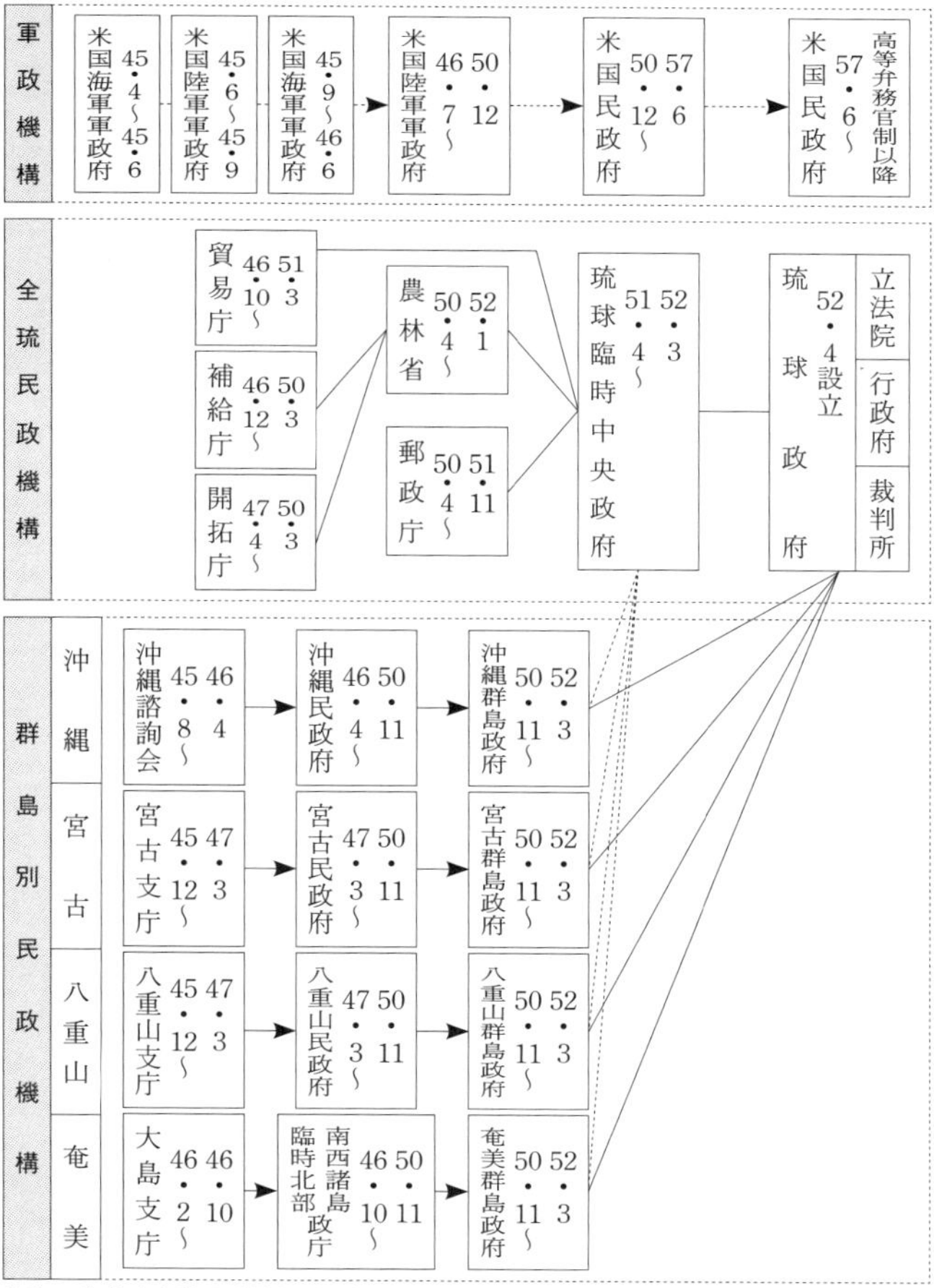

註記：臨時琉球諮詢委員会（50年６月〜51年３月）が琉球臨時中央政府以前に存在した

出典：照屋榮一『沖縄行政機構変遷史』（照屋榮一，1984年）を基に著者作成

も人口が多く中心でもあった沖縄群島では、45年8月15日、128名の住民が米軍によって石川収容所に招集され（仮沖縄諮詢会）、8月20日に15名の委員が選ばれて沖縄諮詢会が発足する。

沖縄諮詢会は、米軍政府が軍政を行うのに必要な助言、情報を得るための諮問機関として設置された。また、各委員が財政部、法務部、教育部など、各部の部長となり行政機構としての役割も担うことになる。委員長には戦中まで私立開南《かいなん》中学校長であった志喜屋孝信《しきやこうしん》が選ばれている。

志喜屋孝信（1884〜1955）
現うるま市生．広島高等師範学校卒．沖縄県立第２中学校，私立開南中学校の校長を務めた戦前沖縄教育界の重鎮．戦後は沖縄諮詢会委員長，沖縄民政府知事を務めた後，琉球大学初代学長に

米軍政府の要請に基づき、沖縄諮詢会は9月13日までに「地方行政緊急措置要綱」を作成し、それに基づき各収容所地区が16の「市」となり、離島の4市を除いた12市で9月20日には「市会」選挙、25日には「市長」選挙が行われることになった。

この選挙は、選挙権・被選挙権はともに25歳以上の男女とされ、本土より一足早く女性参政権が認められたものとして知られるが、住民が収容所にとどまっていた時代にあって市長・市会の権限はきわめて限定されていた。

沖縄諮詢会ではさらに将来の政府構想が議題とされたが、慌ただしい米軍政府の管轄の変遷もあり、米国の方針が定まらないなかで、10月には議論は立ち消えとなった。

45年10月23日、米国統合参謀本部（JCS）は、第2次世界大戦後における米軍の海外展開構想を決定したJCS570／40で、琉球諸島を最も重要度の高い「最重要基地群」の一つと位置付けた。

米軍部の主張はダグラス・マッカーサー連合国軍最高司令官の度重なる発言にもよく表れている。マッカーサーは、沖縄と日本を別民族と考え、日本との分離を当然視していた。また、沖縄の確保によって日本本土の非武装が可能であると考えていた。

だが、米国務省は、それを植民地化とみられることを懸念した。沖縄は日本の一部であって、沖縄を非軍事化した上で日本に返還すべきという姿勢をとり、軍部と国務省は真っ向から対立。46年11月に米国としての意思決定は先延ばしされた。その後、政治改革、経済復興の動きは緩慢となり、49年頃まで沖縄は具体的な方針のないままに放置された「忘れられた島」となる。

住民移動と引き揚げ者

45年10月以降、徐々に収容所からの帰還が許可されるようになった。だが、すでに故郷が軍用地となってしまい、周辺に移住する者や収容所付近にとどまる者も少なくなかった。

沖縄群島で日本軍が取得していた軍用地は約1408エーカーだったのに対し、米軍は49

年までに約4万3000エーカーという30倍強の土地を一方的に取得。その多くは比較的平坦で基地構築にも適した農耕地であった。生活に窮した者のなかには、移民を選択する者もいた。早くも48年から、戦前に盛んであった、南米への移民が再開されている。

また、沖縄本島で全島にわたり居住区域間の昼間通行が許可されるのは1947年3月になってからであり、夜間通行も含めてすべて自由となるのは翌年3月からであった。これは米兵による性暴力事件防止を意識した規制ではあったが、この時期、住民の生活は著しく制限されていた。

他方で、45年末に32万6625名だった沖縄群島の人口は、翌年末には50万9517名にまで激増する。「海外」からの引揚者は1950年の時点で日本本土から約18万人余、台湾・南洋などから4万6000人弱で計22万6000人余に上るとされる。

戦後の沖縄には、このように実は「沖縄戦」を経験していない人が3分の1以上存在した。非体験者は時代とともに増え続けていく。後述するように、沖縄戦への共通認識はそれゆえに一層重要なものとなるのである。

沖縄民政府の発足

沖縄群島では、米軍政府指令第156号「沖縄中央政府の創設」により、46年4月24日、沖縄民政府が創設された。米軍政府により沖縄諮詢会委員長である志喜屋孝信が知事に任命され、その他の委員もほとんどが各部長に就任した。

また、沖縄諮詢会の役割を引き継ぐほか、新たに知事の諮問機関として旧沖縄県会議員を主体とする沖縄議会（定数25）も4月26日に設置される。沖縄議会の権限は知事への諮問のみで、立法や予算に関する権限はなかった。

しかしこの段階で米軍は、すでに沖縄諮詢会発足時のような沖縄住民の自主性を発揮させようとする方針を放棄していた。この頃、米軍政府の将校が、猫（米軍）が許す範囲でしかねずみ（沖縄住民）は遊べない、という「猫とねずみ」のたとえで圧力をかけたように、米軍政府と沖縄民政府との関係は、上意下達に徹したシステムとなる。

収容所からの帰還が許されるようになり、46年4月1日付で軍政地区（収容所）は廃止され、戦前の市町村が復活した。だが、市町村長、議員の選挙は行われず、沖縄民政府知事の志喜屋によって市町村長は任命された。その多くは沖縄戦時点の市町村長の再任だった。また議会の代わりに、市町村長の諮問機関として市町村政委員会が設置され、これも志喜屋によって委員が任命された。

46年1月には教員養成機関として沖縄文教学校が設置、4月には初等学校令が公布されて8・4制の学制が敷かれ、沖縄民政府文教部のもとで統一された教育行政が再開されていた（48年4月に6・3・3制となる）。

初等学校令は、沖縄の教育制度を統括する理念として「新沖縄」「沖縄文化」「沖縄人」といった表現を用い、沖縄の文化的独自性を強調するなど、米軍による沖縄の離日化政策を具体化していた。だが、こうした政策に反発する教員たちは、「日本人」としての教育の必要性を強く意識し、のちに復帰運動を主導していくことになる。

2 戦後政治の起動——選挙と政党結成

政治活動の開始——政党結成

沖縄群島では、1947年5月5日、GHQによる日本の民主化を目の当たりにした本土からの引き揚げ者が大きな原動力となって沖縄建設懇談会が開催され、主義主張を超えて約300名が出席する。それが契機となって、沖縄民主同盟（6月15日結成、以下、民主同盟）、沖縄人民党（7月20日結成、以下、人民党）、社会党（10月20日結成）と政党結成が続き、沖縄民政府への批判や知事公選要求というかたちで間接的に米軍の統治政策への抵抗が開始される。

これらの政党は、米軍側によって日本から解放された地域という認識もあって、いずれも日本への復帰を掲げていなかった。初期には民主同盟と人民党は独立論的志向が強く、社会党は米国帰属を主張していた。戦前の社会主義運動経験者の多くが人民党に集まっていたことなどはあるが、各党の創立メンバーののちの行動をみると、主義主張よりは、人間関係で

1－2 戦後沖縄の政党変遷図

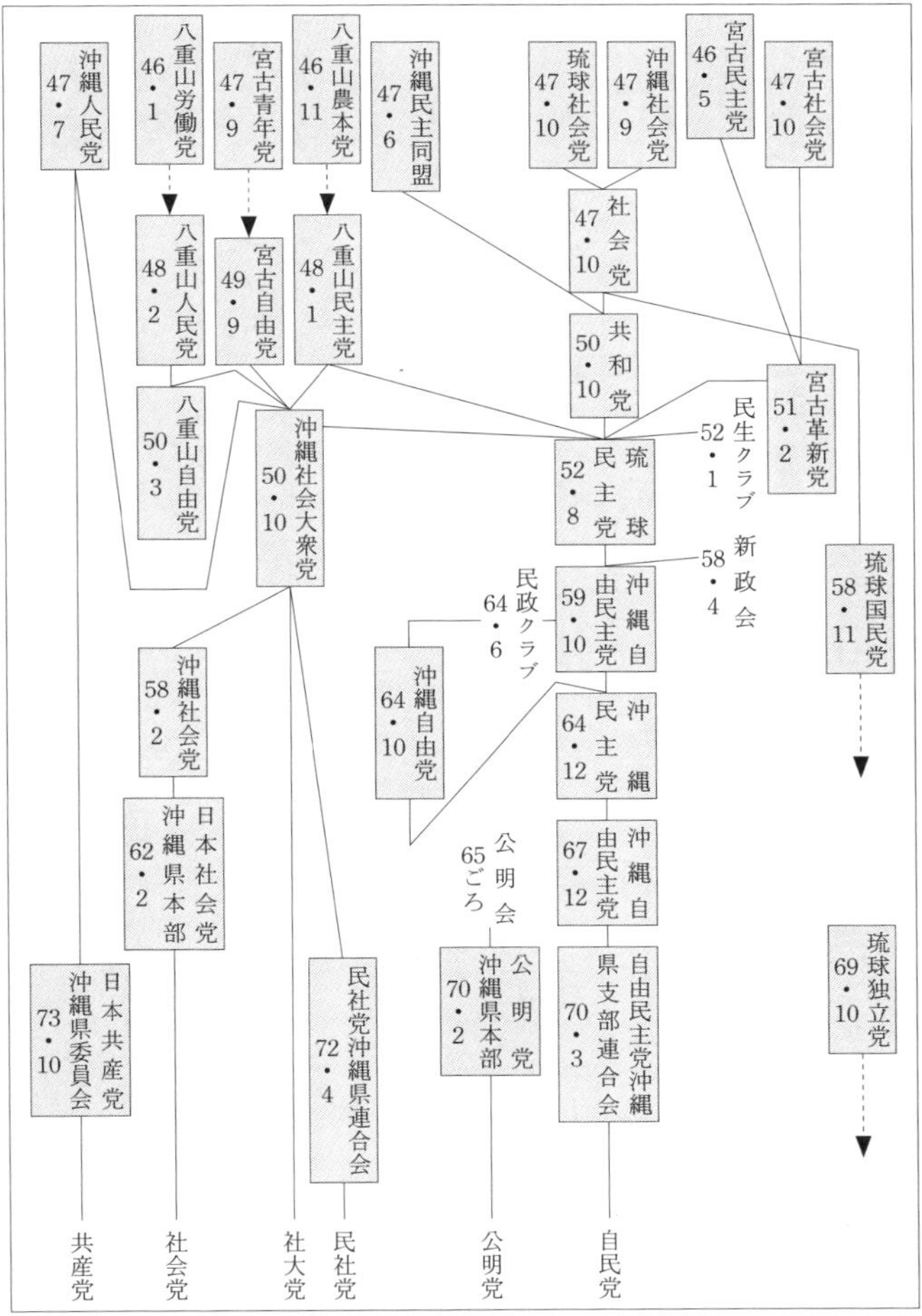

註記：———は改称および移行・合流・分裂，-----▶は自然解消
出典：東江平之ほか編『沖縄を考える』（アドバイザー，1990年）を基に著者作成

分かれていた側面がある。

48年1月の米軍政府指令第4号「沖縄群島に於ける市町村長及び市町村議会議員の選挙」に基づき、2月には52市町村（3村は延期）の長および市町村議会議員の選挙が行われた。いずれも選挙権は20歳以上、被選挙権は25歳以上の男女が有した。

政党に力はあまりなく、ほとんどが無所属候補であり、民主同盟は公認候補を出さず、社会党が推した候補はすべて落選している。そのなかで人民党は公認候補から3人の町村長を当選させた。

「共同戦線」

48年8月、労務供出が滞ったことに対して米軍が配給停止指令を出す。また翌年2月にはインフレ抑制のための配給物資の値上げ、さらに4月には徴税強化のために所得税徴収が実施されるなど、住民の生活に直結する政策が強行されていく。

それに対して、49年3月、沖縄議会は総辞職決議を行い、米軍への抗議の意思を示す。4月以降は、民主同盟、人民党、社会党の3党が合同演説会を開催するなど一時的に「共同戦線」を構築し、知事、沖縄議会議員の公選を要求する。そこでは沖縄社会の民族的な一体性が強調され、沖縄民政府に提出された綱領には「憲法議会の設置」も掲げられていた。

政党は、当初は沖縄民政府を批判対象としていたが、次第にタブーであった米軍政府への直接的な批判を展開するようになっていく。人民党の瀬長亀次郎《せながかめじろう》と池宮城秀意《いけみやぎしゅうい》が逮捕されると、弾圧を恐れて社会党が離脱し「共同戦線」は瓦解するが、民主同盟と人民党は知事・議員公選要求運動を引き続き協力して展開していくことになる。

恒久基地建設開始

ヨーロッパでの冷戦の進展にともない、47年から48年にかけて日本本土の占領政策にも転換が起こるが、米軍政府の沖縄統治政策にも変化が表れる。本土決戦準備のための基地として確保された沖縄は、冷戦によって「太平洋の要石」へと、使用目的が明確になるからである。47年1月に米国太平洋陸軍は極東軍に再編されていたが、翌年7月には沖縄への対応を強化するため、極東軍総司令部内に琉球軍政局が設置される。49年5月には、ハリー・S・トルーマン米大統領が、琉球の統治政策を転換し、軍事施設を強化すべきとするNSC13／3を承認する。

同年10月に琉球列島軍政長官に就任したジョセフ・R・シーツ少将は、沖縄の恒久基地建設に着手する。工事の多くを受注したのは日本本土の大手建設会社であった。また、沖縄住民の協力を確保するため新しい政治・行政機構の設置も進められる。

シーツ軍政長官は、11月10日に米軍政府としての施政方針を発表。戦後沖縄の「復興計画」と「民主化政策」を打ち出した。志喜屋知事・議会・新聞が、感謝文・感謝決議・社説による期待表明をするなどしてその政策転換を歓迎した。しかし、それはあくまで沖縄の恒久的な軍事基地化を容易にするためのものであった。

50年初頭、ディーン・G・アチソン米国務長官は米国のアジア政策に関する演説のなかで、沖縄を米国単独の信託統治下に置く意図があると最初の公的表明を行うが、それに先駆けて49年頃から沖縄の恒久基地化が着手されていたのである。50年6月に朝鮮戦争が始まると、整備された嘉手納飛行場にはB29が配備され、朝鮮半島への直接出撃基地となる。

また米軍政府は、49年8月9日付の極東軍総司令部からの書簡に従い、全琉球にまたがる自治機構の設置を進めていく。当初は中央政府─群島政府─市町村という3段階の行政機関を置く「連邦制」に類似したものを構想しており、群島政府の設立は全琉統一政府の設立過程の一部として行われた。

50年6月15日には、米軍政府に対する中央政府設立関連の諮問機関として臨時琉球諮詢委員会が設置され、委員長は沖縄民政府知事官房長であった比嘉秀平《ひがしゅうへい》が兼任する。

比嘉は、戦前は中学の英語教師で教頭まで務め、戦後はその語学力と行政力を買われて沖縄民政府で翻訳課長から官房長となり、米軍政府からの信用を得ていた。

4群島知事選

50年6月30日の米軍政府布告第37号「群島政府知事及び民政議会選挙法」によって、4群島知事、議員選挙の実施が決定される。選挙権は20歳以上、被選挙権は知事が30歳以上、議員が25歳以上とされた。

選挙までの間、沖縄群島では10月に米軍政府に批判的だった沖縄議会が解散され沖縄民政議会（定数13）が新たに設置されるが、沖縄議会と同様に知事の諮問機関であった。議員は米軍政府の承認の上で知事が任命した。

当時、沖縄民政府内は、志喜屋知事、又吉康和《またよしこうわ》副知事、比嘉秀平知事官房長、当間重剛《とうまじゅうごう》行政法務部長、山城篤男《やましろあつお》社会部長らと、松岡政保《まつおかせいほ》工務交通部長、大宜味朝計《おおぎみちょうけい》公衆衛生部長、護得久朝章《ごえくちょうしょう》財政部長らが主流派と反主流派の二つに分かれ対立していた。

主流派は本庁舎が置かれた場所から「天妃《てんぴ》民政府」、反主流派は工務交通部（48年12月までは工務部）が置かれた場所から「大典寺《だいてんじ》民政府」と呼ばれていた。工務交通部は戦後復興にともなう膨大な特別予算を扱う部署であり、役所も本庁舎とは別に置かれていた。

4群島知事選のうち、もっとも人口が多く中心地である沖縄群島では松岡工務交通部長がいち早く知事選への出馬の意志を示す。48年11月の自由企業制再開までの住宅建設などは工務部管轄の工作隊によって行われ、その後も建設業者として再組織化が図られ、工務部との密接な関係が維持されていた。松岡にはこうした支持母体に加えて、民主同盟、社会党の2政党が支持を表明する。

一方の候補擁立の中心となったのは、沖縄民政府主流派であった比嘉、当間、山城に、桃《とう》

1－3　沖縄民政府組織図　1950年4月

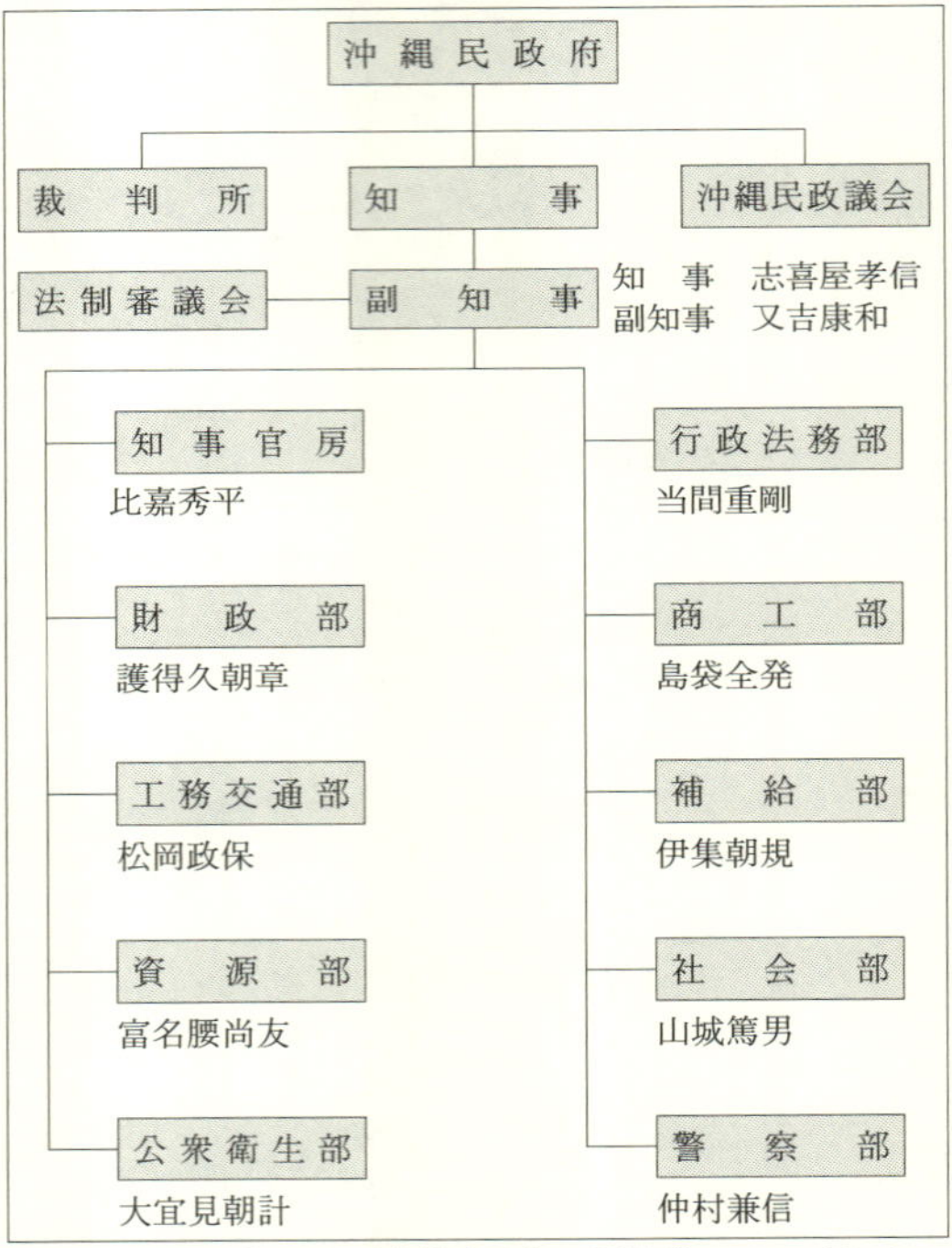

出典：照屋榮一『沖縄行政機構変遷史』（照屋榮一，1984年）を基に著者作成

原《ばる》茂《しげ》太《た》琉球海運社長、平良辰雄《たいらたつお》農林省総裁を加えた「5人組」であり、平良が擁立されることとなる。戦前は県農会会長、戦後は農連会長、農林省総裁として、平良は農村部に大きな影響力を持っていた。平良陣営には、松岡に批判的であった沖縄青年連合会（以下、沖青連）の幹部や、本土の大学を卒業した青年グループのほか、元満鉄幹部で沖縄に帰郷したばかりの稲嶺一郎《いなみねいちろう》なども加わった。

残る既成政党の人民党は独自候補として瀬長亀次郎を擁立する。こうして沖縄群島知事選は三つ巴となった。

50年9月17日に実施された沖縄群島知事選は、平良15万8520票、松岡6万9595票、瀬長1万4081票となり、農村部に強い影響力を持ち、行動力のある青年層からの広い支持を得た平良が、松岡に倍以上の大差をつけて圧勝した。また、24日の沖縄群島議会選挙（全10区、各2議席）の結果は、後述するその後の政界再編後の議席数に合わせると、沖縄社会大衆党15、共和党3、人民党1、無所属1となった。

11月4日、沖縄群島政府が発足する。4群島政府の知事・議会はともに公選であり、群島議会には条例制定権が認められるなど、住民の意思が反映されたものであった。だが、それらはあくまで布告・布令・指令などによる米軍政の範囲内での自治組織である。

沖縄群島以外では、奄美群島知事に中江実孝《なかえさねたか》、宮古群島知事に西原雅一《にしはらがいち》、八重山群島知事に安里積千代《あさとつみちよ》がそれぞれ当選し、各群島政府が発足する。各群島とも沖縄群島とは別に政党が結成されており、群島知事・群島議会選挙でも独自の政治対立が繰り広げられることになった。

　このように民主的な選挙に基づく組織が生まれたが、絶対的な地位は米国にあったのは

平良辰雄（1892〜1969）　現大宜味村生．第8高等学校中退．沖縄県庁で振興計画課長まで務めた後，大政翼賛会沖縄県支部壮年団長，沖縄県農業会会長．戦後は田井等市長，琉球農林省総裁などを経て，沖縄群島知事，立法院議員に

1－4　**歴代民政長官・副長官**　1950～57年

	着任年月日	民政長官
初代	50. 12. 15	ダグラス・マッカーサー陸軍元帥
2代	51. 4. 11	マシュー・B・リッジウェイ陸軍中将
3代	53. 4. 30	マーク・W・クラーク陸軍大将
4代	53. 10.	ジョン・エドウィン・ハル陸軍大将
5代	55. 4. 1	マクスウェル・D・テイラー陸軍大将
6代	55. 7. 1	ライマン・L・レムニッツァー陸軍大将
	着任年月日	**民政副長官**
初代	50. 12. 15	ロバート・S・ビートラー陸軍少将
2代	51. 5. 10	ハリー・B・シャーマン陸軍准将
3代	51. 8. 8	ロバート・S・ビートラー陸軍少将
4代	53. 1. 3	デビッド・A・D・オグデン陸軍少将
5代	55. 3. 5	ジェームス・E・ムーア陸軍中将

出典：照屋榮一『沖縄行政機構変遷史』（照屋榮一，1984年）

言うまでもない。12月15日、極東軍総司令部の「琉球列島米国民政府に関する指令」により、住民側の各組織が整えられるなかで、米軍政府は米国民政府と改められた。琉球列島を統括する軍政長官は民政副長官となり、琉球軍司令官が担当した（民政長官は極東軍総司令官が兼任）。琉球列島における三権（立法・行政・司法）は米国民政府（民政長官）に服属し、軍事占領がすべてに優先されるとされた。

沖縄社会大衆党の結成

沖縄群島知事選、議会選後の50年10月31日、平良知事の与党として沖縄社会大衆党（以下、社大党）が結成される。

委員長には平良知事、書記長には沖縄群島議会選に落選して浪人となっていた兼次佐一《かねしさいち》（前人民党委員長）を招き、沖縄群島議員から平良幸市が副書記長となった。各部長には、知《ち》念忠太郎（組織部）、西銘順治（青年部）、崎間敏勝（遊説部）、東江誠忠（財政部）、森山紹栄《もりやましょうえい》（教養部）ら30歳前後の青年層を起用した。

11月4日、沖縄群島政府が発足すると、方針の具体化を図るとして、平良知事は沖縄民政府時代の人事を一新し、これら党青年幹部を特別職副部長に登用する（経済部知念、工務部西銘、財政部久場政彦《くばまさひこ》、および弘報室長に崎間）。

社大党は沖縄群島知事選の平良陣営を基盤として結成されるが、かつての沖縄民政府主流派「5人組」では、当間重剛が参加しなかったほか、志喜屋前知事、又吉前副知事、さらには有力者のなかで稲嶺一郎も加わっていない。それは、結成当初の社大党の性格による。

社大党綱領は、西銘が持ち帰っていた日本社会党綱領を参照してつくられた。西銘が、階級政党とするために「社会主義」を入れようと主張したが反対が強く、「農民、漁民、中小商工業者並に一般勤労階層の結合体」、「ヒューマニズムの精神」などの表現に落ち着く。だが、綱領に加えて、結党時の「宣言」および翌51年10月に機関紙で公表された「社会大衆党の性格」など、結成初期の文書をみると、後述する琉球政府発足前後の琉球民主党との分岐にまで繋がる特徴を二点見出すことができる。

一点目は、「暴力行為や非合法手段」を明確に否定した上で、「革新的政策を具現する政党」として「改良漸進主義」を打ち出し、「綜合計画経済」、「傾斜生産方式」、さらには「公益事業の公営」などを掲げたことである。戦前の県振興計画課長であった平良知事や、西銘らの動向を考えると、社会主義的な方向が明確にあったことがうかがえる。

二点目は、「国民的大衆政党」、「政治への大衆参加」を打ち出し、「政治ボス、官僚ボスの介入を全面的に拒否」するとして、かつての工務部だけでなく、志喜屋前知事らへの批判を展開していたことである。

一方、知事選での松岡敗北後、民主同盟は解党し、10月28日に新たに共和党が結成された。ただ、松岡は民主同盟から受け継がれた独立志向に距離を置いたため、総裁未決定のままの発足となった。

帰属論議

50年11月24日、米国務省が日本の独立に向けた「対日講和7原則」を公表すると、沖縄でも帰属論議が活発化していく。沖縄群島では、51年2月16日と21日の二度にわたり、社大党、共和党、人民党、社会党の4政党が会談を持った。

そのなかで平良知事率いる社大党と人民党は日本復帰、共和党は独立、社会党は米国による信託統治をそれぞれ主張し決裂する。3月18日、社大党と人民党はそれぞれ党大会を開催し、ともに復帰運動推進を決議し、翌19日の第6回沖縄群島議会定例会で、いわゆる「日本復帰要請」を提案、圧倒的多数（賛成17、反対3）で決議する（反対3は共和党）。

51年4月までに行われた沖青連の会員を対象とした帰属問題についての世論調査は、祖国復帰84・07%、信託統治8・28%、独立2・88%、不明4・77%という結果だった。

それに勢いを得て、4月29日には社大党と人民党を中心に日本復帰促進期成会（会長兼次佐一）が結成され、5月20日から8月20日にかけて復帰署名運動が展開され、有権者の72・1%分の署名を集め、8月28日には講和会議に出発する直前の吉田茂首相宛に送付する。ただし、当初署名運動ははかどらず、6月28日に社大党幹部が率いる沖青連を中心として日本復帰促進青年同志会（会長知念忠太郎）を結成し、運動を活発化させることで、どうにか70%を超える署名を集めることができたものだった。

日本復帰は平良沖縄群島知事だけでなく、他の3群島知事も支持していた。各群島でも復帰署名運動が行われ、宮古群島では有権者の88・5%、八重山では有権者の81・85%の復帰支持の署名を集めた。さらに一時期は琉球王国の版図に入ったが近世は薩摩藩の直接支配を受け、近代以降は鹿児島県となった奄美群島では、沖縄群島に先んじて独自に復帰運動が展開され、14歳以上の99・8%もの署名を集めている。

だが、9月8日に調印されたサンフランシスコ講和条約では復帰が実現することはなかった。日本の潜在主権を認めることで、日米2国間関係で沖縄の地位を約束することを可能とし、戦前の領土放棄を明記した第2条とは別に第3条によって琉球列島、小笠原諸島などの地位を規定することとなり、そこに記された国連への信託統治提案はなされないままに、沖縄の米軍占領は維持されていく。

サンフランシスコ講和条約で沖縄をどのような地位に置くのかについては、米国政府内で植民地化の批判を避けるために日本の帰属にとどめようとする国務省とあくまで占領を維持しようとする軍部との意見対立があった。サンフランシスコ講和条約は両者が納得できるかたちで調整されたものだった。

さらに日本側からも領土ナショナリズムを前面に出した沖縄の日本帰属の要求が示されていた。その一つが、よく知られるように、47年9月の「天皇メッセージ」のなかで昭和天皇が宮内庁御用掛の寺崎英成《てらさきひでなり》を通じて米国側に対し、2国間条約による沖縄の25年ないし50年あるいはそれ以上の長期租借を申し出たことである。このメッセージには、沖縄の日本帰属を確認したうえで日本の安全保障のために沖縄を切り離すことが意図されていた。ただし、一般にそれが知られるようになるのは、後述する79年のことである。

3　求められる経済的自立——「基地経済」の陰

〝戦果〟と密貿易の時代

話を少し戻す。沖縄戦下、生き延びることができた住民は各地に設けられた収容所に入れられ、それぞれ「戦後」を迎える。貨幣制度が停止され、収容所での無償配給制のなかで、住民は無償で軍作業に従事させられた。だが沖縄群島では、先述したように１９４５年10月以降、徐々に収容所からの帰還が許可され、限定的ながら陶業や醸造業などから復興が始まっていく。

46年4月15日、米軍政府特別布告第7号「紙幣両替、外国貿易及び金銭取引」に基づき日本円とB円軍票が並存する貨幣制度が実施され、無通貨時代が終わり有償配給制となった。B円軍票とは米軍が日本占領のために通貨の代用として準備した紙幣である。48年7月16日以降は、日本円の使用が停止されてB円軍票が琉球列島唯一の法定通貨となる。また、同年5月には米軍政府布令第1号「琉球銀行の設立」に基づき、中央銀行的機能を有する琉球銀行が設立される。資本金の51%を米国が出資し、経営権を握った。

引き続き、琉球列島では販売を官公営の売店に担当させるなど、公定価格による経済統制が布かれるが、それは一方で、〝戦果〟と密貿易の時代を創出する。

〝戦果〟とは、軍作業の際などに米軍物資を盗み取った行為である。また密貿易とは、琉球列島内外の交易が禁じられたなかで法を犯して行われたものであり、台湾、香港、本土へのルートが存在し、中継地点となった与那国《よなぐに》島などは一時的な活況を呈した。

沖縄側からは〝戦果〟で得た米軍物資や薬莢などが輸出され、逆に食糧や日用品、木材などが輸入された。〝戦果〟と密貿易で得られた物資の闇商売も盛んに行われた。50年頃に生活物資の流通が安定すると次第に衰退していく。公的な配給では物資が限られ、生活が困難ななかで行われた行為であり、終戦直後の混乱を象徴するものであった。

自由企業制の再開

48年10月26日、米軍政府特別布告第33号「自由企業」が公布され、11月1日から実施される。それにより原則、官営有償配給制、公定価格制は撤廃され、取引が自由となる。また、群島間の経済往来が自由化され、4群島が一つの経済圏となった。

戦後の経済復興に重要な役割を果たしたのは、47年度（46年7月～47年6月。米施政下の会計年度は7月～6月）から実施されたガリオア資金であった。ガリオア資金は救済的側面が強いが、経済復興を目的としたエロア資金も49年度から実施される。いずれも占領行政を円滑に行う目的で、米国軍事予算から支出された。また、ハワイなどの沖縄県出身移民からも、生活物資のほか、豚や山羊などが送られている。

戦後初期の起業には、①米軍政府行政機関の一部民間移管、②米軍政府主導、③ガリオア資金利用によるものなどがあり、49年末以降、運輸、バス、食糧、石油、保険など各分野の主要企業が設立されていく。また、沖縄民政府や群島政府の吏員を経た企業家が多いことも戦後沖縄財界の特徴であった。

自立経済への強い要望

50年9月、平良辰雄が沖縄群島知事当選直後にR・B・マックルーア軍政長官のもとを訪れた際、まず要望されたのは自立経済計画の立案であった。

日本本土では、民主化・非軍事化が一段落し、冷戦が深まるなか、GHQは経済自立を求めていた。沖縄も同様に求められたのである。実際、10月に入ると米軍政府は臨時琉球諮詢委員会に対して「長期経済復興計画の樹立」と題して経済委員会設置についての諮問を送付する。さらに、2年後に予定されていたガリオア援助の打ち切りに備えて、貿易による自立経済の基盤確立を目標として、米軍政府布令第26号「琉球列島における外国為替及び貿易手続」および米軍政府指令第11号「琉球列島における外国貿易及び外国為替」を発し、民間貿易が再開される。

こうしたなか平良知事就任後の第一の課題は、復帰問題ではなく自立経済計画の策定だった。当時、平良はその適任者と認知されていた。戦前の県庁で県振興計画課長まで務め上げて沖縄県振興計画にも携わり、以後、県産業組合連合会会長、大政翼賛会沖縄県支部壮年団長、県農業会会長を経験し、戦後も沖縄農業組合連合会会長、琉球農林省総裁などを歴任してきた長年のキャリアへの信頼がそこにはあった。

12月15日、米軍政府が米国民政府と改められた際の極東軍総司令部の指令は、組織変更だけでなく経済政策についても次のように論じていた。すなわち、52年度までに予算、税制を通じて健全な自立財政の確立を図ること、琉球列島に中央政府が樹立されるまでに現行の日本および軍法令の改訂編纂を早急に行うこと、自立経済達成のためにできるだけ「琉球人」

を参加させて経済長期政策を樹立することである。

各群島政府は自立経済計画案の策定を行っていく。沖縄群島政府でも経済部に経済復興委員会を設置する。綜合委員会と専門委員会に分け、専門委員会は農、水、工、商公共施設の各部門に分かれてそれぞれ専門的立場から立案し、綜合委員会は専門委員会の立案事項を綜合研究するとされた。

米軍による「琉球列島経済計画」

52年1月18日、沖縄群島政府は「第1次3ヵ年自立経済計画案」を沖縄群島議会に提出。3年間で135億6000B円の米国援助見返資金を前提とした計画であった。「見返資金」とは、援助物資を有償で払い下げた際に生じる金のことである。これを原資にした見返資金特別会計制度のほか、外資導入促進や商業金庫・銀行の設立などが打ち出されていた。

ただ、計画案はあくまでも沖縄群島政府側の希望的構想であり、援助額について米軍側の了承を得たわけではなかった。そのため、平良知事の発言も次第にトーンダウンし、2月以降、帰属論議が沸騰し、後述するように各群島政府が解消されるかたちで52年4月1日に琉球政府が発足するなかで、沖縄群島政府の「自立経済計画」は具体化せず消滅した。

沖縄群島政府の「自立経済計画案」が頓挫するなか、他方で同時期には、米国民政府によ

る経済計画が作成されていた。51年5月に5ヵ年計画として策定された「琉球列島経済計

画」("Economic Plan for the Ryukyu Islands") である。

この計画は、ガリオア援助が今後漸減することを前提としつつ、輸出振興を図って貿易収支を改善し、かなりの程度の自立経済を達成することをめざしている。輸出先として重視されているのは日本本土である。ただ一方で、軍事基地形成によって軍作業での賃金取得者が増えることが自給達成に有効であるとも指摘されていた。

この段階ですでに軍作業などの基地関連収入を重視する「基地経済」が前提とされており、基地への経済的依存が強まっていくことになる。

4 独立論から復帰論へ

本土内の沖縄人の動き

1945年11月11日、沖縄人連盟が東京で発足した。伊波普猷《いはふゆう》、大濱信泉《おおはまのぶもと》、比屋根安定《ひやねあんてい》、比嘉春潮《ひがしゅんちょう》、永丘智太郎《ながおかちたろう》といった学者・文化人が発起人代表であり、「難民」状態だった本土の沖縄人の援護が主要な目的とされていた。その後、各地に同様の団体が結成され、46年2月には全国組織化している。機関紙『自由沖縄』は、郷土沖縄からの情報が隔絶したなか本土で得られる貴重な情報源であった。

沖縄人連盟は、独立論的傾向が強かったと言われる。沖縄出身の共産党書記長徳田球一《とくだきゅういち》のもと、日本共産党第5回大会（46年2月）で「沖縄民族の独立を祝うメッセージ」を送られたことでも知られる。たしかに、初期の沖縄人連盟には、左派的な傾向、あるいは独立論的傾向を有する人物が多かったことは事実だが、保守的、復帰志向の人物も存在していた。沖縄人連盟の方針は、原則としては思想・党派・宗教などを問わず「大同団結」をめざしており、沖縄人連盟として帰属論に関して明確な主張を打ち出すことはなかった。

他方、終戦以前に沖縄の収容所で占領軍に復帰陳情を試みたものの相手にされなかった元首里市長の仲吉良光《なかよしりょうこう》が本土に渡り復帰運動を開始し、46年7月に彼の働きかけで在京沖縄人によるマッカーサー宛復帰陳情書が提出された。そこに連署しているのが、漢那憲和《かんなけんわ》、伊江朝助《えちょうじょ》、東恩納寛惇《ひがしおんなかんじゅん》、神山政良《かみやませいりょう》、仲吉良光、大濱信泉、伊礼肇《いれいはじめ》、高嶺明達《たかみねめいたつ》、嘉手川重利《かでかわじゅうり》、船越義英《ふなこしよしひで》、亀川盛要《かめがわせいよう》、大田政作の12名である。終戦直後から復帰を主張した彼らは、戦前から一貫して沖縄のためには日本に帰属することが最良であると確信していた華族、代議士、官僚や学者、弁護士などの知識階級らを中心とする一部であった。

47年9月、そこに吉田嗣延《よしだしえん》が加わって沖縄諸島日本復帰期成会が結成される。吉田は戦前沖縄県庁に勤め、復員後の46年7〜8月に沖縄へ「密航」して平良辰雄や当間重剛などと懇談し、同年9月には沖縄県東京事務所長（48年10月には外務省管理局総務課沖縄班長）となって独自に復帰に向けて活動を展開していた。

沖縄人連盟は48年に沖縄連盟と改称し、復帰方針を打ち出す。それは、次第に明確化していく冷戦および米国の対日占領政策転換、また在日朝鮮人への厳しい対応を見てのものであった。その背景には、独立論志向が強かった疎開者など一時在留者が沖縄へ引き揚げるなか、比較的復帰論志向が強い関西を中心とする本土定住者が力を持ってきたことがあった。

少数だった指導層の復帰論者

一方、沖縄のなかではどうであったか。米軍による沖縄人の独立論肯定の空気のなかで、終戦直後からの復帰論者は仲吉良光のほか、米軍によって沖縄諮詢会委員の人選から外され、先述したようにのちに農林省総裁から群島知事となる平良辰雄や、行政法務部長を務めた当間重剛(元大政翼賛会沖縄県支部事務局長、元那覇市長)といった戦時指導者や教育関係者など一部に限られていた。彼らは日本帰属を最良と信じた。

50年1月12日のアチソン米国務長官による声明で沖縄信託統治が言及されると、すでに本土側で大勢を占めていた復帰論者の危機感は強くなる。3月に入り、恒久基地建設工事が始動し、本土の請負業者が入るようになって沖縄本土間の往来が増加すると、在本土沖縄人が在沖縄の復帰論者に本格的働きかけを行うようになる。戦前沖縄県庁の盟友であった吉田嗣延と平良辰雄沖縄群島知事の結びつきも強くなる。

元々、本土と沖縄間の交流は、引揚者や「密航者」など、限られたラインを通じてではあるが存在していた。また、在本土の指導者層に指示を仰ぐ、もしくは沖縄への呼び戻しをはかるということも早くから行われていた。

具体的には、志喜屋孝信沖縄民政府知事らによる、「沖縄学の父」伊波普猷を呼び戻そうという試み、琉球大学発足時に東恩納寛惇（拓殖大学教授）を招く試み、また、平良辰雄が沖縄群島知事当選後に、戦前県庁以来の同志である吉田嗣延を副知事にしようとしたこともあった。これらはいずれも実現しなかったが、当時の本土と沖縄間の関係性の一端として注目すべきものである。

他方で、独立論的志向が強かった人民党なども米軍統治との対峙のなかで復帰論へと変化していく。

復帰論と独立論の内実——よりよい沖縄の追求

講和交渉が目前に迫った51年、先にもみたように70％以上の沖縄の人々が祖国復帰を支持していた。この時期、復帰論と独立論の支持が開いた要因は何だったのであろうか。

復帰論は米軍による恒久占領を拒絶し、本土の民主勢力に期待するものだった。それに対し、独立論は独立国家として米軍基地受入・経済援助獲得をしつつ自由主義勢力の一員に加わるというものである。現実的な可能性は別として、復帰論は基地のない「平和と民主主義」に基づく沖縄の未来像を打ち出したものだった。

さらに言えば、復帰論対独立論という枠組みだけでは本質が見えてこない。たとえば、自立経済について次のような議論が行われている。

51年３月19日の沖縄群島議会で、独立論者の共和党議員が「平良知事は三ヶ年計画を以《もっ》て経済自立を樹《た》てている。この経済自立が出来れば何故にして日本に行く必要がありますか、総《すべ》ての問題が解決すれば、あながち、日本にこびる必要もないと思う」と述べる。これに対して、平良知事は、「自立経済は独立を前提として考えているのではない、〔中略〕帰属の問題と何等関係がない、而《しか》もこの経済政策の内容は御承知の通り、日本との貿易の取引が中枢になっている」（『沖縄県議会史　第13巻』）と答えている。ここでも、「経済自立」は復帰と独立の帰属問題を超えて大前提であったことがわかる。

復帰論側は〝搾取〟について戦前の問題として解決済みとしていた。〝搾取〟とは、過重な砂糖消費税などによって、他府県以上の税負担を強いられたことなどをいうが、さかのぼって近世期の薩摩による搾取にも繋げて論じられた。復帰論側は、〝搾取〟を含めた戦前の問題について軍閥の責任に転嫁して処理し、再び同様なことは起こり得ないとした。それに対して、独立論側は、日本本土による〝搾取〟は今後も起こるとして日本への強い拒否を示した。ただ、実際に米軍が占領しているなかで、今後の米軍による戦争への協力拒否についてはどちらも同意しており、そこから沖縄戦を経験した沖縄人の思想信条を超えた戦争に対する強烈な拒絶をみることができる。

復帰論と独立論の対立は、単なる「日本追従」論と「米国追従」論の対立だったわけではない。沖縄アイデンティティを保ちながら、いかに沖縄をよりよくしていくかの方法をめぐる対立であった。独立論はもちろん、復帰論にもまた、沖縄の自治、自立を意味する「独立論」的思考は存在していた。双方とも戦争を拒絶し、沖縄の政治経済の安定を望むことに違いはなかったのである。

軍用地問題——独立論者の現実主義

先述したように、沖縄戦下、生き延びることができた住民は各地に設けられた収容所に入れられたが、その最中に土地を接収された住民は、解放後に帰るべき場所を失った。やむなく移動して各地に仮住まいした住民は、その補償もないうえに、移住地で借地料を請求されることになる。

こうした事態に対して、51年4月頃から各地を回って軍用地料請求の署名運動、新聞への投書や群島議会への陳情書を提出するなどの取り組みが始まる。その中心にいたのが桑江《くわえ》朝幸《ちょうこう》である。軍政下、米軍からの圧力を恐れて容易に支持が拡がらないなか、11月29日には『沖縄タイムス』に「軍用地所有者の各位に告ぐ」と題した広告を掲載し、12月1日に軍用地住民部落代表者協議会を開くなど、地道な運動を展開していく。

この桑江の運動は、同時期の帰属論議とも密接に結びついていた。桑江は当時、少数派となっても独立論を提唱し続けていた共和党の幹部であった。桑江の軍用地補償要求には、日

桑江朝幸（1918～92）　現沖縄市生．沖縄県立農林学校卒．近衛兵として従軍．復員後，沖縄民主同盟結成に加わる．軍用地問題に奔走，土地連初代会長に．越来村議（53～56），立法院議員（60～72），沖縄市長（78～90）を務めた

本に復帰した場合、日本政府による軍用地補償は難しく、無償提供となることで沖縄経済が成り立たなくなってしまうという考えがあった。こうした理解を前提に、独立して直接米軍に補償を要求しようというのが当時の独立論の論理であった。

帰属問題と沖縄経済との関係をこのように捉えていた桑江を含む共和党グループは、後述のように、52年に比嘉秀平琉球政府行政主席の与党として結成される琉球民主党に合流し、沖縄における保守勢力の源流となっていく。

戦後初期の沖縄戦認識

戦後まもなく、沖縄戦は本土で出された戦記のなかで取り上げられている。その端緒は、古川成美《ふるかわしげみ》『沖縄の最後』（中央社、47年）であり、同書はたちまち10万部を突破したとされる。続いて古川は八原博通《やはらひろみち》沖縄守備隊高級参謀の手記を参照した『死生の門―沖縄戦秘録』（中央社、49年）を出版した。ただ古川の戦記には沖縄住民の動向はほとんど触れられていない。

続いて宮永次雄《みやながつぐお》『沖縄俘虜記』（雄鶏社、49年）が出される。ここでは、すでに収容所内で広く知られたエピソードだったとされる「姫百合の塔」や、「沖縄娘」、「孤児」についての記述も見られる。だが、沖縄住民についての記述は、捕虜となった日本兵の視点から書かれた限定的なものである。

ひめゆり（姫百合）学徒隊とは、同じ敷地内にあった沖縄師範学校女子部と沖縄県立第一高等女学校の生徒によって組織された従軍看護婦である。動員された222名のうち123名が犠牲となっている（引率教師も18名中13名が死亡）。46年4月には沖縄陸軍病院第3外科壕跡（現糸満市字伊原）にひめゆりの塔が建立されていた。

古川成美『沖縄の最後』1947年

49年9月から沖縄県出身の石野《いしの》径一郎《けいいちろう》による「ひめゆりの塔」が雑誌『令女界』で連載され、翌年『ひめゆりの塔』（山雅房）として出版される。史実とのズレなどはあるものの、日本軍将校による女学生への性的な視線や女性教師を死に追いやるほどの圧迫、そして、ひめゆりの恋愛など、フィクションとはいえ、その後、映画化され、「ひめゆり」イメージが純化される以前の多様な描写を読みとることができる。

こうした本土で出される戦記・小説による沖縄戦に対して、実態を十分に捉えていないとして、当時から沖縄の知識層の違和感は強かった。住民側の視点から見た沖縄戦を記述する必要があるとして、『鉄の暴風』（沖縄タイムス社、50年）、仲宗根《なかそね》政善《せいぜん》『沖縄の悲劇―姫百合の塔をめぐる人々の手記』(華頂書房、51年)、大田昌秀・外間守善《ほかましゅぜん》『沖縄健児隊』(日本出版協同、53年)などが出されることになる。

たとえば『沖縄の悲劇』では、ひめゆり学徒隊についてのイメージが独り歩きするなか、当事者の手記から事実を再現し示していく方法がとられている。総じて、本土側の戦記・小説に対して、沖縄側は体験記を綴ることによって、「沖縄戦」をめぐる表象をより原体験に引き戻そうとしたといえる。ただ、体験記はあくまでも各自の経験の断片であり、いまだ原体験が生々しい当時、住民の戦争体験を中心にして沖縄戦の全体像を構築できる時期ではなかったといえる。

第2章　「島ぐるみ」の抵抗　1952～58

1　米軍圧政――琉球政府発足と日本の独立

琉球政府発足

1951年4月1日、米国民政府布告第3号「臨時中央政府の設立」により、三権分立を備え、4群島を統括する琉球臨時中央政府が発足、さらに翌52年4月1日、4群島政府を解消して、4群島の住民による中央政府として琉球政府が発足する。先に述べたように米国は当初、中央政府―群島政府―市町村による連邦制を構想していた。その方針転換は、表向きには経費節約と能率化が理由とされたが、公選の4群島知事すべてが日本復帰を支持したことが影響したとも言われる。

これにより、行政（行政主席）、司法（琉球上訴裁判所）、立法（立法院）という三権分立制に基づく住民側の自治機構が整う。初代行政主席、初代琉球上訴裁判所首席判事には、琉球臨時中央政府発足時に米軍に任命された比嘉秀平と当間重剛が引き続き任命された。もちろ

2－1　琉球政府組織図　1952年4月

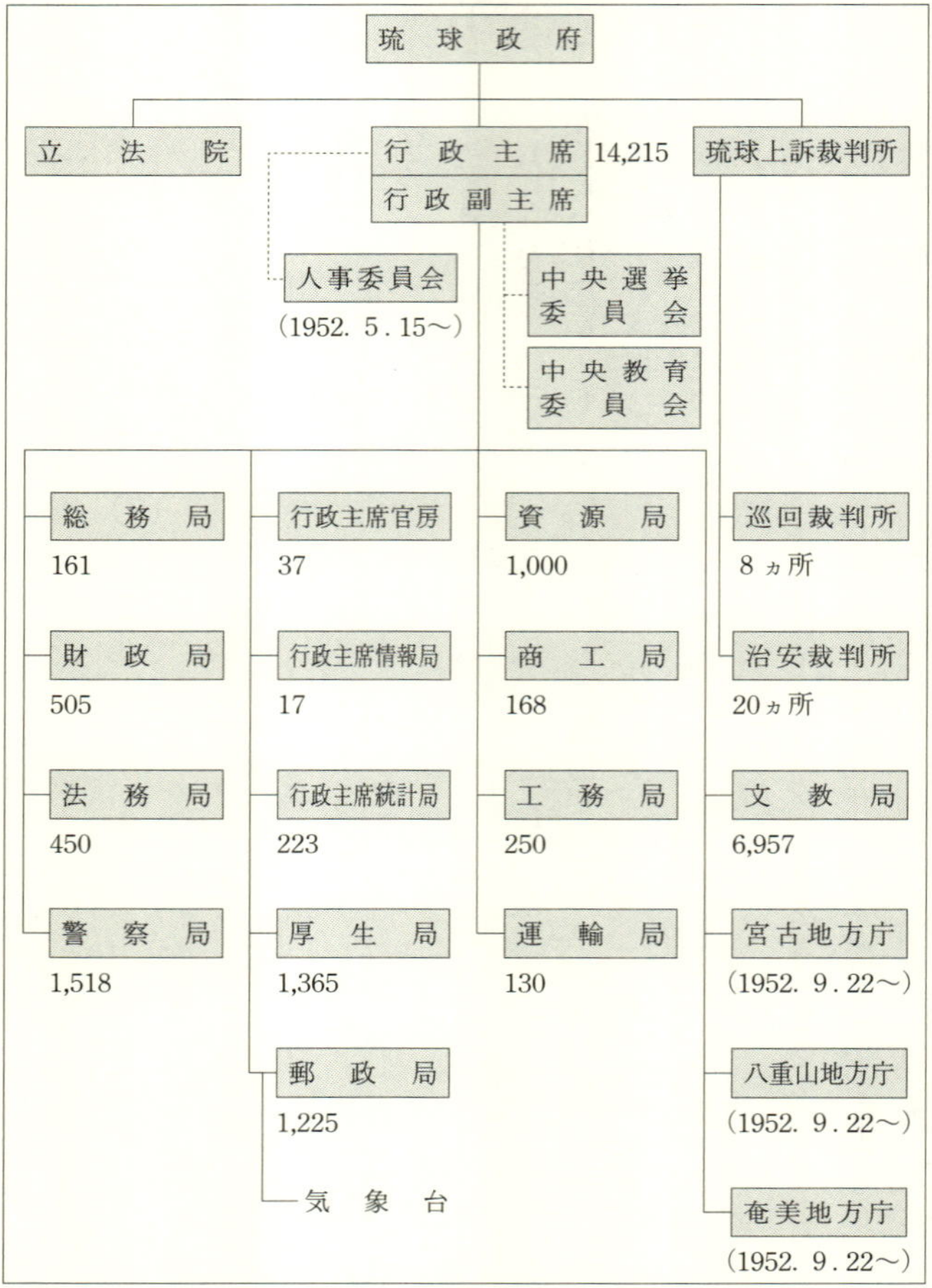

註記：1952年9月22日発足の地方庁を併記した．算用数字は行政府の職員定数を示す
出典：照屋榮一『沖縄行政機構変遷史』（照屋榮一，1984年）を基に著者作成

比嘉秀平（1901〜56）主席在任52〜56 現読谷村生．早稲田大学文学部卒．英語教員．沖縄県立第3中学校教頭．戦後は英語力を買われ沖縄民政府翻訳課長，官房長，臨時琉球諮詢委員会委員長などを経て，琉球政府の初代行政主席に

第1回立法院選結果 1952.3.2

	民主	社大	人民
議席数	19	11	1

註記：民主党結成による再編後の議席数

んその上に絶対的な権力として米国民政府が君臨しており、布告、布令および指令はその上位に置かれた。

琉球臨時中央政府では9名が立法院参議として任命されていたが、あらためて選挙が行われることになる。発足時の立法院は定数31名で、全8区（奄美群島2区、沖縄群島4区、宮古群島1区、八重山群島1区）の中選挙区制、選挙権は20歳以上、被選挙権は25歳以上、任期は2年とされた。先立って3月2日に行われた第1回立法院選の結果は、のちの琉球民主党結成後の議席数に合わせると、民主19、社大11、人民1であった。初代立法院議長は副主席兼任のため泉有平《いずみゆうへい》で、5月1日には立法院議員から護得久朝章が第2代議長となる。

当初、米国民政府は沖縄の基本法および行政主席の選出方法と期日について、この立法院に草案を作成させるとしていた。沖縄では特に基本法について、「憲法議会」と呼んで重要視していた。消滅した4群島知事はいずれも社大党から立法院選に立候補して当選した。

だが、米国民政府が「上級機関の指示」を理由に52年2月29日に布告第13号「琉球政府の設立」、布令第68号「琉球政府章典」を公布したため、立法院が基本法を起草することはなくなった。また、主席公選についても、野党社大党・人民党の活動が活発になるなかで、53年1月に無期限延期となる。そのため、68年に主席公選が実現するまで、党派を問わず主席公選要求が行われていくことになる。

主席与党・琉球民主党――社大党の分裂

他方で、51年4月1日に琉球臨時中央政府が発足した際、社大党幹部でもあった比嘉が党に諮らず主席を受諾したため、社大党内の青年幹部による強い批判を生んでいた。4月19日には青年幹部7名（西銘順治、知念忠太郎、森山紹栄、久場政彦、崎間敏勝、東江誠忠、安座間《あざま》磨志《まし》）は党内に新進会を結成して比嘉への批判を強め、修復は難しくなっていく。

琉球政府発足直前の52年3月27日には、比嘉と新進会メンバーによる会談が行われるが決裂。29日の社大党中央委員会で比嘉が「小生としては党の綱領政策に現れている国家社会主義的イデオロギーには同意し兼ねる」（『沖縄社会大衆党史』）として離党届を提出、船越尚武《ふなこしなおたけ》官房長と与儀達敏《よぎたつびん》ら立法院議員4名も同調して離党し、除名される。

8月31日には主席与党として琉球民主党（以下、民主党）が結成される。比嘉が総裁、与儀が幹事長となり、顧問には志喜屋孝信、松岡政保、護得久朝章が就任した。

社大党を離党した比嘉派と旧共和党、そして、政敵であった志喜屋と松岡、護得久、さらには奄美選出立法院議員などが加わり親米保守勢力が形成されたのである。

琉球政府・民主党に対し、社大党は残ったメンバーによって対決姿勢を明確にし、人民党とも共闘を図っていく。

沖縄教職員会の結成――「島ぐるみ」の基盤

琉球政府発足と同じ52年4月1日、沖縄教職員会が結成される。戦後最初の教職員全島組織は47年2月結成の沖縄教育連合会だが、行政からの自立性を高めるために、それを改組して結成される。会長は屋良朝苗。沖縄群島政府文教部長として、50年11月に戦後初の全島校長会を実施したほか、「本土復帰」を指導者層の総意としてまとめ上げ、文教政策の推進を日本政府に積極的に要求するなど、教員層への影響力を高めていた人物であった。

沖縄教職員会は労働組合ではなく、法規上は公益社団法人で、職能団体的組織であった。そのため中央から地域にいたるまで、幼稚園から大学、校長から事務員までのすべての教職員や、文教行政の関係者までが加入する網羅組織であった。社会保障が十分整わないなかで、51年6月に組織された沖縄教職員共済会に入る条件が沖縄教職員会会員であったこともあり、沖縄教職員会は教職員のほぼ１００％が参加する組織であった。

基本的に各学校の分会長は校長であり、職員会議はそのまま沖縄教職員会の分会であった。

そのため、多様な人々が存在した。沖縄教職員会は屋良会長を中心に「島ぐるみ」、超党派の運動を展開するが、その根本にはこうした組織基盤の性格があった。

沖縄教職員会は、校舎や教具などの教育環境や教員自身の生活保障、教え子の未来の不透明さや貧困など、教員の目前にある課題が米軍統治下での琉球政府の財源では一向に進展しないなかで、その打開、改善を日本本土に求めていくことになる。

沖縄教職員会を中心に、沖縄市町村長会、沖縄教育後援連合会（53年5月、沖縄ＰＴＡ連合会に改組）、沖縄婦人連合会（以下、沖婦連）、沖青連などによって52年12月、沖縄戦災校舎復興促進期成会が結成。翌年1月には復帰運動のための恒久的組織として沖縄諸島祖国復帰期成会（以下、復帰期成会）が結成され、屋良沖縄教職員会会長が両会の会長となる。

復帰期成会は、復帰運動を超党派的な民族運動とするために政党を除いて組織された。しかしのちに奄美群島復帰が米国政府から公表され、情勢が一層厳しさを増すなか、少数団体での運動の弱さが反省され、復帰運動をより広汎な基礎に置くために、民主、社大、人民の3政党、民主団体、経済団体、新聞社など、23団体の参加によって11月10日に組織再編される。

屋良会長らは、53年1月20日から6月23日まで、校舎復興のための本土への「全国行脚」を通じて復帰実現を訴えた。

50年代における沖縄の社会運動は、沖縄教職員会と沖青連を主要な両軸として展開してい

沖縄教職員会会長・屋良朝苗（右），1953年2月28日 沖縄代表として出席した沖縄諸島祖国復帰国民大会で，東京・神田の共立講堂

た。全島組織の中央部が連携して同様の方針をとっただけではなく、各組織の末端、つまり各地域で若い教員たちが結節点になった。青年団にはこうした若い教員が多く加わり、リーダーの多くも彼らであった。50年代の教員の多くは校区内に居住しており、地域との関係も密接であった。その重要な結節点が青年団活動であり、地域の集会所、情報センターとなっていたのが学校であった。

50年代に沖青連が主導した運動を列挙してみると、歓楽街設置反対運動、復帰署名運動、警察予備隊員募集反対運動、島ぐるみ闘争、自衛隊員募集反対運動、原水爆禁止運動、公明選挙運動というように、50年代の社会運動を網羅していると言えよう。

地域の防犯や消防なども含め、地域における青年団は絶対的な存在であった。特に女性目当てに地域集落に入ってくる一部の米兵に対する夜警団活動などは切実な問題であった。教員としての権威にとどまらず、このような活動の中心を担ったことで、教員が行うさまざまな運動が信頼を得ていくことになる。

反共主義と結びつけた弾圧

53年4月1日に行われた立法院議員補欠選挙で野党共闘により天願《てんがん》朝行《ちょうこう》が当選した。だが、天願は具志川村長時代の46年に密造などの前科があるとして米国民政府の圧力で当選無効となる（「天願事件」）。米軍に都合の悪い候補の当選を妨げたものだとして社大・人民両党は植民地化反対共闘委員会を結成し、米軍に対する抵抗運動を展開していく。

ただ、この時期の社大党と人民党は必ずしも蜜月ではない。社大党の政策目標は、反共主義を明確にした上で、米軍との全面対立は避けながら、問題点は主張し自治の拡張をはかり、日本復帰に繋げていくことであった。米軍との対決姿勢を鮮明にする人民党の全面闘争路線に完全に同調するつもりはなかった。

当時、労働法制が未確立ななか、基地建設労働者などの労働争議が活発化しており、労働法制定への沖縄住民の世論が高まっていた。それに対して軍雇用員への適用を嫌う米軍は時期尚早として圧力をかけた。しかし、53年7月に立法院で本土法とほぼ同一の労働3法（労働基準法、労働組合法、労働関係調整法）が可決されると、米国民政府は布令第116号「労働基準及び労働関係法」を公布し、軍雇用員を労働3法適用外とすることで成立を承認した。

労働3法制定の中心でもあった人民党は、労働争議への指導や、メーデー開催などを通して、公然と米軍批判を強め、米軍側も一層人民党への警戒感を露わにしていく。

沖縄の政情をさらに変えたのは、12月25日の、北緯27度線以北の奄美群島の本土復帰である。米国は以前から沖縄基地の無期限保持を明言していたが、奄美復帰が琉球列島全体の復帰への期待に繋がらないよう警戒する。

54年1月7日、ドワイト・D・アイゼンハワー米大統領の一般教書演説で、沖縄の無期限保持が謳われる。これ以降、沖縄では米軍の統治政策への抵抗がすべて共産主義と結びつけられ弾圧を受けるようになり、それは本土復帰運動にまで及ぶようになる。米国本国では反共のマッカーシズムが吹き荒れていた時期であり、占領下沖縄ではそれが一層露骨に表れたといえる。1月23日の民主党臨時党大会では、綱領から「復帰」の文言が削除され、後述する島ぐるみ闘争後の57年に「祖国との一体化」が挿入されるまで、本土との関係を示すものは打ち出さなくなった。

奄美群島の復帰と人民党事件

他方で、奄美群島の復帰によって、奄美出身者は「非琉球人」として外国人扱いを受けることになり、それまでに有していたさまざまな権利を失う。行政副主席であった泉有平をはじめ、奄美出身の公務員は職を失った。

奄美群島の本土復帰は民主党に大きな問題を生んでいた。党結成時には立法院31議席中19議席を占めていた民主党はその後の補選で連敗していたが、8議席中7議席を民主党が占めていた奄美群島が本土復帰したことによって、党勢がさらに縮小したからである。

3月14日の第2回立法院選は、定数が31議席から29議席へ、制度が中選挙区制から小選挙区制へと変更されて実施された。変更は親米保守勢力の民主党に有利となるよう、米国民政府布令の改正により行われた。選挙区割りは一票の格差のため保守地盤の郡部に有利に、さらに不規則に地域を組み合わせるゲリマンダー方式によって保守に有利なかたちに町村が組まれた。それにもかかわらず、結果は社大12、民主11、人民2、無所属4となり、民主党は第一党から陥落する。

第2回立法院選結果　1954.3.14

	社大	民主	人民	無所属
議席数	12	11	2	4

選挙後、いずれの政党も過半数を獲得できなかったことで、まずは議長・副議長が激しく争われたが、結果的には議長・副議長ともに野党側が獲得。民主党は米国民政府のデビッド・A・D・オグデン民政副長官宛に書簡を送り、さらなる野党共闘への圧力を要請した。

一方、社大党は4月18日の第5回臨時党大会で「共産主義に反対」することを明示した新たな綱領を採択する。容共主義というレッテルによる弾圧を避けようという警戒心の表れである。だが、社大党の懸念は現実となっていく。米国民政府は、「共産主義者達は社会大衆党と連合することにより立法院議長並に副議長に共産党の同調者を選出することに成功した」として、立法院を「共産主義の温床」と非難する（『戦後資料　沖縄』）。

さらには5月1日はカール・マルクスの誕生日であり世界の共産党員が示威運動を行う日だという間違った認識のもと、メーデー参加者は共産主義への同調者であると圧力をかける。これに対して主要企業は社員にメーデー不参加通達を出し、沖縄教職員会、社大党も不参加を表明することになった。

5月19日にオグデン民政副長官は「沖縄における共産主義の先頭は瀬長〔亀次郎・人民党〕、大湾《おおわん》〔喜三郎《きさぶろう》・人民党〕、兼次〔佐一・社大党〕である」（同前）と名指しし、6月には琉球政府に対して人民党を非合法化するために防共法制定を示唆、8月には「日本共産党の対琉要綱」を公表して人民党との関係を明言するなど反共弾圧を強化し、10月には「外国人」として退去命令が出された奄美出身の人民党員を匿ったことを直接の理由に瀬長亀次郎ほか50余名が検挙された（「人民党事件」）。

軍用地問題の顕在化

サンフランシスコ講和条約が52年4月から施行され、同第3条によって米国の沖縄占領は継続していた。ただ、講和条約が発効して国際法上の戦争状態が終結することにより、沖縄の軍用地の扱いには変化が生じる。〝平時〟の私有財産の接収に当たっては〝正当〟な法的手続きを経て契約し、〝適正〟な補償を行う必要があったからである。

しかし、軍用地料が非常に低く抑えられたこともあって、軍用地主との契約は米軍の思うようには進まなかった。そこで、53年4月3日、米国民政府は布令第109号「土地収用令」を公布し、契約に応じない軍用地主に対して、布令という〝正当〟な法的手続きに基づいて、強制収用を行う。

4月中には真和志村《まわしそん》（現那覇市）安謝《あじゃ》、銘苅《めかる》で強制収用が実施される。それに対し、5月5日、立法院は「琉球における米国軍使用地に関する要請」を決議する。また、立法院議員や各市町村長・議会議長など地域支配層の協議によって、6月16日、市町村土地特別委員会連合会（以下、土地連）が発足し、その会長に第1章で触れた35歳の桑江朝幸が担がれる。以前から軍用地料請求運動などを展開してきた桑江こそ適任とされたのである。だがその後も強制収用は続き、12月には小禄村《おろくそん》（現那覇市）具志《ぐし》で実施される。土地を失った住民のなかには南米への移民を余儀なくされる者もいた。

54年3月17日、米国民政府は「軍用地料一括払いの方針」を発表。低額で一括払いを行うことによって、更新手続きやその都度の地代増額などの負担を除き、基地運用の円滑化を図ろうとしたのである。だがこれにより、軍用地問題はさらに深刻な対立を生んでいく。

4月30日、立法院は「軍用地処理に関する請願」を全会一致で採択し、「土地を守る4原則」（一括払い反対、適正補償要求、損害賠償請求、新規接収反対）を打ち出した。既存の米軍基地存続は前提としつつも、軍用地料の一括払い反対だけでなく、土地代の適正補償、米軍が与えた損害への適正賠償、新たな土地の接収反対を加えたものであった。さらに、その実現を期すため、琉球政府行政府・立法院・沖縄市町村長会・土地連によって4者協議会が発足する（のち沖縄市町村議長会が加わり5者協議会となる）。

続く米軍による弾圧

奄美の本土復帰後、沖縄教職員会会長屋良朝苗はオグデン民政副長官に対して復帰運動への理解を求める書簡（54年2月5日付）を送った。そのなかで、沖縄米軍基地の戦略上の重要性や沖縄経済への寄与を認めた上で、「われわれは、米国の沖縄に於ける基地の維持には、理念的にも経済的にも、反対する立場にはない」と述べた（『沖縄県祖国復帰闘争史　資料編』）。また、土地連会長桑江朝幸も5月、戦略上の重要性を認めた上で、「ごく少ない貴重な財産ではあるが、貸与せねばならない立場にある事を理解し」ていると述べている（『琉球新報』54年5月24日付）。

沖縄教職員会と土地連をそれぞれ代表する屋良と桑江が、ともに米軍基地存続に理解を示した上で、それぞれ復帰運動、軍用地補償要求運動を展開しようとしていた。これは彼らの運動の限界というよりも、米軍の圧政下で活動するためにはこうした協力的態度が大前提であったからである。

だが、妥協を模索する運動でさえも、米軍は弾圧をかけ続けた。屋良は書簡を送った直後の3月、本土での戦災校舎復興募金贈呈式出席のための渡航申請が拒否され、5月には労働3法に基づく沖縄教職員会の組合移行が米国民政府の干渉により断念させられた。また、沖縄教職員会の本部である教育会館建設への琉球銀行の融資が、経営権を握る米国民政府の圧力で拒否される。そして5月下旬、チャールズ・V・ブラムリー首席民政官は屋良に、校舎復興運動と祖国復帰運動をやめるように直接圧力をかけるのである。

屋良はそれに対する回答をせず、5月31日、沖縄教職員会会長と復帰期成会会長の両方を辞任。復帰期成会はそのまま自然消滅を強いられる。だが、沖縄教職員会は7月11日の総会で屋良を全会一致で再任し、米軍の弾圧への抵抗を示すとともに、組合移行の頓挫への対応として組織再編を図っていく。

新党運動とその挫折

他方で、社大党から分かれ親米保守勢力として民主党が結成されて以降も、戦前からの政界の重鎮である当間重剛はどの党にも属さなかった。当間は、米軍政下では平良社大党と比嘉民主党が合同し、政治力を結集することが重要であるという「当間構想」を主張していく。だが、民主党と社大・人民の野党共闘が対立するなかではこの構想は容易に実現するものではなかった。当間は、53年11月に那覇市長となり、政界での影響力を高めていく。

軍用地問題、奄美復帰以降に米軍の弾圧政策が行われるなか、沖縄住民の政治力結集は重要な課題だった。そして、54年3月の第2回立法院選後に第1次新党運動が起こる。

第1次新党運動は、沖縄群島知事選以来の政敵である民主党の新里銀三《しんざとぎんぞう》（松岡派、元共和党）と、米軍から共産主義者と名指しされた社大党の兼次佐一を除いて、民主党と社大党を合同させようというものであり、町村長出身の一年生議員を中心に展開された。

民主党からは、天願雄治郎《てんがんゆうじろう》（前具志川村長、党副幹事長）、照屋善清《てるやぜんせい》（前南風原《はえばる》村長）、石嶺《いしみね》真誠《しんせい》（前玉城《たまぐすく》村長）、与那覇金一郎《よなはきんいちろう》（前下地《しもじ》町長）、社大党からは、長嶺秋夫《ながみねあきお》（前小禄村長）、比嘉宇太郎《ひがうたろう》（前名護《なご》町長）、仲宗根厳《なかそねいわお》（前美里《みさと》村長）が参加し、そこに無所属の知念朝功《ちねんちょうこう》、佐久川長吉《さくがわちょうきち》、長田盛徳《ながたせいとく》が加わり準備が進められた。こうした動きに、社大党の有力者である西銘順治らも、政治力結集のために過去の遺恨を棚上げして新党運動に協力する。

当間重剛（1895〜1971）主席在任56〜59　現那覇市生．京都帝国大学法学部卒．司法官試補から地裁判事ののち，那覇市長，大政翼賛会沖縄県支部長．戦後は琉球上訴裁判所首席判事，那覇市長などを経て第2代行政主席に

だが結局、8月3日、社大党中央委員会で新党運動の中心であった長嶺が除名され、社大党側の動きは消滅、一方の民主党側も比嘉主席による収拾が図られ、第1次新党運動は失敗に終わる。

しかし政治力結集の動きは続き、翌55年7月になって、西銘順治が自らの構想を発表し、第2次新党運動を開始する。

この「西銘構想」は、社大党が社会主義的な色彩を払拭して国民政党としての性格を確立し、これに民主党、無所属議員を加えて清新強力な新党を樹立し、政権交代の実現を促進することなどを掲げていた。

ところが、8月21日に突如社大党委員長平良辰雄が政界引退を表明し、党が動揺するなかで、西銘の動きは封じられていく。一方の民主党も、結局、比嘉によって新党結成の動きは再び封殺され、第2次新党運動も消滅する。

翌56年3月11日、第3回立法院選（定数29）が行われた。その結果は、民主16、社大8、人民1、無所属4で親米保守の民主党が勝利した。

第3回立法院選結果　1956.3.11

	民主	社大	人民	無所属
議席数	16	8	1	4

民主党は、対米協力姿勢を前提に、沖縄財界の支持を得つつ、地方に対しては徹底した利益誘導・引き締めを図る態勢を作り上げていた。一方、社大党は政策関与への門戸を閉ざされ、度重なる新党運動で屋台骨は揺らぎ、存在意義を十分に示すことができず、大きく後退した。

相次ぐ重大事件

55年1月13日、日本本土で『朝日新聞』が特集記事「米軍の「沖縄民政」を衝く」を掲載し、その後1ヵ月にわたり戦後沖縄の実情を報ずるキャンペーンを展開した（「朝日報道」）。

同記事は、ロジャー・N・ボールドウィン国際人権連盟議長の依頼を受けた日本自由人権協会の調査をもとにしており、軍用地問題をはじめとして沖縄の人権侵害の実態を詳細に報じたものであった。戦後10年を経て沖縄戦だけでなく沖縄の現状にようやく本土からの関心が向き始めたといえよう。

米軍の「沖縄民政」を衝く
米国からの手紙で自由人権協会が調査
アジア法律家会議にも報告
農地を強制借上げ
煙草も買えぬ地代
土地問題
ボールドウィン氏の手紙

「米軍の「沖縄民政」を衝く」『朝日新聞』1955年1月13日
以後1ヵ月間にわたり戦後沖縄の実情を本土に伝え，大きな話題に

55年3月に伊江村真謝《いえそんまじゃ》で強制収用が行われるなか、5月には4者協代表6名（比嘉秀平主席、瀬長浩《せながひろし》経済企画室長、大山朝常《おおやまちょうじょう》社大党立法院議員、長嶺秋夫民主党立法院議員、新里銀三民主党立法院議員、桑江朝幸土地連会長）が渡米折衝を行う。

7月には宜野湾村伊佐浜《ぎのわんそんいさはま》で強制収用が実施、同月から土地を奪われ住む家を奪われた伊江島農民による「乞食行進」が行われた。これは伊江島農民が広く現状を訴えるために沖縄本島を縦断したものである。当初は、沖縄側でも当事者以外の反応は鈍く、一部の政治家や沖縄教職員会、青年団、学生などが動いていた程度であったが、徐々に問題意識が一般住民にも広がっていった。

さらに、55年9月、沖縄社会を揺るがす重大事件が発生する。石川市《いしかわし》（現うるま市）で起きた由美子ちゃん事件である。

9月3日、米兵に6歳の幼稚園児が拉致強姦され、翌日、嘉手納《かでな》村の塵捨場付近で無残な姿で発見されたのである。被害者が幼児であることと事件の残忍性、そして1週間後には再び別の米兵によって9歳の小学生が強姦されるというなか、石川をはじめ越来《ごえく》、前原《まえはら》、北谷、嘉手納、宜野湾など各地域の基地の街で、「由美子ちゃん事件と子どもを守る大会」が開催される。米軍圧政下のなかでも、米兵が子どもに対して起した凶悪事件に対しては、大きな怒りの声を挙げたのである。事件を受けて9月24日には琉球弁護士会総会で人権擁護委員会を組織することが決議され、10月15日には発足している。占領下の沖縄における人権擁護の重要な一歩であった。

だが、由美子ちゃん事件は、12月6日に軍事裁判で加害者に死刑判決が出されたものの、45年重労働に減刑となり、さらに本国送還以降はうやむやとなってしまう。

2 軍用地問題の高揚

「プライス勧告」への島ぐるみ闘争

１９５５年５月の比嘉主席らによる「土地を守る４原則」を求めた渡米折衝に応じて、10〜11月に米国下院軍事委員会メルヴィン・プライス議員を委員長とする調査団が来沖した。沖縄では米国議員による適正な判断に期待が高まった。だが、調査団は来沖時点ですでに一括払い・新規接収支持を前提としており、翌年、その期待は完全に裏切られることとなる。

56年６月９日、前年の調査に基づき「プライス勧告」が発表される。その内容は沖縄米軍基地の重要性をあらためて強調し、沖縄側の要求を無視して「一括払い」を支持するものであった。これを契機に島ぐるみ闘争が展開され、本土にも波及していくことになる。

６月11日、立法院は米国上下両院宛「プライス勧告に反対し４原則を堅持する」要請文を決議、14日には４者協などにより４原則貫徹本部が結成され、プライス勧告粉砕闘争の実施要項が決定される。４原則とは先述したように、一括払い反対、適正補償要求、損害賠償請求、新規接収反対である。同日、土地連総会で行政府・立法院・市町村長・市町村議会議員・土地連役員の総辞職などが提起され、15日には比嘉主席がプライス勧告阻止を達成できなかった場合の辞職を表明、４者協構成機関の自発的な総辞職表明へと発展していく。

島ぐるみ闘争といえば、激しい運動による基地反対闘争とイメージしがちである。だが、土地を守る４原則は基地そのものへの反対を掲げたものではない。米軍の統治下のなかで住民が一致団結して抵抗可能なギリギリの異議申し立てであり、だからこそ「島ぐるみ」の団結が可能となったのである。

6月20日、全沖縄64市町村のうち56市町村でプライス勧告反対、軍用地4原則貫徹住民大会が開催され、23日には民主党、社大党、人民党、沖縄教職員会、沖青連、土地連、沖縄市町村長会など16団体によって軍用地問題解決促進連絡協議会が結成される。そして、25日には住民大会が那覇市とコザ市（現沖縄市）で開催され、本土への第1次代表団（安里積千代社大党委員長、新里善福《しんざとぜんぷく》民主党幹事長、知念朝功無所属議員代表、翁長助静《おながじょせい》沖縄市町村長会代表）が選出・派遣される。沖縄の土地が奪われることは、すなわち日本の国土が奪われることであるとして、本土に支援を求めたのである。本土側でも、7月4日に東京で開かれた沖縄問題解決国民総決起大会をはじめとして、日本各地で6月後半から7月にかけて集会が行われた。

6月18日には軍用地問題解決促進連絡協議会を発展解消して沖縄土地を守る協議会（以下、土地協）が結成され、会長に屋良沖縄教職員会会長が選ばれる。

だが、「島ぐるみ」の統一は、米軍の圧力と懐柔のなかで、比嘉主席や当間那覇市長など保守指導者層から崩れ、闘争の鎮静化が図られていく。7月28日に那覇で開催された4原則貫徹県民大会は民主党が不参加のなか、比嘉主席・当間市長への退陣要求を決議し、本土への第2次代表団として瀬長亀次郎、兼次佐一を選出する。

それに対し、8月7日には、米軍が翌日からのコザ地区へのオフ・リミッツ（米兵の立入禁止）を発表して基地依存地区の経済封鎖を図った。その結果、9日に比嘉眞市《ひがしんいち》コザ市長を委員長とするコザ市オフ・リミッツ対策委員会が本土訪問中の「瀬長、兼次両氏をコザ市民代表と認めぬ」と発表。また、同日、米国民政府が琉球大学への財政援助打ち切りを通告した。島ぐるみ闘争では琉球大学学生が先鋭的な役割を担っていたが、反米デモを理由として圧力をかけたのである。結果、学生6名が除籍処分、1名が謹慎処分となる（「第2次琉大事件」）。

プライス勧告への抵抗は、米軍の弾圧のなかで後退を余儀なくされた。だが、後述のように、那覇市長問題のなかで、一括払い反対に要求が絞られて再編されていくことになる。

瀬長市長当選の〝衝撃〟

56年10月25日に比嘉主席が狭心症で急死すると、11月1日、米軍によって、かねてから新党構想を模索していた当間重剛が第2代行政主席に任命された。当間は「二頭政治」と呼ばれる民主、社大の両党と協調していく姿勢を示した。これに対して、主席与党であることを権力の源泉として地域有力者を包含していた民主党は大きく動揺する。他方で、一括払いを受け入れ、その資金を経済復興に充てるべきとする意見を共有する、当間主席と沖縄財界が結びつきを強めていく。

さらに、当間の那覇市長退任にともない行われた12月25日の那覇市長選で、人民党事件の

瀬長亀次郎（1907～2001）
現豊見城市生．第7高等学校放校処分．社会主義運動家に．戦後は沖縄人民党結成に参加．立法院議員となるが人民党事件で投獄．那覇市長に当選するが“追放”．その後，立法院議員，衆院議員を務めた

刑期を終えて出所して間もない瀬長亀次郎が当選し、沖縄政界を大きく揺るがすこととなる。当間は後継者の保守系候補を一本化できず、票が割れた結果、瀬長が当選したのである。

保守政治家や沖縄財界からは「対瀬長非協力市議会多数派声明」、「財界経済人の非協力声明」などが出され、瀬長の市長就任を阻もうとしたが、翌年1月4日、ライマン・L・レムニッツァー民政長官が、合法的選挙の当選者の就任は認めざるをえず、退陣は合法的手段によってなすべきとの態度を表明したことでひとまず落ち着いた。合法的手段とは、那覇市議会での不信任決議である。6月17日に市議会は24対6の大差で市長不信任案を可決。対して、瀬長市長は翌日、市議会を解散する。

那覇市議選に際して、米軍側の意向を汲む稲嶺一郎（琉球石油社長）が中心となり、すでに社大党から離れていた西銘順治にも話を持ち掛け、反瀬長派の組織化が図られていく。焦点は反瀬長派が再度の不信任案可決に必要な3分の2の議席を確保できるかであった。一方、人民党と市長不信任案に反対した社大党那覇支部が中心となり民主主義擁護連絡協議会（以下、民連）が結成される。

民連の2つの勝利――米軍への強権発動批判

8月4日に行われた那覇市議選（定数30）の結果は、反瀬長派が結集した那覇市政再建同盟が17、瀬長派の民連が12、中間派1となり、不信任反対派が6から12に倍増した結果、再度の不信任案可決を防ぐ3分の1を確保した。

市議選の結果は、米軍が期待した合法的手段による瀬長市長退陣を不可能としたが、それ以上にまた、民連が3分の1以上を占めたことは、米軍と沖縄政財界に大きな衝撃を与えた。10月末には稲嶺一郎が民主・社大の両党幹部と相次いで会談するなど、保守結集に向けた動きが始まり、米軍側も民主党幹部などに重ねて保守合同を求めた。

11月24日、米軍は布令を改正し、瀬長の人民党事件での〝前科〟を理由に再出馬を不可能とし、さらに首長再不信任議決を3分の2から過半数で可能とする。25日、那覇市議会は市長不信任案を可決。瀬長市長は失職し、再選挙が実施されることとなる。

当間主席は前回働きかけながら拒否された、元沖縄群島知事である平良辰雄の擁立に動く。対して、社大党は擁立の主導権を握るため平良の復党・公認を行い、民主党も独自候補を擁立することができず平良推薦を決めた。一方、瀬長支持派として民連に加わっていた社大党那覇支部は支部ごと脱党し、那覇市議の兼次佐一が瀬長の後継候補となる。

58年1月12日の選挙結果は、兼次3万5491票、平良3万4507票となり、僅差で兼次が当選を果たした。米軍の強権発動への批判は、民連への支持に結びついたのである。

そして、当選後の2月16日には、兼次らを中心に、社会主義政策を掲げ、階級政党として民主的な社会主義革命を遂行することを謳った沖縄社会党が結成される。だが、兼次は実際の市政運営を円滑に進めていくために超党派の姿勢をとるようになり、民連とは袂を分かち、社会党からも除名されるにいたる。そうしたなかで民連は活動の実態を失っていった。

軍用地問題の解決へ

話を軍用地問題に戻す。プライス勧告に対する「島ぐるみ」による統一は、保守政治家や沖縄財界、基地に依存する商工業者などから崩されかけていた。しかし、「一括払い反対」に絞った新たな抵抗が続けられ、それが再び沖縄側の総意を形成していく。

56年9月20日、各市町村の土地を守る会および土地連、沖縄教職員会、民主党、社大党、人民党、沖青連、沖婦連などによって沖縄土地を守る会総連合が結成され、それを受けて11月30日には土地協が組織を一元化するとして解散した。その背後には、対米折衝を行うためにも沖縄政治指導者の結束を要望する日本政府の出先機関である那覇日本政府南方連絡事務所（以下、南連）所長の助言があったとされる。

だが、57年1月のレムニッツァー民政長官声明により、あらためて一括払いと新規接収実施が示された。2月23日、米国民政府布令第１６４号「米合衆国土地収用令」が公布され、

「一括払い」への圧力がさらに強まると、土地連は打開策として、「一括払い」中止、毎年適正地料支払、新規接収は不毛地に限る、損害への適正補償などを要点とする「土地問題解決実践具体案」を作成し、立法院に提出する。

58年4月11日、ジェームス・E・ムーア高等弁務官から「一括払い」が再検討中であることが表明される（高等弁務官制については第3章参照）。対して、立法院では、5月30日に、土地連の原案をもとに、一括払い反対、賃貸借契約による毎年払い、適正地料・適正補償などからなる「軍用地問題解決折衝基本方針」が決定された。

6月10日、安里立法院議長を団長とする当間主席ら渡米折衝団が出発。7月7日には軍用地問題に関する米琉共同声明が発表され、米軍は再検討の現地協議を約束する。その前提には、瀬長那覇市長の誕生、民連躍進による米軍と沖縄保守層の危機意識の共有化があった。

そうしたなかで、米軍は、「一括払い」に固執せず、民連を牽制しつつ、民主党、社大党などと連携して統治政策の転換を図る。そして、11月3日、那覇で米琉共同声明が発表され、「一括払い」方式の廃止、地料の適正補償が明記される。「土地を守る4原則」のうち、「損害賠償請求」、「新規接収反対」は未解決であることから人民党、社会党が反発したが、軍用地問題はここに一応の終焉を迎えるのである。

これにより、地代は毎年払いとなり、賃貸料は5年前の約6倍に引き上げられた。また、地主と米軍との「直接契約方式」から、地主と琉球政府との「間接契約方式」となり、地主が契約に応じない場合には米軍が強制使用できるとされた。地主多数の同意を得て、基地の安定化がはかられたことになる。一方、新規接収は進み、本土からの海兵隊移駐も進められ、50年代を通じて軍用地面積は約1・9倍にまで拡大していった。近年注目されているキャンプ・シュワブはその一部である。

3　基地依存からの脱却——経済振興策の策定

自治獲得のための自立経済

話を琉球政府設立にまで戻し、あらためて経済政策を中心にみていこう。

1952年4月18日、比嘉主席は立法院での施政方針で、「名実共に備つた自治を欲するわれわれの当面する問題としては、一にも二にも、如何にすれば、琉球の経済自立が可能になるかという課題の解決にあ」り、「行政主席としては自治獲得の近途としての琉球経済振興という点に、最大の努力を結集して行きたいと決意している」と述べている（『琉球新報』52年4月19日付）。

琉球政府の出発にあたり、比嘉主席は、住民の願望である自治獲得のためには経済自立が不可欠であり、それゆえに政府の活動は経済振興に集約するとしたのである。

53年2月3日、琉球政府は泉副主席を団長として、日本政府に対する経済使節団を派遣、本土に40日余滞在させている。自立経済に不可欠の要素とされた本土への輸出振興策を進めるためである。比嘉主席は日本政府からの援助も模索していた。軍用地問題や復帰運動への影響も懸念されるなかで、この時期における日本政府からの援助受け入れは米国側にとって論外であったが、米国民政府が作成した『琉球列島経済計画』でも本土との貿易関係は重視されていた。実際、50年代前半を通じて貿易収支は計画以上に伸び続けていく。

自立経済の確立は、琉球政府の財政収支にも要求された。歳入は米国援助が大きかったが、4群島政府を琉球政府に統合し、租税制度が統一されると、財政健全化が進められる。

琉球政府の一般会計歳入決算額は、53会計年度（52年7月～53年6月）の約16億B円から58会計年度には約28億B円まで拡大し、一方で米国民政府補助金が占める割合は30・5％から4・3％にまで大幅に低下する。このように自主財源に基づく財政自立化が図られていく。だが、予算規模に応じて経済振興に投資する金額も限られ、このことが米国援助の拡大を要求する一方で、現状の予算の範囲内で経済振興を進めようとする前提となっていく。

「琉球経済の竹馬」からの脱却――経済計画策定へ

53年4月1日、「自立経済確立の鍵」として琉球政府に経済企画室が設置された。11月3日の経済局長会議で各局長案を経済企画室で総合修正して5ヵ年計画原案を作成することが確認され、8日付で瀬長浩駐日首席代表が初の専任経済企画室長に起用された。そして、経済政策に沖縄財界の意思を反映させるため、主席の諮問機関として経済審議会が設置される。審議にあたって念頭に置かれたのは、資金の裏付けなしに膨大な数字を並べた4群島時代に立案された経済計画であった。その反省から今回の計画は実質的計画として予算の裏付けが大前提とされた。また過度な予測を排した。たとえば、軍関係収入についても、軍工事ブームは今後縮小し、駐屯にともなう諸収入に落ちつくことが前提とされていた。50年度から52年度にかけて、沖縄恒久基地の建設のために2億7000万ドルが使用されたことは沖縄にとって経済的な起爆剤ではあったが、これは建設期間中の一時的なものとみなされた。そうした現実のなかで経済計画は立案されていく。

このような立場を取った前提として、次の二点を念頭に置く必要がある。

一点目は、ガリオア援助を軸とした、経済援助費の段階的縮小である。50年頃にささやかれていた52年での打ち切りはなかったものの、51年度をピークとして減少し続け、実際57年度に打ち切られる。琉球政府や各政党は米国に対して別のかたちでの安定した経済援助を要求したが、実現するのは、60年7月の琉球経済援助法(プライス法)の制定によってである。

二点目は、同時期における軍用地問題の動向や復帰運動、人民党への弾圧に象徴される米軍の抑圧政策である。経済計画は、「土地を守る4原則」を掲げ、行政府、立法院を含めた「島ぐるみ」での基地不拡大要求を行っていた時期に立案された。琉球政府経済局が作成した『琉球経済の現況　1954年6月』でも、米国経済援助(ガリオア資金)と軍作業員賃金という「琉球経済の竹馬」の減少への警鐘と依存体質批判を打ち出していた。

島産愛用運動

そうしたなかで注目されるのは、「島産愛用運動」（琉球政府、琉球工業連合会、農林水産協会、琉球商工会議所の共催）である。

初年度の54年は11月15日から21日まで1週間開催され、50万B円の予算により、「普及宣伝活動」「懸賞募集」「展示会」「売店または夜店」「製造場における品質および経営管理調査」「街頭宣伝パレード」などが行われた。

初日の比嘉主席によるラジオメッセージでは、「そのねらいは申すまでもなく島内生産の振興をはかり島内自給度を昂揚《こうよう》し外貨を節約するとともに輸出の増大をはかり自立経済への一翼たらしめたいということにある」とし、さらには「政府では目下経済振興5ヵ年計画の立案にとりかかっており、その中には島内産業育成についての政策も積極的に打出されることになるが、このたびの島産愛用運動週間の実施も経済振興計画の先駆となる運動として意義づけたものである」と述べられていた（『琉球新報』54年11月15日付）。

島産品の愛用運動を実施して、自給率を高めるとともに輸出振興を図ることは、自立経済達成のためにも不可欠であった。またそれは、輸入関税などによる保護政策を同時に必要とするものであった。島産（品）愛用運動は以降、毎年秋に開催され、67年に「県産品愛用運動」と改称されて、復帰後も継続されていく。

第1次5ヵ年計画

経済審議会から行政府内の経済振興計画委員会での議論を経て、「経済振興第1次5ヵ年計画案」は、全文の英文翻訳が完了し、54年12月21日に米国民政府財政経済部に提出された。以降、琉球政府と米国民政府の間で綿密な検討が実施される。そして、再度経済審議会を経て、立法院での審議が行われ「経済振興第1次5ヵ年計画書」(以下、「計画書」)は完成する。56会計年度(55年7月～56年6月)から実施された「計画書」には、「われわれは、われわれの努力と米国の直接間接の援助によって今日の発展を見ることができた。しかしいつまでも援助に頼ることはゆるされることでもないし、またそれでは自立できない」と述べられ、援助を前提としないという策定当初の意図が貫徹されていた。

「計画書」では、沖縄経済は量的には「相当な繁栄」がもたらされたが、援助や軍工事などの基地収入によるものであったため、「三つのひずみ」があるとした。

それは①第1次・第2次・第3次産業の構成比など経済(産業)構造、②各産業間の所得配分の不均衡、③対外収支構造の特異性である。その解決策としては、「1 生産業をさかんにしなければならない」「2 弗《ドル》をもつと稼がなければならない」「3 しつかりした経済の土台」の3点が掲げられ、具体的な振興計画が策定されていた。

2－2　米軍統治期の経済計画一覧　1951〜72年

名　称	策定主体	策定年月	計画期間	廃棄年月
琉球列島経済計画	米国民政府	51年５月	５ヵ年	－
琉球列島経済計画	〃	55年７月	〃	－
経済振興第１次５ヵ年計画	琉球政府	55年６月	〃	58年５月
上記の計画の修正	〃	58年５月	２ヵ年	60年５月
長期経済計画	米琉合同	60年５月	５ヵ年	－
民生５ヵ年計画	琉球政府	61年10月	〃	64年９月
第１次民生５ヵ年計画	〃	62年６月	〃	66年５月
財政総合３ヵ年計画	〃	64年９月	３ヵ年	66年
長期事業計画	〃	66年５月	６ヵ年	70年９月
長期経済開発計画	〃	70年９月	10ヵ年	72年５月

出典：琉球銀行調査部編『戦後沖縄経済史』（琉球銀行，1984年）

だが、５年後の結果は、①第３次産業の一層の拡大、②所得格差の一層の拡大、③基地依存の収支構造残存となり、計画に即した成果をあげることはできなかった。ただ、「土地を守る４原則」に基づく折衝が米軍側と続けられるなか、基地依存からの脱却をはかろうとした点は評価されるべきであろう。自立経済への欲求は、基地依存からの脱却へと、必然的に結びついていたからである。

なお、綿密な検討を琉球政府と行った米国民政府は、独自に55年７月、「琉球列島経済計画１９５６－１９６０」（"Economic Plan for the Ryukyu Islands, 1956-1960"）を作成している。ここでは目標として「本土並み水準」の達成を掲げていた。すでにこの時期、沖縄住民の不満の原因は本土との経済的格差にあるとみていたのである。だが、本国政府からの十分な予算の裏付けを欠き、計画実行は困難であった。第３章でみるように住民の抵抗運動によって58年以降に統治政策の転換がなされるまで、経済格差是正の動きは待たねばならなかった。

当間重剛の「一括払い」容認論

56年11月1日、「一括払い」容認の立場を取っていた当間重剛那覇市長の第2代主席任命は、前任の比嘉主席の下で、経済援助を前提とせず、自力財源での経済計画の検討を余儀なくされてきた沖縄財界にとって朗報だった。当間や沖縄財界は、多額の資金を沖縄経済に流入させて経済発展の起爆剤にしようとする。当間主席誕生以降、銀行などの切り崩しによって、58年の軍用地問題終結までの間、軍用地主の47・3％が「一括払い」を受領する。

他方で、もう一つ、経済への起爆剤として期待されていたのが「那覇都市計画」である。これは、戦後初期における一大プロジェクトであった。53年8月、立法院で「都市計画法」が成立し、その後那覇市は「指定都市」となり「都市計画」が認可される。56年1月、「首都建設法」が制定され、さらに、57年12月までに那覇市、首里《しゅり》市、真和志市、小禄村が那覇市として一つになる。ただ、巨大予算をともなうプロジェクトであるがゆえに、真和志市の合併問題も含め、一筋縄ではいかない対立が存在していた。

当間主席の就任にともなう那覇市長選で、那覇市議会の当局派（当間派）は、歴代市長が一貫して進めてきた都市計画を一層充実できる後継者の擁立をめざす。だが、保守候補を一本化できず、前述の通り、保守票が割れて瀬長亀次郎が当選していた。

すでに述べたように、選挙結果を受け、市議会、市幹部、沖縄財界などから立て続けに非協力声明が出されたが、こうした過剰な反応は、ようやく軌道に乗り始めていた都市計画を前提に考える必要がある。つまり、瀬長市政への米国民政府、琉球政府および琉球銀行からの補助金、融資が止められるということは、期待されていた巨額の都市復興事業が滞るという事態を意味していたからである。

57年6月17日、那覇市議会が市長不信任案を可決した際の提案理由には、「瀬長亀次郎氏が市長に就任してから六ヵ月間、所謂資金は凍結されて都市計画事業は中止されている。〔中略〕市民生活の根本問題として都市復興事業に支障を来すことは市政担当の最高責任者として不適当だと謂える」と述べられていた(『沖縄タイムス』57年6月17日付夕刊)。

「一括払い」容認論の転換

すでに述べたように、58年6月、「一括払い」見直しを求める渡米折衝団に当間主席も加わった。「一括払い」容認の立場であった当間主席が、なぜ立場を変えて58年の渡米折衝団に加わり、「一括払い」見直しを求めたのか。

実は、55年に策定された「経済振興第1次5ヵ年計画書」は、当間主席らの渡米直前に、第4年次以降(59〜60年度)の修正が行われている。米国の統治政策転換が行われつつあったなかで、大幅な米国からの経済援助を前提とする計画へと修正されるのである。その額は総額の約67・3％にも及んだ。さらには、金融機関からの融資も重視されていた。

また産業構造についても、従来は第1次産業に重点が置かれていたのに対して、修正後には工業化による第2次産業拡大を中核とした産業構造高度化を掲げ、それを基軸に組み立てられていた。5ヵ年計画実施以降には、製粉、飼料、ビール、畜産加工、製缶、伸鉄、サルベージなど、企業の設立が相次いでいた。そうしたなかで、沖縄財界と密接な関係にあった当間主席の下で、当初の計画以上に第2次産業に重点を置くように修正したのである。

つまり、軍用地問題折衝と経済援助要請はセットであり、「一括払い」による資金流入に代わるものとして、援助獲得に期待できるようになったために、当間主席は方針を転換し、渡米団に加わったのである。

当間主席時代のこうした修正は、比嘉主席時代に作成された当初の「計画書」が米国の援助依存からの脱却を掲げていたことと対比した場合、明確な転換であったといえよう。

4　沖縄戦への本土の認識

映画『ひめゆりの塔』のヒット

サンフランシスコ講和条約が発効すると、日本では戦争を扱った映画が続々と製作された。

そのなかで、1953年1月に公開された今井《いまい》正《ただし》監督『ひめゆりの塔』(東映)は、600万人を動員、配収も1億8000万円を記録し、当時における邦画・洋画を含めた記録を更新し未曽有の大ヒットとなった。テレビ普及前で映画全盛期の当時、その影響力は大きく、多くの人びとはこの映画によって沖縄戦の〝実態〟を知ることとなったのである。

映画の原作には、石野径一郎の『ひめゆりの塔』のほかに仲宗根政善の『沖縄の悲劇』が加わり、史実をベースとした構成になっている。『ひめゆりの塔』は、石野の小説の刊行後、すぐに映画化が検討されたが、占領下には実現できなかった。

他方で、映画公開前に脚本を入手した、ひめゆり学徒隊遺族会、沖縄教職員会、ひめゆり同窓会などからは、「ひめゆりの塔を赤くよごすな」といった抗議の声が起こり、在東京沖縄出身者による上映禁止を求める運動が起こる。今井監督はレッドパージの対象となっており、左翼的な政治偏向映画ではないかとの懸念がもたれたのである。また、「沖縄人」が異種族、被圧迫民族であるかのような表現がみられ、沖縄と日本とを切り離す危うさがあるとして、祖国復帰を打ち出す際の大きな問題と考えられた。だが、現実にはそうした危惧は杞憂に終わったといえる。

映画『ひめゆりの塔』は、沖縄戦＝ひめゆりの悲劇というイメージを定着させていく。国のために純真無垢に尽くしたという崇高なイメージは、学徒出陣した学生や、特攻隊に対するイメージに通じるものとして理解されたといえる。また、この映画には、米軍そのものが描写として登場しない。艦砲や機銃掃射などの爆撃によって米軍の存在は示されており、地上戦であるはずの沖縄戦が、空襲で逃げ惑う人々によって描かれている。これは本土側で受け入れられやすい要因となっただろう。そうした沖縄戦に対する本土側のイメージは、次にみる戦後補償の具体的作業で、さらに一方的に投影されていくことになる。

援護法・恩給法の沖縄への適用

サンフランシスコ講和条約発効により、日本の潜在主権は認められながらも米国による単独占領が継続された沖縄に対して、戦傷病者戦没者遺族等援護法（以下、援護法、52年4月30日公布）や恩給法（53年8月に復活）の適用が図られていく。

52年2月10日に琉球遺家族会が結成され（11月16日には琉球遺族連合会と改称）、沖縄側からの適用要求の運動も展開されていた。53年3月、米国占領下の南西諸島への援護法適用が公表。援護法と恩給法の適用過程のなかで、戦後の沖縄と本土との関係が具体的な事務作業を通して再構築されていく。

56年7月、総理府恩給局長が沖縄を視察し、記録消失による未処理8割の早期適用だけでなく、戦闘協力者への援護の検討を始める。本土では援護法によって空襲被害者などの非戦闘員は補償されなかったが、沖縄は「唯一の地上戦」として、特例とされたのである。

その背景には、琉球政府や琉球遺族連合会、沖縄教職員会などによる適用範囲拡大を求める日本政府への陳情運動があった。57年3～5月には「戦闘参加者」調査が行われ、厚生省が認定方針を決定し、57年8月には住民による申請手続きが開始される。認定者は、61年6月末までに3万7700名、65年8月末までに4万7400名に達したとされる。

その認定方法は、20項目――①義勇隊、②直接戦闘、③弾薬・食糧・患者等の輸送、④陣地構築、⑤炊事・救護等雑役、⑥食糧供出、⑦四散部隊への協力、⑧壕の提供、⑨職域による協力、⑩区村長としての協力、⑪海上脱出者の刳舟《くりぶね》輸送、⑫特殊技術者、⑬馬糧蒐集、⑭飛行場破壊、⑮集団自決、⑯道案内、⑰遊撃戦協力、⑱スパイ嫌疑による斬殺、⑲漁撈勤務、⑳勤労奉仕作業。このいずれかに該当すれば、援護法が適用されるというものである。

だが、申請手続きのなかで、日本兵による食糧掠奪は「⑥食糧供出」、壕からの追い出しは「⑧壕の提供」というように、戦場で起こった事実の書き換えが生じていく。援護法が作り出した枠組みは、沖縄戦に対する認識に大きな影響を与えたのである。

靖国神社合祀と慰霊

いま一つの重要な論点は、靖国神社への合祀についてである。戦後、厚生省から援護法適用者が掲載された戦没者名簿が送られることで、靖国神社への合祀が行われていた。国内への戦後補償で援護法・恩給法（物的援護）と慰霊祭祀（精神的援護）は二本の柱として成り立っており、それは不可分のものであった。沖縄の場合、援護法の拡大によって、そこに軍人・軍属だけでなく認定された「戦闘参加者」も含まれることになる。

サンフランシスコ講和条約発効直後の52年5月2日、新宿御苑で第1回全国戦没者追悼式が行われた際には、沖縄からも代表3名が参加している。8月19日には、琉球政府主催第1回全琉戦没者追悼式が琉球大学広場で行われ、本土側来賓として、木《き》村《むら》忠《ちゅう》二《じ》郎《ろう》厚生省引揚援護庁長官、今城《いまじょう》登《のぼる》南連所長のほか、故牛島《うしじま》満《みつる》中将夫人、故大田《おおた》実《みのる》少将夫人、故荒井《あらい》退《たい》造《ぞう》沖縄県警察部長子息が招かれている。

全琉戦没者追悼式は55年（第4回）でいったん途絶する。この間、琉球遺族連合会は、53年10月17日に日本遺族会支部となり、いち早く本土への組織系列化、組織の本土復帰を実現している（翌年7月31日には財団法人沖縄遺族連合会に改組）。

54年1月には琉球遺族連合会事務局長であった山城善三《やましろぜんぞう》が中心となって沖縄観光協会が発足し、慰霊観光の奨励を掲げていく。4月には、北海道遺族団が来沖して慰霊塔を建立する。56年4月には沖縄巡拝遺族を迎える会が発足し、事務局は沖縄遺族連合会内に置かれた。日本遺族会主催による各都道府県遺族の沖縄巡拝が実施される際、沖縄への渡航条件がいまだに厳しいなかでその受け皿となったのである。

この時期の援護と慰霊の問題を考える際には、単純に沖縄対本土の対立関係で論じることは難しい。援護法の枠組みの問題はたしかに大きいが、日本への復帰を求めるなかで、「日本人」であることの積極的な証明として、援護法の適用範囲拡大を求めて陳情運動を行ったこと、それにより、自身のアイデンティティ、生活の確保をしようとしていった点も含めて考えなければ一面的な理解に終わってしまうだろう。それは第3章でみる沖縄県護国神社の再建運動にもみることができる。

第3章　沖縄型高度経済成長　1958〜65

1　米国の統治政策転換──復帰協の結成

弾圧から経済成長促進へ

1957年6月5日、大統領行政命令第10713号「琉球列島の管理に関する行政命令」が出され、高等弁務官制が布かれ、沖縄統治政策の転換が図られていく。アイゼンハワー政権下の極東戦略再編のなかで、極東軍が太平洋統合軍に統合されたため、琉球軍司令官が高等弁務官として統治を行うこととなったのである。高等弁務官は、琉球政府行政主席、琉球上訴裁判所裁判官の任命権のほか、立法院が議決した法律の修正権・拒否権だけでなく、みずから布告・布令・指令を公布できるなど、絶対的な権限を持っていた。

米国はこれまで、共産主義の脅威を理由に沖縄の長期保有を言明したうえで、復帰運動を共産主義と結びつけて弾圧。住民に沖縄米軍基地の重要性を啓蒙して協力させるという方針をとってきた。だがこの方法では、もはや住民の不満を抑えることが難しいと判断する。住民の生活水準を実質的に日本のしかるべき県並みにすることで、本土復帰要求が高まることを未然に防ごうと統治政策の転換を図っていく。

第2章で述べたように軍用地料「一括払い」については妥協して収束を図る。さらに、外資導入を行い経済規模拡大に資するドルへの通貨切替（58年9月）、長期設備資金融資を専門とする琉球開発金融公社の設立（59年9月）、毎年一定額の米国援助を可能とする琉球経済援助法（プライス法）の制定（60年7月）など、重要な経済政策を次々と行い、経済成長を促進していこうとしていた。

3-1　歴代高等弁務官　1957〜72年

	着任年月日	高等弁務官
初代	57. 7. 4	ジェームス・E・ムーア陸軍中将
2代	58. 5. 1	ドナルド・P・ブース陸軍中将
3代	61. 2. 16	ポール・W・キャラウェイ陸軍中将
4代	64. 8. 1	アルバート・ワトソン2世陸軍中将
5代	66. 11. 2	フェルディナンド・T・アンガー陸軍中将
6代	69. 1. 28	ジェームス・B・ランパート陸軍中将

出典：照屋榮一『沖縄行政機構変遷史』（照屋榮一，1984年）

日本本土の関与拡大へ

日本政府は、米国の統治政策転換以前から、沖縄に関与するルートを米国と調整しながら徐々に構築していた。

52年7月には、渡航事務などを行うため、総理府南方連絡事務局の出先機関として那覇日本政府南方連絡事務所（南連）を設置する。米国は沖縄への政治的関与を一切認めなかったが、実際には先に述べたように、軍用地問題が解決される過程で沖縄の指導者に助言を行うなど、一定の影響力を持っていた。

島ぐるみ闘争さなかの56年６月には、自民党内に沖縄問題特別委員会が設置され、11月には、財団法人南方同胞援護会（会長・渋沢敬三《しぶさわけいぞう》、副会長・渕上房太郎《ふちがみふさたろう》、事務局長・吉田嗣延）が発足し、翌年には特殊法人となっている（会長・副会長・事務局長は同前。61年９月、第２代会長に大濱信泉が就任）。南方同胞援護会には、日本政府に代わって沖縄に見舞金を送金するなど、米国との外交摩擦を避けつつ沖縄に関わる際の役割が期待されていた。そこでは、戦後、外務省・総理府で沖縄に対する施策の中心にあった吉田嗣延や、早稲田大学総長であった大濱信泉ら、沖縄県出身者が重要な役割を果たしていた。

そうしたなかで、米国の統治政策転換以降、沖縄保守勢力は、日米両政府との協調の下で本土との「一体化政策」、自治の拡大、渡航の自由、援助の拡大などによる「積み重ね方式」を打ち出していく。それに対して、野党や運動団体などは、そうした漸進的な態度は現状の固定化に繋がるとして批判した。だが、経済面や人的往来によって、本土復帰は徐々に近づいていくことになる。

保守合同――沖縄自民党の結成

58年３月16日の第４回立法院選（定数29）には、民連から現職１名（前回人民党から当選）を含む計18名が出馬し、民主党・社大党を抜いて立候補者数で最大党派となった。また、勢いを失った民主党からの出馬を避ける保守系候補者が続出し、無所属候補が21名となった。

選挙結果は、社大9、民主7、民連5、無所属8となり、民主党は前回より9議席も減らし、社大党が1議席増やして第一党となった。4月には、保守系無所属6名が新政会を結成している。

民連が1議席から5議席へと躍進したことは、前年の瀬長亀次郎那覇市長不信任後の市議選で民連が躍進し、1月のやり直し市長選で瀬長の後継である兼次佐一が当選した「民連ブーム」が続いていたといえる。一方で選挙戦では、当間重剛主席が、民連に対抗するために民主党・社大党と相談して候補者を絞り、稲嶺一郎ら財界人とともに、反民連であれば党派を問わず支援していた。その結果、民連の当選者が5議席に抑えられたともいえる。以降、第2章でみたように、前年の那覇市長選と立法院選でつくられた民主・社大両党の協調路線によって、軍用地問題の解決が図られていく。

第4回立法院選結果　1958.3.16

	社大	民主	民連	無所属
議席数	9	7	5	8

当間主席は行政府の人事刷新をさらに図り、行政府内に当間派を作り上げていく。大田政作副主席、知念朝功官房長に加えて、58年2月には西銘順治が経済局長に、11月には崎間敏勝が法務局長に就任。元社大党新進会の中心メンバーが、那覇市長問題を経て行政府入りする。

また、年々増加する労働争議や革新勢力伸長のなかで、58年3月に日本経営者団体連盟の桜《さくら》田《だ》武《たけし》総理事が来沖し助言を行い、7月18日に沖縄経営者協会が会員企業28社で結成される。商工会議所や各種業界団体はすでに存在していたが、労働運動対策、労務対策を課題とし、本土財界との密接な結びつきを持った沖縄経営者協会は、革新勢力に対抗して保守勢力を全面支援していく。

こうした沖縄財界や米軍は、政治面における民主・社大両党を中心とした保守合同を強く求めていた。11月3日に軍用地問題の最終合意が図られた後の13日、ドナルド・P・ブース高等弁務官は当間主席と各党代表に対し、立法院の第一党から主席を任命する「第一党方式」を示唆する。翌年11月の主席任期切れを前に保守合同の実現を暗に求めたのである。

大田政作（1904～99）主席在任59～64　現国頭村生．早稲田大学法学部卒．高等文官試験合格．地裁判事などを経て澎湖庁長官．戦後は熊本で弁護士となるが，当間主席に請われて副主席に．保守合同後，第3代行政主席に就任

だが、この保守合同は多数派工作でしかないとして社大党は距離を置いた。そのため、民主党、新政会、行政府当間派の3派による交渉が進められていく。59年9月以降、3派から2名ずつ参加して新党結成準備委員会が作られ、10月5日、沖縄自由民主党（以下、沖縄自民党）が結成される。

50年代の政治力結集の動きは、保守合同による沖縄自民党結成にひとまず結びついた。

総裁は次期主席のために空席とされたが、当間の任期切れにともない、21日に大田政作が第3代行政主席に任命されたのをうけて、60年2月の党大会で大田が沖縄自民党総裁に就任した。

復帰運動の再興――青年団から労働組合へ

島ぐるみ闘争のなかで、復帰運動再興の動きも始まっていた。

56年5月26日、沖青連は祖国復帰特別委員会を設置し、57年2月14日の理事会で日本の国連加盟による新局面、軍用地問題への再結集、本土との連帯を理由として、祖国復帰県民大会の開催を採択した。16日には社大党党大会でも同大会開催を決議し、両者が各団体に働きかけを行う。だが、米軍や琉球政府の干渉を受け共催が難しくなり、4月27日に沖青連単独主催によって祖国復帰促進県民大会が那覇で開催された。

沖青連は53年4月に日本青年団協議会に加盟し、いちはやく本土団体への「復帰」を果たしていたが、復帰運動中興に重要な役割を担った原水爆禁止沖縄県協議会（以下、沖縄原水協）も、沖青連の本土側との交流のなかで誕生していた。57年の第3回原水爆禁止世界大会に派遣された中根《なかね》章《あきら》（沖青連常任理事）が、安井《やすい》郁《かおる》（原水爆禁止日本協議会理事長）から沖縄での組織化を依頼され、58年8月6日に沖縄原水協が結成される。以降、11月15日の祖国復帰県民大会、59年1月16日の沖縄祖国復帰促進県民大会は沖縄原水協を主体として開催されていく。

また、沖縄教職員会が中心となって民立法による「教育４法」（教育基本法、教育委員会法、学校教育法、社会教育法）制定に向けた運動を展開し、58年１月に実現したことも、教育面からの復帰運動の地固めとして重要である。

教育４法は本土法を参考に制定されたが、特に教育基本法に掲げられた「日本国民として」という文言は、意識的に付け加えられたものであり、その後の復帰運動を含めた沖縄教職員会の活動の重要な基盤となっていく。

このように、50年代における社会運動の両軸は沖青連などの青年団と沖縄教職員会であったが、60年代に入ると、新たに労働組合が登場する。その背景には、50年代の青年団リーダーたちが、年齢を重ねて青年団からは退く一方で、各職場の労組のリーダーになっていったことがある。

統治政策転換にともない、50年代末以降、沖縄官公庁労働組合協議会（以下、官公労。58年結成）、全沖縄軍労働組合連合会（全軍労連、61年結成、63年に全沖縄軍労働組合〈以下、全軍労〉に改組）など主要労組の結成が進む際には、青年団リーダーたちが多くの職場での労組結成推進に関わっていた。

60年安保改定と沖縄

日米両政府間で安保改定交渉が始まった58年10月以降、本土では日米安保改定論議が巻き起こり、日米の共同防衛地域に沖縄を含めるか否かが問題となった。

59年1月16日の祖国復帰促進県民大会には、民主党を含む党派を超えた政党、団体が参加。意見が分かれるなかで、沖縄教職員会、社大党などが示した「棚上げ」論が採用され、共同防衛地域に含める含めないの議論の前に、まず施政権返還を要求することが決議された。復帰優先という全会一致の見解をとることで、沖縄住民の分裂を回避したのである。

だが、本土では野党も「戦闘に巻き込まれるおそれあり」として含めることに反対し、結局、沖縄を共同防衛地域に「含めない」ことが決定される。これは、沖縄側からすれば、沖縄を日本の外部と規定したことに他ならなかった。

そして、安保改定論議で本土との温度差が明白であったことに危機意識が高まり、さらに後述する新集成刑法撤廃運動やジェット機墜落事件などへの賠償要求運動が展開されるなかで、沖縄自民党も含めた超党派による復帰推進団体の再組織化が浮上していく。

復帰協の結成

59年5月13日、高等弁務官布令第23号「琉球列島の刑法並びに訴訟手続法典」（新集成刑法）が交付される。米軍政下の刑法は、沖縄戦時点での日本の刑法が維持され、米軍の占領政策に必要な追加・修正が布令によって定められていた。新集成刑法は、55年の米国民政府布令第144号「刑法並びに訴訟手続法典（集成刑法）」に代わるものとして公布され、部分的には改善もあったものの、次の点が大きな問題となる。

それは「安全に反する罪」についてである。ここでは、「外国、外国国民あるいは外国政府またはその代行者、代行機関もしくは代表者に雇われ、またはその利益のためにスパイ、サボタージュもしくは煽動行為を犯」した者の最高刑が死刑とされていた。沖縄住民は、再興の機運が盛り上がりつつあった復帰運動への適用を危惧し、撤廃運動が巻き起こる。結果、8月7日にはドナルド・P・ブース高等弁務官が無期限施行延期を声明せざるをえなくなった。

また、のちに詳述するが、この1ヵ月前、6月30日には石川・宮森《みやもり》小学校に米軍ジェット機が墜落し、17名が死亡するという事件が起き、賠償要求運動も行われていく。

こうした流れを受けて、沖縄教職員会、沖縄県青年団協議会（以下、沖青協。58年3月に沖青連から改組）、官公労が世話役3団体となり、60年2月以降、復帰推進団体の結成準備会が重ねられた。当初は沖縄自民党代表も参加していたが、「日米琉相互の信頼と理解を深めることによって復帰を早めることができるものであり、復帰は民族運動とか抵抗、闘争によってかちとることはできない」などとして参加を拒否（『沖縄県祖国復帰闘争史　資料編』）。そのため呼びかけを受けた70団体の大半も参加を見合わせた。

結局4月28日、17団体によって、沖縄県祖国復帰協議会（以下、復帰協）が結成される。会長は屋良朝苗沖縄教職員会会長が就任を固辞したために不在で発足し、後日、赤嶺武次《あかみねたけじ》官公労委員長が初代会長に就いた（62年4月、喜屋武眞榮沖縄教職員会事務局長が会長となる）。

復帰協はのちに革新色を強くするが、結成過程で沖縄自民党が不参加だったことが組織の性格にただちに影響したわけではない。

当初は、復帰運動は超党派であるべきという指針に基づいて組織活動が展開されていく。参加を見合わせた団体も徐々に加盟し、61年には28団体、63年には57団体と増えていく。のちに加わったなかには、沖縄教育長協会、沖縄教育委員協会といった教育行政関係団体のほか、沖婦連、沖縄PTA連合会、沖縄遺族連合会のような沖縄教職員会とも関連がありつつも、どちらかといえば、保守的な性格の団体がみられた。

復帰協の「島ぐるみ」運動

復帰協は、後述する教公2法阻止闘争を契機に革新化する67年まで、「島ぐるみ」による運動の堅持を方針としていた。サンフランシスコ講和条約発効の日である4月28日に毎年行われた復帰協主催の4・28集会には、沖縄自民党幹部でもある長嶺秋夫立法院議長も61年から65年まで毎年参加している。61年の4・28集会「宣言」で初めて「沖縄県民にとって屈辱の日」という表現が登場するが、このとき長嶺議長が社大党の安里積千代、人民党の瀬長亀次郎と「スクラムをくんで祖国復帰の歌をたからかに合唱」する様子が当時の新聞で報じられている（『沖縄タイムス』61年4月29日付）。

「屈辱の日」という表現は、同時に「植民地主義」という用語が強調されていたことと合わせて考える必要がある。これは植民地主義の速やかな終結を謳った60年12月の国連総会での「植民地独立付与宣言」が反映されたものである。また、後述する62年2月の立法院における米国による沖縄の植民地的支配を批判した「2・1決議」にも繋がる。

63年からは毎年4月28日に、沖縄本島最北端の辺戸岬と鹿児島県最南端の与論島との間の北緯27度線上で海上集会が行われる。

復帰協の「島ぐるみ」による運動の堅持は、「軍事基地」に対する運動方針でより明確に表れている。「原水爆基地」反対については結成当初から鮮明だが、通常の「軍事基地」については、67年に基本目標として「軍事基地反対」が記されるまで明確な態度は示されなかった。

そもそも基地への態度表明は米軍からの弾圧と結びつくきわめて繊細な問題である。そのため、革新政党でさえ態度を明確にするのは、50年代末の米国統治政策の転換後であった。人民党が「沖縄の原水爆基地化反対」とともに「基地の撤去」を明記したのは、60年8月の第11回大会。また沖縄社会党も58年の結成時には「沖縄を含めた日本の原水爆基地化反対」にとどめており、62年2月に沖縄社会党が発展解消して日本社会党沖縄県連になり初めて

「基地撤去」方針となった。

復帰協の最大の特徴は、結成時からの日本国憲法の適用、人権擁護要求の一貫した追求だった。つまり、「軍事基地」への明確な方針は示さないが、「軍事基地」が存在するがゆえに生じるあらゆる人権問題への対応を集約していたのであった。

石川・宮森小学校ジェット機墜落事件

復帰協結成にいたる過程で重要な契機となったのが、先に触れた石川・宮森小学校ジェット機墜落事件に対する賠償要求運動である。

59年6月30日、嘉手納飛行場を離陸した米軍ジェット戦闘機が石川市の住宅地域および宮森小学校に墜落炎上、死亡者17名（児童11名、一般6名）、重軽傷者210名（児童156名〈のち後遺症で1名死亡〉、一般54名）を出す大惨事となった。米軍は軍用地問題がようやく終息したなかで、反米感情が再び高揚することを恐れ、当初は補償について柔軟な姿勢を示す。米国はこの事件が本土の反米感情を刺激し、日米安保条約改定交渉に悪影響を及ぼすことも懸念していた。

ところが、米軍は現地沖縄での処理が可能な1人に対し5000ドル以内での賠償で解決を図ろうと強硬な態度を示したため事態は難航。琉球政府行政府は米軍の様子をうかがい調整に消極的だった。それに対して立法院は、特別委員会を設置して積極的な調査と米軍への要請活動を展開していく。

9月22日には石川ジェット機事件被災者連盟が結成され、被害者たちは適正補償を要求するために団結を図っていく。だが、米軍は高圧的であり、60年1月25日には、被害者を支援するため石川ジェット機事件賠償促進協議会（以下、賠促協）が、沖縄教職員会、沖青協、官公労（以上、世話団体）、沖縄子どもを守る会、沖縄遺族連合会、沖婦連、沖縄市町村会、4政党（自民、社大、人民、社会）、各労組、石川市長、遺族、被災者などによって結成される。沖縄自民党を含めた全政党が参加し、完全補償に向けた「島ぐるみ」の補償要求運動が展開されていくのである。ちなみにこのときの世話団体は復帰協世話役団体と同一であり、この運動は復帰協結成準備と同時に進められていた。

大きな転機となったのは、6月のアイゼンハワー米大統領来沖であった。

6月11日、賠促協は、来沖前日の18日に宮森小学校を出発し、翌日に那覇に到着するデモ行進を決定。賠促協のデモをめぐる動きには沖縄自民党も参加していた。そうしたなかで、突如13日、米軍側はデモの動きとは無関係であることを強調したうえで、死亡者について2000ドルを「ギフト」として追加し解決を図ろうとしたのである。だが、負傷者については未決であり、デモ行進は実施される。

この「アイク請願デモ」は、結成直後の復帰協が行った最初の大きな取り組みでもあったが、そこにはこのような賠償要求運動が重なっていたのである。

事態が好転しないなか、賠促協は9月以降、被害者代表を本土に派遣し、日本政府や国会、マスメディアなどに強い訴えかけを行った。当時、本土は安保をめぐる騒乱が終わり、岸信介から池田勇人へと首相が交代し、政治が落ち着きをみせ始めたときだった。米国としては、沖縄の賠償問題によって、再び本土で反米感情を刺激する事態は避けねばならなかった。

米軍側は、10月19日、負傷者の要求総額約24万ドルに対して約10万ドルの裁定額を示し、21日までには、2件を除いて合意にいたる（2件はさらに約1年後に合意）。要求総額の2分の1に満たないとはいえ、当初の裁定よりは大幅な増額だった。沖縄自民党を含めた「島ぐるみ」による賠償要求運動は米軍からの大幅な譲歩を引き出したのである。

2　保革対立——社大党の〝革新〟化と保守再編

第5回立法院選——親米保守・沖縄自民党の勝利

1960年11月13日に行われた第5回立法院選（定数29）は、立法院の第一党から主席を任命する「第一党方式」を前提とした総選挙であった。

人民党と社会党は「第一党方式」に反対の姿勢を示したが、沖縄自民党と社大党は賛成し、選挙は政権選択の体裁を帯びた。また、本土の自民党は沖縄自民党、日本社会党は沖縄社会党の支持をそれぞれ表明するなど、本土の政党が初めて公然と支援を行った選挙となった。

結果は、自民22、社大５、人民１、無所属１。野党３党は惨敗し、社会党は４人の候補者を出したがすべて落選し、１議席も確保できなかった。沖縄自民党は圧勝し４分の３以上の議席を占め、主席には大田政作が再任される。改選直前の自民15、社大９、人民５（元・民連）という与野党伯仲の勢力図は、与党絶対安定多数へと激変する。

50年代後半の米国の統治政策転換および後述する経済の安定、そして、そのなかで安定的な親米保守政党として成立した沖縄自民党が沖縄住民からの大きな支持を得た結果であった。ただ、野党３党がここまで惨敗した要因は、野党３党が複数候補を出して対立した選挙区が15と過半数もあったことも大きい。15選挙区のうち３選挙区では社大党候補が勝利したが、４選挙区でも野党候補の得票を足すと沖縄自民党候補を上回っていた。

社大党は、９月の定期大会で党綱領を改正し、復帰政党であることを明確にして選挙に望んだが、本土との「一体化政策」、自治の拡大、渡航の自由、援助の拡大などによる「積み重ね方式」による祖国復帰を謳う沖縄自民党との間で復帰を争点とすることは難しく惨敗した。また、復帰協に集う野党３党のうち、社大党と人民党・社会党との対立は激しいものであった。社大党に対しては「土地を守る４原則」を堅持しなかったこと、「第一党方式」を受け入れたことなどへの批判が行われ、「革新票ほしさに革新ヅラをしているが、そのウ

第５回立法院選結果　1960.11.13

	自民	社大	人民	無所属
議席数	22	5	1	1

ラは沖縄の永久支配の仕組みに手を貸している」とまでいわれた（『琉球新報』60年10月29日付）。当時、社大党は沖縄自民党とともに〝保守〟とみなされており、〝革新〟といえば人民党、社会党の時代であった。

那覇市長選――〝革新〟化する社大党

那覇市長選には、早くから現職の兼次佐一が出馬に意欲を示していた。兼次は市長当選以降、民連と袂《たもと》を分かって、米国民政府や保守系を含めた独自の支持勢力と協調しつつ市政を運営していた。沖縄自民党は、当間前主席時代に琉球政府入りしていた西銘順治を候補に立てた。

復帰協は前年の立法院選で加盟政党が惨敗した後も、あくまで超党派による復帰運動を堅持しようとする。那覇市長選に統一候補を出すべきだとの意見が組織内で出されるが、復帰協自体が母体となることは総意とならず、共闘組織準備会を別に立ち上げた。そこで中心となったのは労組である。

61年6月には「ナショナル・センター」として全沖縄労働組合連合会（以下、全沖労連）が結成され、革新統一候補の支持基盤として機能していく（その後分裂し、64年9月、沖縄県労働組合協議会〈以下、県労協〉が結成される）。準備会での話し合いは難航するが、復帰協加盟団体からの突き上げもあって、11月9日に那覇市政民主化共闘会議が結成され、統一候補として宮里栄輝《みやざとえいき》（社大党）を推すことで一致する。特に復帰協加盟の労組が共闘に積極的に動いたことは、社大党を共闘に踏み切らせる最大の要因となった。那覇市長選を通じて、社大党は革新政党として再び認知されるようになったのである。

那覇市長選は前年の立法院選以上に本土との結びつきの強い選挙となった。選挙戦では各候補者とも復帰に対する姿勢を全面的に打ち出す。

兼次は復帰は当然とした上で、那覇市政に政党が介入することの弊害を述べて、「非政党」の立場を表明した。西銘は復帰は当然としながらも、日米琉新時代のもとで、「一体化政策」、「積み重ね方式」によって推進するとした。復帰協加盟団体に推された宮里は、自らが祖国復帰勢力であることを強調する。そして、大宜味朝徳《おおぎみちょうとく》（琉球国民党）は、復帰に反対し、独立を主張した。

西銘順治（1921〜2001）　現与那国町生．東京帝国大学法学部卒．外務省を半年で退官し帰郷．社大党結成に加わり，立法院議員を1期務めたが離党．琉球政府経済局長，計画局長を務め，沖縄自民党結成に参加．40歳で那覇市長に

選挙戦は、当初、現職兼次が優勢といわれたが、終盤戦になって、西銘、宮里両陣営が兼次陣営の切り崩しを図り、逆に兼次が追い込まれていく。12月17日の選挙結果は、西銘3万2290票、宮里3万1552票、兼次2万5959票、大宜味464票。票を3者で分け合うこととなり、僅差で西銘が当選し

た。

いずれにせよ、那覇市長選を経て野党3党は革新3党となり、その後の本土側革新勢力との連携も進んでいく。

ただ一方で、復帰協は62年4月17日の第6回定期総会で、あらためて沖縄自民党支持者をも含めた「島ぐるみ」による超党派の大衆運動団体でなければならないという姿勢を示した。復帰協結成の影響で、政党間における保革対立軸が成立したが、他方で、復帰問題に関しては保革による争いは避けるダブルスタンダードの状況が続くのである。それは復帰協内における沖縄教職員会執行部などの強い意志のもとで保持されていた。

62年2月1日に開会した立法院定例議会は、国連総会での植民地独立付与宣言（60年12月）を取り入れた「施政権返還に関する要請決議」、いわゆる「2・1決議」で幕を開けた。この決議を沖縄自民党が圧倒的多数を占める立法院が全会一致で可決する。

きっかけは人民党がつくったが、社大党が人民党案の「植民地解放決議」という名称を変更して沖縄自民党案・社大党案とし、社大党案の内容を中心とすることで沖縄自民党との妥協が成立したものであった。

これに対し、米国民政府のみならず、日本政府・自民党内からも沖縄自民党を含めた沖縄各政党への批判が起こり、さらには本土革新陣営も事態に驚く。

2・1決議は、復帰問題に対する超党派での一致点を示すと同時に、政治力結集による米軍への発言力強化という沖縄自民党の結党精神を示したものでもあった。

ケネディ新政策——本土復帰の容認

3月19日、ジョン・F・ケネディ米大統領が沖縄について新政策を発表する。いわゆるケネディ新政策である。その特徴は、将来的な沖縄の日本復帰の可能性に言及したうえで、プライス法を改正して琉球政府への援助を増額するよう連邦議会に要請し、日本政府からの琉球政府への援助の受け入れについても継続的に協議するとしたことである。さらに沖縄住民の権限拡張のため、大統領行政命令を改正する。これは、前年6月の池田・ケネディ会談とそれに基づき10月に来沖したケイセン調査団の勧告を受けてなされたものであった。

大統領行政命令改正によって、立法院の権限が拡張し、任期も2年から3年に延長され、行政主席指名および選挙区数・区域変更が可能となった。また、高等弁務官の拒否権限定、民政官を文民とするなどの変更が行われた。しかし、ケネディ新政策は期待通りに実行されたわけではない。ポール・W・キャラウェイ高等弁務官がその後「キャラウェイ旋風」と言われた厳しい直接統治を展開していくからである。

6月30日の立法院定例議会終了後には、はやくも旋風の兆しが見え始めた。大統領行政命令改正を受けて沖縄自民党が急遽策定し、野党の反対を押し切って可決した公職選挙法案（29選挙区から32選挙区へと変更）など8つの重要法案が米国民政府との調整がつかずに8月末から9月にかけて相次いで廃案となったからである。

それを受けて、野党だけでなく与党沖縄自民党内からも調整役であった大田主席への責任追及の声が巻き起こった。9月13日、米国連邦議会上院軍事委員会で、沖縄への援助額上限を2500万ドルとするプライス法改正原案が半分以下の1200万ドルで修正可決されたことは、大田主席にとってさらなる打撃となった。しかし、11月の立法院選が近づくなかで、大田主席への責任追及は、党内公認争いとの関係もあり、一端収まることになる。

第6回立法院選——野党の復調

前回の立法院選は、沖縄自民党と社大党が第一党方式のもとで政権獲得のために激しく争ったため、沖縄財界は結束して沖縄自民党を支援した。だが、62年の立法院選で財界は結束できなかった。最大の要因は、政界とも関係の深い稲嶺一郎（琉球石油社長）、松岡政保（松岡配電社長、沖縄自民党顧問）と大田主席との対立である。

稲嶺は、市場を一社独占していた琉球石油に対抗して沖縄石油を設立しようとする動きに大田主席が同調したこと、松岡は、米国民政府の意を受けた行政府が電力料金の大幅値下げを進めたことによる。松岡の意を受ける沖縄自民党松岡派は大田主席批判の急先鋒となる。また稲嶺は、立法院選への独自候補擁立を行うなど反大田路線を明確にしていく。

こうした動きのなか沖縄の財界は、琉球商工会議所、沖縄経営者協会が軸となり、10月4

日、政治的関与を強めていくために経済人の政治的活動組織として経済懇話会を結成。ただ、目的の一つでもあった選挙献金の窓口統一については、沖縄財界に主席擁護派と批判派があるなかで実現にはいたらなかった。

一方、前年の那覇市長選で共闘した社大党、人民党、社会党は、立法院選でも共闘すると思われたが決裂する。完全共闘には失敗したものの、同士討ちを避け、革新3派のバックアップを図るとして、9月21日、全沖労連、自治労、全沖縄キビ代値上げ農民協議会連合会（全沖農）の3団体で立法院総選挙革新共闘民主団体会議が発足する。その後、沖青協は加盟したが、沖縄教職員会は組織としての中立という建て前を崩さずオブザーバー参加にとどまった。

立法院選は、保革双方が内部対立を抱えながらもそれぞれに支持組織が結成されたことで、保革対立の側面はより強くなった。争点は立法院による主席指名を含めた、ケネディ新政策の是非であった。

第6回立法院選結果　1962.11.11

	自民	社大	人民	社会	無所属
議席数	17	7	1	1	3

11月11日の選挙結果は、自民17、社大7、人民1、社会1、無所属3で、沖縄自民党は前回から5議席減らしたものの過半数を維持。社大党は、安里積千代委員長と平良《たいら》良松《りょうしょう》会計長が返り咲くなど2議席を増やした。さらには社会党が初めて1議席を獲得する。

沖縄自民党の優位は揺るがなかったものの、沖縄自民党やそれを支持する財界で主席擁護派と批判派の対立が激しさを増すなか、野党の着実な復調を示した選挙となった。

条件付きの大田主席指名

立法院選によって大田主席の権力基盤は不安定化していた。大田体制を支えてきた現役幹部が落選した一方で、党内批判派が当選議員の過半数を占めたからである。

沖縄自民党議員団は、12月4日の議員総会で、大田主席に対して、主席指名の条件として対米追従姿勢の転換などに加えて党議員団3分の2以上が不信任を決議した場合の退陣を要求し、翌日、大田主席はこれを了承した。こうした一連の事態は、主席指名制を一つの契機として、民選である立法院議員の立場が強まったことを意味する。

野党側はあくまで主席公選を主張し、立法院での主席指名を拒否する姿勢を示していた。12月8日、立法院臨時議会が召集されると、復帰協・沖縄原水協・立法院総選挙革新共闘民主団体会議共催の主席指名拒否・公選要求県民大会が開かれる。野党側の動員に対して警官隊の院内導入が行われ、野党退場のまま大田政作の主席指名が採決された。

こうしたなか、沖縄自民党側も院外団を動員して傍聴席を占拠するなど、対立のあり方は変質しつつあった。

キャラウェイ旋風と自治神話論

キャラウェイ高等弁務官は、予算案や法案の事前事後調整を強化し、61年から毎年出された琉球政府・沖縄自民党の減税案や公職選挙法など重要法案を拒否する。また、金融機関や農連への手入れ、外資導入の強行、琉球政府人事への介入などを次々と実施していく（「キャラウェイ旋風」）。こうしたキャラウェイの行動について、彼の個性が強調されることが多いが、むしろ沖縄の将来的な日本復帰を認めたケネディ新政策に対する米軍部の反発があったことを念頭に置く必要がある。

そして、63年3月5日、沖縄出身米国留学者の親睦団体である金門クラブの月例会がハーバービュークラブで開催され、そこでキャラウェイが行った「自治神話論」演説が波紋を呼ぶ。キャラウェイは米軍統治下にある沖縄の「自治権は神話であり従って存在しない」と述べ、さらに、自治権要求者は、「人民煽動者」「山師的政治家」「詐欺的実業家」と断じたのである（『沖縄タイムス』63年3月7日付）。

ただちに沖縄各界から批判が出される。

3月12日に社大党は、キャラウェイ高等弁務官の自治権理解に強い批判を展開し、16日には沖縄自民党議員団も「地方公共団体とし

ポール・W・キャラウェイ
（1905～85）　アーカンソー州生．第3代高等弁務官（61～64）．陸軍中将．「自治神話論」演説を行ったほか，絶対的権限による直接統治，布令政治は「キャラウエイ旋風」と呼ばれた

ての沖縄がもつ固有の自治権までも米国の留保に委ねることは住民感情として耐えがたいものがある」、さらに踏み込んで、「現在の政治制度——例えば事前調整のあり方——にも種々改善しなければならない面があり、その意味では民政府にも責任はあるといわなければならない」と、「自治神話論」だけでなく、キャラウェイ施政への批判も行った（『琉球新報』63年3月17日付）。

さらにキャラウェイ旋風が続いた後、反主流派の中村晄兆《なかむらてるあき》執筆により、64年3月20日に沖縄自民党名義で出されたのが、パンフレット「ケネディ新政策の評価と将来の課題」である。そのなかで新政策については一定の評価を示しつつも、「自治権の拡大については、高等弁務官のいわゆる自治権神話説を頂点として、むしろ自治後退という印象を住民に与えている」、「渡航の自由、出版の自由、裁判管轄権については、新政策以前よりも改善されたと認められる点は何も存在しない」など、厳しい評価を下していた。

4月22日、ついにリンドン・B・ジョンソン米大統領が高等弁務官キャラウェイの中将退役とその後任にアルバート・ワトソン中将の任命を承認し、その期日を8月1日とすることが発表される。キャラウェイの事実上の更迭であった。

沖縄自民党の分裂・再編と松岡主席指名

沖縄自民党は反主流派がキャラウェイ旋風への批判を強めるなかで、分裂の危機にあった。

6月13日、ついに総務会で党内対立が決定的となり、立法院議員11名と西銘那覇市長が沖縄自民党を脱党する。

「脱党理由書」には、「自治神話論」を表明するキャラウェイ高等弁務官に追従する大田主席との訣別が述べられていた。6月16日には大田主席がキャラウェイ高等弁務官に辞表を提出するが、保守結集によって次期主席が決まるまで認められないとして、解職発令が出ず、事態は長期化していく。23日、脱党組は院内交渉団体「民政クラブ」として届け出、主席指名を拒否して主席公選を要求する態度を示した。そうしたなかで8月1日、ワトソン新高等弁務官が着任する。

大田主席は8月14日から24日まで、全国戦没者追悼式に参列するため上京し、本土の自民党幹部らと会談を重ね、沖縄自民党への支持および民政クラブの不支持を求めた。だが、本土の自民党は一方への明確な支持を避ける。大田は事態収拾と主席継続に意欲を見せたが、本土の自民党の理解を得ることはできなかったのである。

他方で、民政クラブは、新任のワトソン高等弁務官と日本政府・本土自民党側から保守再結集の圧力がかけられるなか、9月8日に沖縄自民党と協議を行い、公選要求の態度をひるがえして後任主席指名に応ずることで一致する。

11日には、元外相で前自民党沖縄問題特別委員会委員長でもある小坂善太郎《こさかぜんたろう》が来沖し、沖縄自民党と民政クラブに、本土の自民党支部としての合同を提案する。両派は前向きな姿勢

松岡政保（1897〜1989）主席在任64〜68　現金武町生．米国トライステート工科大学卒．戦前は沖縄製糖嘉手納工場長．戦後は沖縄民政府工務交通部長などを務め，実業界に転身し松岡配電社長などを経て，第４代行政主席に就任

を見せたものの、ワトソン高等弁務官は本土の関与で沖縄の自治が失われるとして否定的であり、沖縄財界も保守合同は求めるが経済政策が本土に決定されるとして批判的であったため、この段階での支部化は実現しなかった。

結局、10月8日、民政クラブは従来の方針通り、新党として自由党を結成。総裁を置かずに長嶺秋夫、吉元栄真《よしもとえいしん》、西銘順治の３名を総裁代行とした。

この10月８日から９日にかけてワトソン高等弁務官の斡旋による沖縄自民党、自由党の密室会談によって松岡政保を次期主席に指名することが決まる。それに対して復帰協は、あくまで主席公選実施を求め、加盟団体の動員による実力阻止を含めた主席指名阻止闘争を展開していく。

10月29日に召集された立法院臨時議会では、復帰協のデモ隊と、長嶺立法院議長の要請で出動した警官隊が衝突し、負傷者が出るなかで、沖縄自民党、自由党は本会議開会強行を断念し、流会となる。続く30日も流会となり、迎えた31日、デモ隊が本会議場に乱入し警官隊とぶつかり合うなかで、沖縄自民党、自由党の議員のみで松岡政保の指名を強行した。松岡は、主席就任にあたって「最後の任命主席でありたい」と述べることになる。

その後も保守再合同は、人事と党名をめぐって難航するが、12月26日に沖縄自民党と自由党はようやく再合同し、沖縄民主党（以下、民主党）が誕生する。党総裁に松岡政保が選ばれたほか、顧問団の一人として琉球石油社長の稲嶺一郎が加わることになる。

3　経済関係強化――本土からの援助拡大

沖縄型高度成長と東京五輪

１９５２年の琉球政府発足以来、財政健全化が図られ、58年度には自主財源が９割を超えるまでになっていた。その一方で、経済振興に投じる予算は限られ、実効力に乏しい状況が続いた。先にも触れたように、50年代末の沖縄統治政策転換の重点の一つは経済政策強化であった。沖縄を経済成長させることによって過激な復帰要求を鎮静化させることも大きな目的であった。

経済政策強化によって、60年代の「県民総生産」は、64年を除いて、10％以上の増加となり、15％以上を記録した年は６回に及んだ（３－２）。沖縄にも高度成長の時代が到来したのである。

だが、その内実は、輸入超過による膨大な貿易赤字を、米国政府・日本政府からの援助金

3－2　**沖縄の経済成長率推移**　1956〜71年度

年度	率	年度	率
1956	8.2%	1964	8.8%
1957	11.3%	1965	14.4%
1958	5.9%	1966	17.1%
1959	5.9%	1967	20.0%
1960	15.2%	1968	18.1%
1961	16.5%	1969	12.3%
1962	11.5%	1970	18.0%
1963	17.2%	1971	15.8%

註記：財政年度ベース（1956年度＝55年7月〜56年6月）.「県民総生産」の増加率
出典：琉球銀行調査部編『戦後沖縄経済史』（琉球銀行，1984年）

および米軍関係収入で埋め合わせるという、基地経済そのものであった。こうした貿易外収支によって経済規模全体が大きくなることで「県民総生産」も増加したのが実態であった。とはいえ、60年代前半には、経済成長は保守政党への支持、権力の源泉ともなり、立法院選でも沖縄自民党が安定多数を獲得し続ける要因となった。

他方で、50年代後半以降の沖縄の高度成長を可能にした基地収入以外の要因もあった。それは、①スクラップ輸出ブーム（56〜57年度）、②糖業への本土資本導入（58〜62年度）、③ドルへの通貨切替（58年9月）、④軍用地料・遺族年金の一括受給（60〜62年度）、⑤砂糖・パイン缶詰輸出増加（60年度〜）というように、ほぼすべて本土と関係するものであった。

そして、本土との関係性が強まる60年代前半で象徴的なのが、高度成長期のただなかに行われた東京オリンピックと沖縄との関係である。特に、聖火リレーとマイクロ回線の問題が重要となる。

59年5月、東京オリンピック開催が決定。62年7月には、沖縄での聖火リレー実施が決定し、64年3月には、オリンピック東京大会聖火沖縄リレー実行委員会が琉球政府・米国民政府各10名の委員によって設置される。そして、9月7日から11日まで、聖火リレーが沖縄本島を一周した。これは市川崑《いちかわこん》総監督『東京オリンピック』のオープニングで象徴的に描かれた場面である。

オリンピックに合わせて、9月1日、マイクロ回線が開通する。これによって、ほぼリアルタイムで本土からのテレビ中継が見られるようになり、沖縄（ただし先島諸島は除く）は東京オリンピックという「国民的イベント」を共に体験することになる。

スポーツと通信による本土との一体化に重要な役割を果たしたのは、前主席の当間重剛であった。当間は、戦前戦後を通じて沖縄の体育協会会長を務め、行政主席退任後はラジオ沖縄、沖縄テレビの社長となり、聖火沖縄リレー実行委員会の琉球政府側委員長を務めていた。

沖縄保守勢力にとって、これらは「一体化政策」の成果であり、沖縄と日本（本土）との紐帯を強化するものであった。加えて、この経験は本土の経済成長をさらに沖縄住民に意識させ、生活の豊かさ、日本復帰への渇望をさらにもたらしたといえる。だが、それは裏を返せば、復帰が遅れることによる本土との格差拡大を危惧させるものでもあった。

日本政府援助の開始と大規模経済調査団の来沖

日米両政府間の交渉を通じて、日本政府による琉球政府への経済的な関与も次第に拡大していった。

58年9月、日米外相会談で日本政府の経済技術援助費に米国は同意していたが、さらに61年6月の日米首脳会談で日本政府による包括的な経済援助にも同意する。琉球政府予算には62会計年度（61年7月～62年6月）以降、「日本政府援助」が加わる。そして、61～62年に米国と日本から大規模な経済調査団が派遣されることになる。

まず、61年10月、沖縄への援助増額と反基地運動抑制を前提とした住民福祉改善を検討するために、先に少し触れたカール・ケイセン大統領特別補佐官を団長とする米国政府沖縄調査団（ケイセン調査団）が来沖する。琉球政府は「自治権拡大」要求のほか、「経済発展のための援助」などを要請し、米国に加えて始まったばかりの日本政府からの援助導入を前提とした「民生5ヵ年計画」を作成している。

12月に出された「ケイセン調査団」の最終報告では、無期限の排他的管理を前提としつつも、①日本側の関与拡大、②日米による琉球への援助拡大、③琉球の自治権拡大の3点を記し、プライス法の援助上限を600万ドルから2500万ドルへ引き上げることを提言している。この勧告は、前述の通り、翌年3月に打ち出されたケネディ新政策の基本となったものである。こうした新たな動向には、沖縄財界も自立経済実現に向けた強力な経済振興策を要望するなど、強い期待感を抱くようになる。

62年、小平久雄《こだいらひさお》総務長官を団長とする日本政府による初の大規模調査団が来沖する。調査団は3次に分かれ、目的を経済援助に限定させつつも、各省庁ごとに具体的な調査を行った。その後作成された報告書には、「産業開発及び国土保全の援助」として、第1次、第2次産業の振興、そのための国土保全に関する事業（インフラ整備）が明記されており、沖縄側の要望を反映した内容になっていた。

各政党の援助獲得方針

このような援助方針について、沖縄の各政党はどのように捉えていたのだろうか。

沖縄自民党は、基地なしに成り立たない経済の現状を指摘したうえで、「基地依存の消費経済から一日も早く脱却して、生産を高め、貿易収支の著しい不均衡を矯めて自立経済に立て直し、復帰の暁には、沖縄県として立派に地方自治をまかなつてゆけるだけの経済基盤を築くことをも併せ考えてこそ正々堂々の復帰論だと思う」と論じた。そして、「米国の援助金や基地収入で得た金を資本として、生産の増強や経済の拡大を図り、一日も早く基地依存の消費経済から抜け出すよう経済自立への施策の急務を」訴えていた（『祖国への道』）。こうした主張は、50年代以来の自立経済論の延長線上にあり、60年4月に結成された復帰協による復帰運動への批判、牽制でもあった。

一方、野党側の主張はどうであったか。最大野党・社大党は、ドルへの通貨切替が行われた直後の「1959年度政策」で、「貿易管理を強化し輸入貿易を規制すると共に輸出産業の促進強化」によって「国際収支を改善」し、「経済の自立」をはかることを主張していた。

さらに、62年10月の臨時党大会で安里積千代社大党委員長は次のような挨拶を行っている。米国援助については、「米国の必要から軍事基地として多くのものを住民から取りあげ、不本意ながらその権力に服せざるを得ない立場に置かれていることに対し米国は施政権者として当然の責任負担をすべきであ」る。また、米国と日本からの援助が積極化したことに対して、「現状を是認する前提に立って為されては沖縄県民にとっては喜ぶ訳にはいきません」と警戒心を忘れていなかった（『沖縄社会大衆党史』）。

それでは、人民党や社会党の方針はどうであったか。62年11月の立法院選に向けた「統一基本綱領（案）」は、人民党・社会党が社大党との共闘をめざすなかで作成されたものだが、「財政援助に名をかりて、復帰をそらし、現状の軍事植民地的支配の固定化をねらう援助体制を打破し」というように、社大党と同様、財政援助が現状固定化に繋がることを批判していた。ただその上で、「日本政府の国庫支出や沖縄復興特別措置法などをもって真に日本の一県としての体制を築く財政支出を要求し、さらに米国政府に対しては、軍事植民地的支配に基ずく《[ママ]》一切の不利益の補填に要する経費を支出することを要求する」と、しかるべき財政支出は日米両政府に要求していた（『人民』33、62年9月12日）。

このように、琉球政府・沖縄自民党のみが援助獲得を唱えていたのではなく、野党を含め、しかるべき財政支出は当然要求すべきものであり、そのあり方が問題とされていたのである。なかでも、沖縄自民党と社大党はいずれも、援助を得るなかで自立経済を達成していくことを明確に掲げていた。

外資導入――本土資本への危惧

58年9月、先に少し触れたが、外資導入を行い経済規模拡大に資するため、ドルへの通貨切替が行われた。この際、高等弁務官布令第11号「琉球列島における外国人の投資」が出され、投資家側に有利な条件が作られた。だが、外資導入合同審議会は、米琉双方からの委員により可否が決定されるため、沖縄側の主張が通りにくい体制になっていた。

そのため、琉球政府は自治権拡大の一環として、琉球政府による外資導入の統制権限を要求し、65年9月、外資導入合同審議会にかわり琉球政府側のみで組織した外資導入審査会を設置する。そして地元企業を保護しながら、自立経済に向けた方向性を示した審査基準を設定した。

当然のことながら、この時期の外資には本土企業も含まれていた。具志堅宗精《ぐしけんそうせい》琉球工業連合会会長が、この時期、機関紙に発表した文章では、「日本本土の産業面との調整」を求める「本土政府の閣僚、政党首脳の政治家」に対して、「日本政府と調整のついた産業のみを興こせということは、日本の植民地産業政策に通ずる感がする」と批判し、「沖縄も資源が乏しい国ではあるが、原材料を輸入して、沖縄に適する工業を政府の保護育成のもとに発展せしめ、貿易収支のアンバランスを縮小し、もって自立経済の道を歩まんとするものである」と主張している（『琉工連ニュース』11、63年11月14日）。

こうした主張の背景には、復帰後の、本土資本に対する危機感があったと考えられる。それゆえに、沖縄財界からは自立経済達成以前の復帰は、時期尚早であると強く主張されていくことになる。

4　日本との心理的距離

護国神社の再建と沖縄教職員会

第2章でみたように、米軍統治下の沖縄にも戦傷病者戦没者遺族等援護法適用の動きが進むなか、1957年10月16日には靖国神社奉賛会沖縄地方支部（会長与儀達敏）が発足している。同支部は60年2月24日に財団法人沖縄戦没者慰霊奉賛会（発起人山城篤男、会長安里積千代）に改組され、理事には沖縄遺族連合会副会長でもある屋良朝苗が名を連ねていた。

また援護法の沖縄への適用、およびその適用範囲を広げるにあたって、沖縄教職員会は積極的な要請活動を展開した。援護法の適用を受けることは靖国神社に合祀されて慰霊・顕彰されるということであり、そのことは、沖縄県護国神社における慰霊・顕彰につながる。

58年1月25日には全琉戦没者追悼式が、戦没者中央納骨所（那覇市識名《しきな》）で日本政府・琉球政府の共催で行われた。日琉両政府共催による追悼式は、56年から日本政府が遺骨収集に予算を組むなかで、日本政府が琉球政府に委託して建立した戦没者中央納骨所の除幕式と同時に開催することで実現したものである。本土側来賓には、藤原節夫《ふじわらせつお》総理府総務副長官、安藤覚《あんどうかく》衆議院代表、三木治朗《みきじろう》参議院代表のほか、北白川祥子《きたしらかわさちこ》靖国神社奉賛会会長、筑波藤麿《つくばふじまろ》靖国神社宮司など靖国神社幹部が名を連ねていた。

59年4月25日には、那覇市奥武山《おうのやま》の元沖縄県護国神社境内に仮社殿が建立され、戦災で消滅していた沖縄県護国神社が再建される。さらに本社殿復興をめざすなかで、62年2月14日、沖縄県護国神社復興期成会（会長具志堅宗精）が設立。屋良朝苗沖縄教職員会会長が評議員、喜屋武眞榮沖縄教職員会事務局長（同年4月から復帰協会長）が理事となっている。全琉学童一仙《セント》募金を行うなど、沖縄教職員会は組織を挙げて本社殿復興に取り組んだ。そして、65年11月19日、奥武山に本社殿が復興されるのである。

しかし、第4章で詳述する教公2法阻止闘争によって、沖縄教職員会が「革新」へと大きく舵を切ると、67年7月20日、沖縄県護国神社復興期成会を発展解消して創立された沖縄県護国神社奉賛会（会長具志堅宗精）から、護国神社に関連するどの組織にも名を連ねていた沖縄教職員会幹部の名前は姿を消す。

このような歴史から、沖縄社会における保革対立軸が明確化する以前には、援護法適用と靖国神社・護国神社への合祀に対する具体的な批判が現れず、「島ぐるみ」による推進が図られていたこと、保革対立軸の明確化と沖縄戦への認識の変化が同時進行していたことがわかる。

46都道府県の慰霊塔

現在、沖縄本島には、沖縄県を除いた46都道府県すべての慰霊塔が存在する。その端緒は54年に北海道の遺族会が来沖して建立した「北霊碑」である。北海道は46都道府県のなかで最も多くの1万名を超える沖縄戦戦死者を出していた。60年代に入ると次々と各都道府県慰霊塔が建立された。それを年ごとに並べると3－3のようになる。

このうち京都府の「京都の塔」が激戦地であった沖縄本島中部の嘉数高台《かかずたかだい》(宜野湾市)に建立された以外は、摩文仁《まぶに》の丘を中心とする本島南部に建立されている。摩文仁の丘は沖縄守備隊の牛島満司令官、長勇《ちょういさむ》参謀長が自決した地であり、周辺には「ひめゆりの塔」のある旧第三外科壕を含め戦跡が点在している。

都道府県慰霊塔の碑文には、①戦死者が郷土の戦後復興の礎となったとする、②沖縄戦だけでなく南方での戦死者を合わせて慰霊する、③沖縄住民への言及がない(住民協力のもと

3－3　沖縄本島の都道府県慰霊塔建立年一覧

1954年 北海道，61年 和歌山，62年 秋田・石川・愛媛，63年 群馬・熊本，64年 青森・茨城・長野・滋賀・京都・兵庫・鹿児島，65年山形・千葉・神奈川・愛知・富山・三重・大阪・岡山・徳島・大分・宮崎，66年 岩手・福島・栃木・埼玉・山梨・静岡・福井・岐阜・山口・高知・福岡・佐賀・長崎，67年 奈良，68年 宮城・広島・香川，69年 島根，71年 東京・鳥取，76年 新潟

出典：沖縄県生活福祉部援護課編『沖縄の霊域（改訂版）』（同課，1983年）

組織的戦闘が行われた地にある「京都の塔」は例外）、などの特徴がある。

都道府県慰霊塔の建立は、日本が経済復興から高度成長期に突入して自信を取り戻し、復興・成長の礎としての戦死者という歴史認識を共有化するなかで行われたものである。その際、直接訪れることが当時困難だった南方戦線を沖縄戦の延長線上に意識して建立された。しかし、そこに沖縄住民を巻きこんだことへの自戒の念はみられない。

日本政府が国民の海外渡航要件を緩和したことで、60年代には「パスポート」が必要だった沖縄への渡航者も増加する。慰霊観光としての南部戦跡の観光地化も進む。そこで語られるのは、ひめゆり学徒隊や沖縄守備隊司令部の最期といった殉国美談を中心としたものであった。

日の丸掲揚と祝祭日制定

61年6月22日の池田・ケネディ会談で、法定の祝祭日に限り公共建物に日の丸掲揚が認められた。それを受けて、立法院は早急に法整備を行い、7月24日、「住民の祝祭日に関する立法」が公布施行される。同法で定められた祝祭日は3－4の計14日である。

3－4　沖縄の祝祭日一覧　1961年7月

元日（1月1日），成人の日（1月15日），春分の日，琉球政府創立記念日（4月1日），天皇誕生日（4月29日），こどもの日（5月5日），母の日（5月第2日曜日），慰霊の日（6月22日），お盆の日（旧暦7月15日），としよりの日（9月15日），秋分の日，体育の日（10月第2土曜日），文化の日（11月3日），勤労感謝の日（11月23日）

註記：春分・秋分の日は年によって違うので具体的に記していない

琉球政府創立記念日、慰霊の日など沖縄独自の祝祭日が定められていることも注目されるが、本土との関わりで重要なのは、天皇誕生日や文化の日（旧明治節）などが定められたことであろう。ちなみに59年4月10日に皇太子結婚の儀が行われた際には、3日前の7日に「皇太子明仁親王の結婚の儀の行われる日を休日とする立法」が公布施行され、沖縄では休日となっている。

さらに、65年4月21日に「住民の祝祭日に関する立法」は改正され、慰霊の日が6月22日から23日に変更となったほか、新たに5月3日の憲法記念日が追加された。日の丸掲揚自体もそうだが、その掲揚日でもある祝祭日にも、復帰に向け一歩一歩着実に前進する運動の成果が表れていた。

「日の丸」は復帰運動のシンボルであり、50年代前半から沖縄教職員会を中心に日の丸掲揚運動が行われていた。だが、60年代半ば以降、復帰が具体化し、保革対立が沖縄にも波及するなかで「日の丸」批判が起こり、十分な総括がなされないまま、次第に復帰運動の現場からその存在を消していく。

本土就職ラッシュ

沖縄では57年から公共職業安定所を通じた本土就職が開始された。57年に１２２人だった就職者は、60年に１１１５人、64年に２２０８人と急増し、復帰前のピークである70年には1万人を超える。初期には中卒者が多数を占めたが、60年代後半には高卒者が上回った。公共職業安定所を通さない個人での本土就職はその3倍ともいわれる。

本土との一体化を掲げた琉球政府、教育界は、本土就職を積極的に推進し、本土での生活に向けた事前指導も行い、引率者をともなう「集団就職」を実施した。就職先としては、京浜・中京・阪神の各工業地帯、紡績業関連企業を中心に製造業が多数を占めた。

沖縄の若者にとって本土の都会は憧れの対象ではあったが、就職先で誤解や偏見にさらされる体験をするなかで、実際にはギャップを感じ、短期間でUターンする者も多かった。復帰前の沖縄にとって本土就職は、物理的な距離が近づく一方で、心理的な距離が意識化されていく事態を象徴するものであった。

『沖縄県史』『那覇市史』編纂事業の開始

米軍は50年代前半から組織的な琉米親善活動を展開していた。図書館・公民館などの機能を備えた琉米文化会館を那覇市・石川市・名護市・平良《ひらら》市（現宮古島市）・石垣《いしがき》市の５ヵ所、そして同様の機能を有する琉米親善センターをコザ市・糸満《いとまん》市・座間味《ざまみ》村の３ヵ所に設立する。これらの施設は広く住民に利用された。

また、島ぐるみ闘争の高揚を受け、統治政策転換を行っていくなかで、米軍は宣撫工作のための広報宣伝誌を刊行していく。

論文を主体とした『今日の琉球』（琉球列島米国民政府渉外報道局発行、57年10月創刊、月刊誌）、カラー写真を主体とした『守礼の光』（琉球列島米国高等弁務官事務所発行、59年1月創刊、月刊誌）である。米軍は琉米文化会館や琉米親善センターなどでの無料配布によってその普及を図ろうとした。だが、60年代に入ると復帰運動は高揚の一途をたどり、プロパガンダの成果は思うようにあがらなかった。

さらに、選挙において親米保守政党が有利となるよう、高等弁務官資金を使った公共事業なども行われていた。

他方で、60年代前半になると、本土との関係を歴史的に再確認していく動きも起こり始める。

沖縄戦によって多くの文化財・史料などが焼失した沖縄にとって、自治体史の編纂事業は重要な意味を持っている。その先駆的役割を担ったのは、61年に事業を開始した『那覇市史』（刊行は66〜2008年）と、翌62年に事業を開始した『沖縄県史』（刊行は65〜77年）であった。沖縄戦による史料消失の克服、研究環境整備を行おうとしたのである。

事業が進められたのが西銘順治那覇市長、大田政作琉球政府行政主席と、いずれも保守行政の時代であったことは特徴的である。

『沖縄県史』は、まさに明治・大正・昭和の「沖縄県」時代を中心とする編纂事業であり、復帰に向けた一体化政策との関連が強かった。だが、第4章でみるように、60年代末になり復帰への批判が強まると、過去の歴史を見直す動きと結びついていくことになる。

第4章　本土復帰へ　1965〜72

1　高まる復帰への期待——佐藤栄作首相の来沖

「帰還不能点」としての1965年

1964年11月、沖縄施政権返還を重要課題に掲げた佐藤栄作が首相に就任した。翌年1月の日米首脳会談では具体的な進展はなかったものの、帰国直後に沖縄訪問計画を公表。4月には床次徳二《とこなみとくじ》自民党沖縄問題特別委員会委員長の私見として基地・施政権分離返還論（「床次構想」）が示される。そして8月には佐藤来沖が実現。9月にかけて沖縄問題閣僚協議会設置、沖縄の法的地位に関する政府統一見解発表、義務教育費援助の閣議決定と続く。

この時期は、本土と沖縄の関係は保革を問わず密接となり、復帰要求は増大していく。66年度以降、琉球政府に対する日本政府援助は急増し、67年度には米国政府援助との比率が逆転し、日本政府の関与は拡大していった。

一方で重要なのは、ベトナム戦争の影響である。65年2月、米軍による北ベトナムへの爆撃が開始され、沖縄米軍基地の使用が活発となっていった。7月にはB52戦略爆撃機が台風を理由に嘉手納飛行場に〝緊急避難〟後、ベトナムへ出撃している。沖縄が直接攻撃基地となったことは沖縄住民に衝撃を与え、松岡政保主席と与野党がいっせいに抗議する事態となった。ベトナム戦争は沖縄と直結したものとして意識されたのである。

加害者意識が生まれるなかで、もはや基地問題の棚上げ論は立ち行かなくなっていた。復帰が具体化していくなかで、復帰の内実に論点が移り、基地のあり方が最大の焦点となっていくのである。そのなかで復帰協も方針の明確化を迫られていく。

駐日大使エドウィン・O・ライシャワーは、米軍基地への反対が強まることで基地存続が困難にならないよう沖縄住民の動向を注視していた。65年7月、ディーン・ラスク国務長官宛書簡のなかで、沖縄問題に関する本格的な政策の見直しを提言する。そのなかでは基地存続を前提とした施政権返還の方法を研究すべきとしていた。以降、国務省と国防総省間で検討が行われ、施政権返還へと動き出していく。

佐藤首相来沖

65年8月の佐藤来沖に対して、沖縄自民党を引き継いだ民主党は「歓迎」の態度をとる。一方、復帰協加盟団体は、社大党、社会党、沖青協などは「抗議」、人民党は来沖自体「阻止」の態度であったが、沖縄教職員会は来沖を受け入れ、この機会に「請願」を行うという

戦後初めて来沖した首相として歓迎を受ける佐藤栄作，1965年8月19日

態度をとった。

沖縄教職員会は、6月16日に沖縄教育費獲得期成会を結成し、琉球政府文教局を含む教育関係諸団体と共同して「島ぐるみ」の義務教育費等国庫負担要求運動を展開していた。だが、復帰協執行委員会は8月2日に加盟団体間で意見が対立するなか「抗議」の態度を決定する。

他方で、8月13日には佐藤総理を迎える会が発足する。会長は松岡主席、副会長は請願団体各会長に割り当てられ、教育関係として屋良沖縄教職員会会長も含まれていた。革新3党、復帰協などは不参加を表明したが、復帰協への請願時間の割り当ては留保された。

8月19日、佐藤首相が来沖すると、同日夜の復帰協デモは激化し、首相は宿舎に戻れずに米軍施設内の迎賓館で一夜を明かすことになる。翌20日午後、各関係代表者が佐藤首相に対して請願を行う懇談会が行われた。

復帰協執行委員会は同日、不参加を決定するが、喜屋武復帰協会長は執行委員会を中座して懇談会に参加し、首相に陳謝した上で復帰請願を行った。このことは「島ぐるみ」復帰運動を維持しようとする沖縄教職員会の事務局長でもある喜屋武の立場を象徴する出来事であった。

第7回立法院選

65年立法院選は、民主党が佐藤来沖を追い風として、さらなる本土との連帯、利益誘導を打ち出した。一方、野党の革新3党は候補一本化によって民主党に対抗すべく共闘に向けて調整を図ったが、3選挙区で折り合いがつかず、完全共闘はまたも失敗に終わる。

沖縄教職員会は革新3党への支援を打ち出し、政治の場での民主党との対決姿勢を明確にしていた。復帰協の中核である沖縄教職員会のこの動きは、「島ぐるみ」復帰運動の転換に向けての大きな一歩であった。沖縄教職員会と県労協、全沖労連は各地域共闘の核となる。それに対して、琉球政府・民主党は米国民政府による過去の布告・布令を持ち出し、沖縄教職員会や労組の選挙運動を牽制していく。

選挙が近づくなか、主席公選問題ではひとまず与野党の意見は一致していた。9月24日、即時主席公選を求める5人有志会（池原貞雄《いけはらさだお》琉球大学文理学部長、池宮城秀意琉

第7回立法院選結果　1965.11.14

	民主	社大	社会	人民	無所属
議席数	19	7	2	1	3

球新報社社長、上地《うえち》一史《かずふみ》沖縄タイムス社社長、仲村栄春《なかむらえいはる》沖縄市町村会会長、屋良朝苗沖縄教職員会会長）の声明が出され、本土への陳情も行われる。また、４政党（民主、社大、人民、社会）を含む46団体の代表により主席公選推進懇談会が組織されるなど、超党派による主席公選要求への取り組みが行われた。しかし、選挙戦のさなかに開催された主席公選要求県民大会では、民主党代表への演説妨害が起こり、民主党は懇談会の脱退を表明する。

11月14日の立法院選（定数32）の結果は、民主19、社大７、社会２、人民１、無所属３だった。１票の格差是正のために都市部の選挙区が分割されて定数が３増加したなか、民主党は前回（沖縄自民党）から２議席伸ばした（ただし後述するが１議席は社大党候補の当選無効による）。だが那覇市が属する８選挙区のうち野党が５議席を獲得し、全体の得票数も野党側が圧倒していた。野党側の共闘失敗もあるが、１票の格差が拡大したまま郡部に議席が偏重していたことが与党有利に繫がっていた。

那覇市長選と主席間接選挙

立法院選の投票日まで10日と迫った11月４日に那覇市長選が告示される。民主党はすでに前月末に現職西銘順治の公認を決定していた。革新３党による立法院選挙共闘連絡協議会は社大党の平良良松を統一候補に決定する。

11月27日には、革新３党をはじめ県労協、全沖労連など労組、民主団体による那覇市政革新共闘会議が結成される。それに対して、西銘側は、4年間の実績と2期目に向けた具体的な市政方針を打ち出していく。那覇市長選には、積極的な本土からの支援も行われたが、本土自民党議員団の派遣は、市政のみを焦点化したい西銘側の申し入れで中止された。

同時に問題だったのは、松岡主席の任期切れが11月30日に迫っていたことである。立法院選では民主党も主席公選を公約に掲げていた。米国民政府はその動向が那覇市長選に影響することを危惧し、11月26日に「ワシントンで検討中」として次期主席選出を先送りし、その間、松岡の主席留任が決まった。

12月19日の投票結果は西銘5万4277票、平良5万1526票となり、接戦の末、西銘が当選する。那覇市内の立法院選で民主党が大敗した直後という逆風のなか、さらに戦後初めて那覇市長選で現職再選を果たしたことで、民主党内における西銘の立場は盤石となる。

12月21日、大統領行政命令改正が発表され、行政主席の選任方法が立法院議員による間接選挙制に改められた。これは与野党ともに直接公選を求める沖縄側の要求に対する譲歩ではあった。

民主党は「一歩前進」であるとして評価した。一方、野党側はあくまでも主席公選をめざして前回の主席指名と同様、院外動員による阻止闘争を展開したが、結局、66年3月16日に民主党の支持のもと松岡が主席に再任された。

揺れる「島ぐるみ」復帰運動

65年以降、復帰協では「軍事基地」に対する議論が本格化していた。

65年2月22日の第10回定期総会で基地撤去を打ち出すべきだとする意見が加盟団体から出されたが、復帰協執行部は「原水爆基地の撤去」という現状維持におさめる。翌年2月3日の第11回定期総会では今度は執行部側から「運動方針（案）」として「軍事基地の撤去と安保条約の撤廃」が提案されるが、慎重論が大勢を占め、結局、前年同様の方針に落ち着いた。

社会党、人民党はすでに基地撤去方針を鮮明にしていた。だが、最大野党で、短期間ながら群島政府時代に政権運営の経験を持ち、政権交代を意識していた社大党は、この時期まで基地への態度を明確に示さなかった。

いつ終わるともしれない占領下で政権をめざすとき、基地そのものを批判することは困難であった。基地批判が可能となるのは、施政権返還の実現およびベトナム戦争への加害者性が意識され、沖縄社会における保革対立軸が鮮明になった後のことである。

教公2法をめぐる対立

教公2法とは、地方教育区公務員法案、教育公務員特例法案をさし、58年の教育4法成立以降検討されてきた教育関係者の身分法案である。「政治活動制限」「争議行為禁止」「団交権制限」など規制の側面が沖縄教職員会などから批判されてきた。立法院選挙後、民主党は突如として本土との法制一体化を建前に教公2法制定へ動く。民主党は、3年後の68年立法院選、そして主席公選が実現した際の保革逆転を懸念し、革新側の原動力である教職員の抑え込みを図ろうとしたのである。

66年5月31日、教公2法案が政府案として立法院へ送付されると、沖縄教職員会は危機感を強めた。復帰運動の中心となってきた教職員に対する「政治的行為の制限」は復帰運動への攻撃でもあり、沖縄教職員会をはじめとする復帰協加盟政党・労組・団体と、民主党・沖縄財界など保守勢力との全面対立が、保革対立として顕在化してくる。

8月21日には立法院議員補欠選挙が行われ、それまで民主党の強固な地盤であった選挙区で、教職員出身（前教頭）で革新統一候補の吉田光正《よしだこうせい》が民主党候補に倍以上の大差で圧勝する。そこには教職員を中心とした選挙支援があり、教公2法制定へと民主党をより硬化させることとなる。

だが、そうしたなかでも、事案によっては、沖縄教職員会は民主党と共同歩調をとっていた。たとえば、森清《もりきよし》総務長官が打ち出していた、米国に対して教育権から先に返還を求めようという教育権分離返還である。

沖縄側では民主党が賛成、革新3党や主要労組が反対していたが、11月14日の沖縄教職員会合同役員会は賛成・推進を決定する。長時間の賛否に分かれた激論が行われたが、最終的に屋良会長のイニシアティブによって決定されたものであった。

群集に包囲された立法院

　他方で12月には琉球政府上訴裁判所から米国民政府裁判所に移送された二つの裁判の判決が下された。一つは「サンマ裁判」と呼ばれるサンマに対する課税金の払戻請求で、もう一つは「友利裁判」と呼ばれる第7回立法院選での過去の立法院議員選挙法違反による罰金を理由とした友利隆彪《ともりたかとら》（社大党）の当選無効に対する不服申立である。

　どちらも米国民政府布令に関わる訴訟であり、米国民政府が米国民政府裁判所への裁判移送を命じ、それに反対する裁判移送撤回運動も展開されていた。結局、移送後の判決は、「サンマ裁判」については原告の請求を退け、「友利裁判」では当選が認められた。

　友利は民主党議員と入れ替わっての当選となり、議席数は与党17、野党15の僅差となった。そこで民主党は革新側の浜端春榮《はまばたしゅんえい》（無所属・県労協推薦）を民主党に入党させ、立法院での安定をめざした。だが浜端の寝返りに世論は批判的であった。

　67年1月25日、立法院文教社会委員会で警官隊を導入し民主党が教公2法案を強行採決したため、与野党の対立は一気に緊迫化する。

　翌日、沖縄教職員会緊急合同会議では、地区組織や青年部・高校部などの突き上げによって、屋良会長の反対を押し切って10割年休行使が決定される。教職員全員が年休を行使して学校を休校とし、法案成立阻止に向けた体制を整えたのである。それは「島ぐるみ」路線からの重要な方針転換を意味していた。

文教社会委員会での強行採決以降、大学教員や沖縄PTA連合会、沖婦連だけでなく、中央教育委員会までが早期立法化に反対し、慎重な審議を求めるようになっていた。強引な議会運営で強行採決を繰り返そうとする民主党は、世論の支持を得られず孤立していく。

2月23日、民主党は、議会運営委員会で強行採決を行い、翌日からの本会議開催を決定する。だが、24日、立法院の建物は2万数千人の群集が包囲し、排除しようとした警官隊が逆に排除されるという事態となった。こうした状況に民主党も折れ、与野党間で事実上の廃案協定が結ばれた。立法を阻止したという点で、闘争は沖縄教職員会側の勝利に終わったのである。

復帰協の方針転換

教公2法阻止闘争のなかで復帰協の中軸であった沖縄教職員会の革新化が決定的となった。

さらに、66年12月、基地問題に態度を曖昧にしていた社大党はベトナム戦争に沖縄基地が使用される危機意識のなかで「基地反対」を掲げた。そして翌67年3月28日に行われた第12回復帰協定期総会は、全軍労の加盟と、「軍事基地反対」方針の追加という画期をなすものとなった。当時最大の雇用先でもあった基地への態度は慎重にならざるをえず、先述のように過去2年の定期総会では基地問題は現状維持にとどまっていた。それが、全軍労が新たに加盟したことで、より議論を深めることが可能となった。

運動方針では、本土自民党政府だけでなく、沖縄保守勢力が敵対勢力として位置付けられた。「島ぐるみ」復帰運動はここに終焉し、沖縄でも安保・基地問題を争点とした保革対立軸が明確になるのである。

復帰運動などこれまで「島ぐるみ」の中心であり続けた沖縄教職員会は、以降、完全に革新側に立つことになる。その背景には、沖縄返還を重要課題に掲げた佐藤栄作政権が発足し、65年以降、復帰実現の可能性が実感されていくなかで、復帰後の基地のあり方について具体的なビジョンが求められるようになったことがある。

沖縄米軍基地を飛び立つB52戦略爆撃機，1970年5月　米国がベトナム戦争への介入を深めると，ベトナム攻撃の基地として沖縄は機能し，反基地運動は高揚した

11月15日には佐藤・ジョンソン共同声明で、「両三年内」に返還時期を合意することが明記され、復帰がさらに現実味を帯びてきた。もはや復帰優先論は有名無実となり、翌68年には、基地被害抗議・基地撤去要求県民大会（1月17日、沖縄原水協・復帰協嘉手納支部共催）、B52戦略爆撃機の即時撤去要求県民総決起大会

（2月27日、沖縄原水協主催）が開催され、「基地撤去」が明確に掲げられるようになる。特に2月5日以降のB52常駐化はベトナム戦争への沖縄の加害性をさらに印象付けた。

3月16日の沖縄教職員会定期総会では、運動方針に初めて「軍事基地の撤去」が掲げられた。こうして保革対立軸が明確となるなかで、主席公選、立法院選、那覇市長選の3大選挙が戦われることになる。

2　屋良朝苗の主席当選——保革対立軸の成立

主席公選へ——屋良朝苗対西銘順治

主席公選は1953年1月に実施が保留されて以来の沖縄住民の念願であった。60年代以降は主席任命を重ねるごとに主席公選要求運動も激しさを増していた。

67年3〜4月に松岡主席は渡米し、ロバート・マクナマラ国防長官、ラスク国務長官らと会談して、プライス法改正による米国援助拡大のほか、復帰問題や基地整理縮小についても要望を伝えた。さらに、ジョンソン大統領と会談した際には直接主席公選を要求している。主席公選要求は保革を超えて、抑えられないところまで高まっていた。

そして、翌68年2月1日、11月の立法院選と同時に主席公選を実施することがフェルディナンド・T・アンガー高等弁務官によって正式に発表される。選挙権は20歳以上、被選挙権は30歳以上の男女とされた。また、行政主席選挙法の制定を機に、立法院選、市町村長・議会選の参政権は「琉球住民」から「日本国民」に広げられた。

沖縄自民党（67年12月の民主党大会で沖縄自由民主党に党名変更）は、正式発表以前から候補者を西銘順治那覇市長に絞り、3月5日には擁立を正式決定した。

西銘の主席選立候補によって那覇市長選が同時期に行われることになり、主席選、立法院選、那覇市長選を合わせて「3大選挙」と呼ばれる選挙が68年11～12月に行われることになった。革新3党は、即時復帰実現に向けて日米両政府に一層圧力をかける機会として統一候補を模索し、主席選では復帰運動を先導してきた屋良朝苗沖縄教職員会会長を推挙する。屋良は説得に応じ、4月3日、正式に受諾。記者会見で、これまでと同様に「全県民的立場に立って超党派的に対処」すること、「党利党略の次元を超えて」3党が協力することを要請した（『激動八年　屋良朝苗回想録』）。

また、琉球独立を掲げて野底武彦《のそこたけひこ》も立候補していたが、事実上屋良と西銘の一騎打ちであった。

屋良朝苗の選挙戦

屋良陣営が参考にしたのは美濃部亮吉《みのべりょうきち》東京都知事の選挙戦であった。革新共闘のなかで政党色を前面に出さず、シンボルマークやシンボルカラー（黄色）を打ち出すなど「美濃部方式」と呼ばれたイメージ戦略を展開した。

また5月28日に後援会として「屋良さんを励ます会」（会長・平良辰雄）、続いて、6月5日に選挙対策本部として「明るい沖縄をつくる会」（革新共闘会議、議長・喜屋武復帰協会長）が沖縄教職員会、革新3党、労組、民間団体など計104団体によって結成された。これらの名称は美濃部のものを真似、親しみやすさを前面に出していた。

革新統一綱領の柱となったのは復帰協の路線である。だが屋良は、当初、「安保廃棄・基地撤去」の主張を、「これらは基本的な理念ではあるけれども、あまり現実から遊離すると、相手につけ入れられるおそれがある」として、「安保反対・基地反対」に修正させている（『屋良朝苗回顧録』）。革新側の「基地反対」には依然として即時撤去から段階的縮小まで幅広い考えがあった。

一方の保守側も基地現状維持から段階的縮小まで多様であった。だが、保守と革新の立場が対立的に位置付けられるなか、住民はいずれかの政治的立場を半ば強制的に選択せざるをえなくなっていた。

選挙戦では、沖縄自民党は、自立経済が達成されていないなかでの復帰は時期尚早であり、屋良が当選すれば戦前のような芋を食べ裸足で歩く生活に戻るとする「イモ・ハダシ論」を唱え、沖縄教職員会に対する分裂工作もさかんに行われた。68年4月には八重山教職員会（沖縄教職員会の単位組織である地区教職員会の一つ、会員約740名）から約70人が脱退し、新たに八重山教職員協議会が結成される。

教公2法を成立させることができなかった沖縄自民党・琉球政府文教局は、法的に公立小中学校教職員の政治活動は制限されていないにもかかわらず、現場教職員に圧力をかけ、政治活動の是非を問う論争も行った。教育行政でも、沖縄自民党と沖縄教職員会との対立軸は決定的となったのである。

本土と連携した「3大選挙」

この3大選挙は、沖縄だけの選挙ではなく、本土も一体になっての文字通り与野党の一大決戦となった。本土の保革両陣営ともに、閣僚や党首クラスの大物政治家のほか、文化人・タレントなどを次々と送り込んだ。

本土自民党は、「三大選挙で野党が勝てば沖縄返還は困難」となる、「選挙で革新側が多数とれば米軍関係に支障」をきたすなどと発言したり（『琉球新報』68年9月20日付、10月12日付）、『琉球新報』『沖縄タイムス』両紙に総理府広報室（9月30日）、自由民主党（11月9日）として意見広告を掲載し、本土との一体化政策の成果と継続を強調するなどして沖縄自民党を支援した。

一方、本土の革新政党はそれぞれ沖縄の革新共闘を支援した。本土の革新系沖縄返還運動団体である社会党系の沖縄問題解決国民運動連絡会議（沖縄連）と共産党系の沖縄返還運動

主席選挙に勝利しVサインを出し喜ぶ屋良朝苗，1968年11月11日
屋良朝苗（1902～97）は現読谷村生．広島高等師範学校卒．戦前は沖縄・台湾で教鞭をとったのち台北師範学校教授に．戦後は知念高校長，沖縄群島政府文教部長を経て，沖縄教職員会会長となり，復帰運動の中心に．主席公選に革新共闘候補として出馬し当選．主席在任68～72年，復帰後の知事在任72～76年（1期）

主席公選結果　1968.11.10

屋良朝苗	西銘順治
革新	保守
237,643	206,209

第8回立法院選結果　1968.11.10

	自民	社大	人民	社会	無所属
議席数	17	8	3	2	2

中央実行委員会（沖実委）もそれぞれ革新側の選挙支援を行い、9月6日には双方が3大選挙の勝利を呼びかける共同アピールを出している。

11月10日、主席選・立法院選が行われた。その結果、主席選は屋良朝苗23万7643票、西銘順治20万6209票、野底武彦2779票となり、屋良が西銘に対して3万票余りの差をつけて当選する。

立法院選は革新共闘会議が全32選挙区に統一候補を擁立し、革新3党が立法院選で初めて完全共闘を成立させていた。候補者の内訳は、社大党15名、人民党5名、社会党3名、無所属9名であり、無所属は主に沖縄教職員会系の候補であった。革新3党の統一を支えたのは屋良の出身母体である沖縄教職員会であった。

立法院選の結果は総得票率では保守46・05％、革新53・95％と革新が上回った。しかし、都市部と郡部での1票の格差が存在するなかで、議席数では保守18議席（自民17、無所属1）、革新14議席（社大8、人民3、社会2、無所属1）で保守が過半数を握った。

また、12月1日の那覇市長選は革新共闘の平良良松（社大党）が古堅宗徳《ふるげんそうとく》（自民党）に倍の票差をつけて圧勝。3大選挙は、革新側の勝利に終わる。

3大選挙は明確な保革対立に基づく選挙となった。保守側が復帰時期尚早・基地容認の立場であったのに対して、革新側は即時復帰・基地反対の立場であり、この時点で沖縄住民の多数は後者を選択したのである。

2・4ゼネスト回避

当選後の屋良は、革新の統一見解より柔軟な姿勢を示した。本土と沖縄の自民党も、屋良の超党派性に期待を寄せた。屋良は政治と運動を分け、自らは政治の立場から日本政府と協調的に復帰準備作業にあたっていったのである。

屋良が主席就任後、まず取り組まねばならなかったのは、68年11月19日のB52墜落事故をきっかけに生じた2・4ゼネスト問題であった。

嘉手納飛行場離陸直後のB52が核兵器貯蔵施設とされる嘉手納弾薬庫付近に墜落したこの事故は、沖縄住民にあらためて核基地・沖縄全滅の恐怖を喚起させていた。12月7日には「生命を守る県民共闘会議」が復帰協、沖縄原水協、沖縄教職員会、革新3党など、139団体によって結成され、翌年2月4日に向けてゼネスト準備が進められていくのである。

69年1月11日には、高等弁務官布令第63号「総合労働布令」が公布される。軍雇用員を対象とした布令第116号「労働基準及び労働関係法」を改正するものであったが、全軍労の活動を一層制限する内容であった。これに対して、ゼネスト準備と合わせて布令撤回運動が行われ、米国民政府は23日、布令施行の無期延期に追い込まれた。

こうした状況のなか、屋良は行政主席として事態の収拾を図っていく。

1月28日、屋良主席は上京し、日本政府に対してゼネストの要因であるB52の撤去に向けた米国との交渉を求めた。そして、Ｂ52早期撤去の感触があったとして、31日に生命を守る県民共闘会議へゼネスト回避を要請する（実際に常駐でなくなるのは70年９月）。同日夜には県労協幹事会がスト回避を決定してゼネストから脱落。それが決定的となってゼネストは回避され、２月４日にはゼネストに代えて、生命を守る県民総決起大会が行われる。

だが、このとき、ゼネスト決行をめざした屋良の出身母体である沖縄教職員会と屋良主席との間に軋轢《あつれき》が生まれていた（屋良の主席就任にともない、喜屋武眞榮に会長交代）。屋良はこれまで復帰運動、教育関連の運動が政争の具とならぬよう、意識的に「島ぐるみ」、全島的、超党派を標榜し沖縄教職員会を率いてきた。しかし、主席就任後、運動が急進化するなか、たびたび苦しい立場に追い込まれていくことになる。

沖縄返還決定――革新内の温度差

69年３月22日、復帰協は第14回定期総会で67年の「基地反対」からさらに踏み込んで「基地撤去」を運動方針に掲げた。だがその結果、同盟系（民社党系）労組が復帰協から脱退する。２・４ゼネストは結局回避されたものの、その過程で主要加盟団体の基地への方針はより急進化し、一部団体の脱退を生じさせてでも「基地撤去」の方針が明確化されたのである。沖縄の保革対立は基地路線対立へと完全に転換する。

だが沖縄革新は依然として一枚岩ではなかった。11月の佐藤首相訪米をめぐって、社会党

佐藤首相（左）とニクソン米大統領，1969年11月21日　ホワイトハウスで会談を終えて「72年・核抜き・本土並み」の沖縄返還を共同声明として発表

と人民党は訪米自体の反対、阻止を主張したのに対し、社大党と屋良主席は訪米自体には反対せず、「即時無条件全面返還」を要求していた。11月10日、屋良主席が渡米間近の佐藤首相と会談した際の要請書には、返還について「本土並み」の意思が示されていた。

11月21日、佐藤・ニクソン共同声明によって、「72年・核抜き・本土並み」沖縄返還が決定した。だが、後日明らかになるが、実際には米国側が要求する緊急時核持ち込みと基地自由使用を「密約」によって受け入れることで合意されたものであった。佐藤首相の帰国に際して、屋良は首相を羽田で出迎えようとするが、基地が残されたままの復帰に反発する支持団体の反対のなかで断念している。

国政参加選挙

69年11月の佐藤・ニクソン共同声明によって72年返還が決まると、沖縄の国政参加が実現する。

70年5月には国会で「沖縄住民の国政参加特別措置法」が成立。施政権返還前で公職選挙法が適用できないため、立法院がそれに準じた「沖縄住民の国政参加特別措置法に基づく衆議院議員及び参議院議員選挙法」を7月に成立させ、11月15日には国政参加選挙が行われることになった。沖縄返還協定や復帰にともなう法整備などを国会で審議していくのに際して、沖縄代表を含めるべきとして、米国側との調整のうえ復帰前の国政復帰が実現したのである。

戦後初の国政参加選挙結果　1970.11.15

衆院選（定数5）		
西銘順治	自民	92,596
瀬長亀次郎	人民	76,978
上原康助	社会	73,331
國場幸昌	自民	65,104
安里積千代	社大	53,998
×友利栄吉	公明	44,870
×山川泰邦	自民	34,641
参院選（定数2）		
喜屋武眞榮	革新	212,929
稲嶺一郎	自民	194,510
×下里恵良	無	20,264

註記：×は落選．参院選は1位当選者の任期74年まで，2位は71年まで

沖縄県全県区で衆議院は5議席、参議院は改選ごとに1議席となる（71年には参議院議員通常選挙が予定されていたため、第1位当選者が74年まで、第2位当選者が71年までの任期とされた）。選挙権、被選挙権の年齢は本土と同様だが、施政権返還前にあってその対象が「日本国民」とされていたことが一つの特徴といえる。

選挙の結果、衆議院議員には、西銘順治（自民党）、瀬長亀次郎（人民党）、上原康助《うえはらこうすけ》（社会党）、國場幸昌《こくばこうしょう》（自民党）、安里積千代

（社大党）、参議院議員には喜屋武眞榮（革新共闘）、稲嶺一郎（自民党）がそれぞれ当選した。

衆院選は革新3党がそれぞれ候補を立て、本土政党の沖縄政党系列化によって対立に拍車がかかったこともあり、分裂選挙となった。それでも革新3、保守2と革新候補が多数を占めたことは、68年の3大選挙に続いて沖縄住民の民意が革新側にあることを示していた。

参院選の場合は革新共闘会議の統一候補として喜屋武眞榮が擁立され、1位当選を果たした。衆院選同様、沖縄住民の民意を反映したものだといえる。特に、沖縄教職員会会長・復帰協会長である喜屋武が統一候補として擁立されたことは、屋良の主席公選での擁立と同様、沖縄教職員会の革新勢力での役割の大きさを、さらには保革対立の政治構造のなかで、復帰協の役割が革新勢力の中核に位置付けられたことを示すものだった。

毒ガス撤去とコザ騒動

69年7月、知花弾薬庫内での毒ガス漏れ事故を、米紙『ウォール・ストリート・ジャーナル』が伝えた。これをきっかけに、マスタードガス、サリン、VXガスなど国際協定違反である致死性の毒ガスが沖縄に貯蔵されていることが明らかとなる。沖縄では毒ガス撤去運動が起こり、米国は毒ガス撤去を発表する。だが実施は遅れ、71年1月と7月にようやく移送ルート付近の住民を避難させて撤去され、毒ガスは北太平洋の米国領ジョンストン島へ移送された。

70年12月20日未明には、コザ騒動が起こる。きっかけは、コザ市中の町で米兵が起こした交通事故に対して、適切な事故処理を求めて群衆が周りを取り囲んだのに対し、米軍憲兵（MP）が威嚇発砲をしたことからだった。住民は不満を爆発させ、MPの車や外国人車両に次々と放火するなど、騒動となる。その背景にはこれまで米兵が起こした交通事故に何度も無罪判決が下されていたことがあった。

また、前日に隣村の美里村（現沖縄市）で「毒ガス即時完全撤去を要求する県民大会」が開かれ、多数の参加者がその後中の町社交街に集まっていたことも拍車をかけていた。

琉球警察だけではなく、米軍も武装兵を出動させたが、騒動は明け方まで続いた。

コザ騒動，1970年12月20日　コザ市（現沖縄市）で米兵による交通事故をきっかけに，長年の米軍支配に対する鬱積した不満が爆発．米兵車両を中心に75台以上のクルマが放火されるなど大きな騒乱に

復帰が具体化するなかで起きたコザ騒動は、沖縄社会では長年の米軍支配に対しての鬱積した不満の爆発として受け止められた。

全軍労闘争

全軍労は、軍雇用員を労働3法の適用外とする布令第116号の撤廃と、大幅賃上げなどを要求して、68年4月に初めて10割年休闘争を行うなど、次第に活動を活発化させていた。69年11月の佐藤・ニクソン会談で、「72年・核抜き・本土並み」返還が決定以降、復帰を見越した合理化のために、基地労働者の補償なしの一方的な大量解雇が始まる。それに対して、全軍労は、解雇撤回闘争を展開していく。

復帰協は基地撤去を訴えながら全軍労を支援するという矛盾をはらんだ行動をとることになる。この解雇撤回闘争以降、沖縄返還闘争の中心は全軍労となり、沖縄教職員会の役割は相対的に低下していく。そして、復帰協は、不十分ではあっても復帰そのものが達成されようとするなか、組織の存続意義が揺らぎ、解散論も浮上してくる。総括と方針を決定する復帰協の定期総会は70年4月を最後に5年間、開かれなくなる。

沖縄米軍基地の合理化の背景には、復帰問題だけでなくベトナム戦争の泥沼化などによる米国政府の財政悪化があった。佐藤・ニクソン会談の翌月の12月には、米軍は2000人規模の大量解雇計画を発表していた。

軍雇用就業者数のピークは68年で約4万1000人であり、全就業者数の約1割を占めていた。だが以降、69年約3万8000人、70年約3万3000人と減少し、復帰をはさんで

73年には約2万1000人となり、軍雇用者はピークからわずか5年で半減することになる。

その影響は完全失業率にも顕著に表れる。復帰が具体化していく66年以降をみたとき、69年までは0・5％で推移していたものが、70年0・8％、71年1・0％、72年3・0％、73年3・5％と急上昇し、全国平均を一気に逆転する（全国平均は69年1・1％、70年1・2％、71年1・2％、72年1・4％、73年1・3％）（『沖縄県労働史　第3巻』）。

二度のゼネストと「沖縄返還協定」調印

71年には二度のゼネストが行われる。まず5月19日、復帰協が「沖縄返還協定粉砕」を掲げ、「即時無条件全面返還」による完全復帰を要求して実施した（「5・19ゼネスト」）。だが抗議も虚しく、6月17日には日米両政府間で沖縄返還協定の調印式が首相官邸と米国務省で衛生中継で繋がれ同時に開催される。

日本政府は屋良主席を調印式に正式招待する。行政府の過半数の局長は「出席すべき」と主張したが、屋良の支持母体である沖縄教職員会、復帰協、県労協、革新3党の各代表が次々と出席反対を訴えた。板挟みとなった屋良は、結局出席を辞退し、代わりに瀬長浩復帰準備委員会顧問代理を派遣する。屋良に対し、沖縄と本土の自民党などからは批判が相次ぐ。そのなかで、屋良は調印式のテレビ中継を各局長とともに見守った。

調印式の後、屋良主席は、「不満はあっても、復帰するのは厳粛な事実」で、「ただ反対を

沖縄返還協定調印式，首相官邸，1971年6月17日　正面の席にマイヤー駐日大使（左）と愛知揆一外相．その右の席に佐藤首相

つづけ、あるいは粉砕という言葉を使っても、正しい復帰がただちに可能になるわけでもない」のであり、「目指す方向へ近づけていく」ことの必要性を語っている（『激動八年　屋良朝苗回想録』）。屋良と復帰協など支持母体との間には埋めがたい溝があった。

復帰協はその後の国会での批准に反対し、11月10日には再度ゼネストを実施した（「11・10ゼネスト」）。県民大会は5・19を上回る大規模なものとなったが、その後、デモ隊と警察官との衝突で機動隊員1名が火炎瓶の直撃を受けて死亡するなど、大きな混乱が生じた。

主席と革新与党の確執

69年11月の佐藤・ニクソン会談で「72年・核抜き・本土並み」返還決定後、屋良行政府にまず求められたことは、本土自民党政府と連携しながらの復帰準備作業であった。

屋良主席は、本土自民党が進める沖縄返還協定に沖縄の革新与党が反対するなかで、難しい舵取りを要求され、革新与党の反対を押し切って政策を進めることもしばしば余儀なくされた。

その一つが下地島《しもじじま》訓練飛行場誘致問題である。

69年1月、日本政府が宮古諸島の伊良部村《いらぶそん》（現宮古島市）下地島にパイロット訓練飛行場の建設を計画していることが明らかとなる。革新勢力は、軍事利用や自衛隊共用、公害への懸念から反対。それに対して、屋良行政府と沖縄自民党は、パイロット訓練に限定することを条件に経済効果も期待できるとして賛成する。結局、翌年8月、日本政府と琉球政府間で、①訓練飛行場は基地、自衛隊に使用させない、②所轄管理を琉球政府（復帰後は沖縄県）とする旨を明記した「屋良覚書」といわれる確認書を交換し、建設が進められることになった。

また屋良は、軍雇用員の大量解雇通告以降、復帰直前まで続く全軍労闘争には、解雇反対ではなく、行政の立場から解雇者の雇用対策を行うという立場をとった。

さらに復帰準備委員会顧問代理に大田主席時代の副主席であった瀬長浩を任命し（70年3月）、総務局長に自治省キャリアであった富川 清《とみかわきよし》を招聘する（70年10月）。この人事は、革新与党の反対を押し切って行われたものだった。

他方で、71年2月から3月にかけて、屋良行政府を揺るがす「税関法反則事件」「産業開発資金融資疑惑」が相次いで起こる。ともに琉球政府関係者と業者の癒着をめぐるものだった。これらについては、自民党だけでなく革新与党・団体からも批判が高まり、屋良行政府の立て直し、体質改善が課題として浮上してくる。

主席選出馬受諾時の約束に基づき超党派的行政を行う屋良と、基地路線対立を先鋭化させていく革新勢力との間には徐々に亀裂が生じていたが、71年に入ってからの事件、疑惑によってそれが一気に表面化、加速したのである。

4月19日、革新共闘会議は合同役員会議で「屋良革新行政の推進方策」を打ち出し、「統一綱領に基づく政策を実現するため、主席、与党3党代表、議長、副議長、事務局長で構成する『政策推進会議』を常設する」、「政府、与党、革新団体間の意思疎通をはかるため、政府・与党連絡会議、革新共闘会議幹事会、月曜定例会を強化する」など、これまでの屋良路線を否定して、行政に積極的に介入していくことを決定する(『沖縄タイムス』71年4月19日付夕刊)。

だが、政策推進会議に知念朝功副主席、富川総務局長らが強く反発し、発足は保留となった。他方で屋良はその前後に二度、退陣の意向を与党3党幹部に伝えるが受け入れられなかった。

そのさなか、71年の春闘で行政府の団交責任者である富川総務局長と官公労が真向から対立する。官公労は、もともと自治省から派遣されてきた富川の人事に批判的だったが、5月に官公労は富川総務局長退陣要求を組織決定し、対立は8月に富川が辞任するまで泥沼化していく。

屋良新体制と建議書

6月27日には第9回参議院議員通常選挙が行われた。前年の選挙で第2位当選であった稲嶺一郎（自民党）が改選となり、金城睦《きんじょうちかし》（革新共闘会議）と崎間敏勝（琉球独立党）を破って再選を果たした。

しばらく屋良行政府をめぐる動きは鎮静化していたが、参院選を終えると再燃する。結局、8月2日、知念副主席が辞表を提出、富川総務局長、宮城信勇《みやぎしんゆう》企画局長、砂川恵勝《すながわけいしょう》通商産業局長がそれに続く。同月3日、屋良主席は今回の人事混乱の責任を取って与党幹部に辞意を示唆する。だが、4月と同様、受け入れられず、8月4日に後任人事が行われ、革新共闘会議の顧問弁護士を務めていた宮里松正《みやざとまつしょう》を副主席に据えて新体制が発足した。9月21日には、旧体制では保留となっていた政策推進会議が発足、行政府は与党と密に連絡をとりあう体制へと移行する。

これ以降、これまでの復帰準備作業についても再点検が行われ、沖縄返還協定を審議する国会に向けて、「復帰措置に関する建議書」の作成が行われた（11月14日完成）。その内容は「即時無条件全面返還」という復帰協方針に沿うものであり、基地撤去、自衛隊配備反対などを含むものであった。

他方で、復帰にともない公選制から任命制に変更されようとしていた教育委員制度の再検討など、屋良主席の意向をふまえた部分もみられた。また、基地について「完全でないまでもある程度の整理なり縮小なりの処理をして返すべきではないかと思います」といった表現にみられるように、屋良が維持しようとした柔軟さも保持されていた。

この建議書は屋良主席が望んだものだったのだろうか。

実は5月27日、復帰対策県民会議の革新系4委員が連名で屋良主席と安里源秀《あさとげんしゅう》県民会議議長宛に意見書を提出している。この意見書では県民会議が対象にしていなかった安保・基地問題を、審議中の復帰対策要綱第3次分に取り入れて日米政府に要求したいというものであった。これに対して屋良主席は「安保廃棄、一切の基地撤去、全軍用地返還の立場はとらない。革新統一綱領でもそこまでは言っていない。そんなことで県民会議が成り立たなければ解散してもよい」と瀬長浩復帰準備委員会顧問代理兼復帰対策室長にきっぱり言い切ったという(『世がわりの記録』)。結局、4委員は説得に応じて要求は白紙になった。このことを踏まえれば、新体制発足後の建議書作成は屋良主席にとって180度の方針転換を意味していた。

ただ、この時点ですでに本土側との調整作業はほぼ終えており、建議書が効力を発揮することはなかった。屋良としては、即時的な影響力を持たないことを前提としつつも、復帰後を見据えた将来への展望を建議書に託したのであろう。

3　復帰に向けた経済——裏切られる願望

沖縄経済振興懇談会

１９６５年8月の佐藤首相来沖は、復帰具体化に向けた時代の変化を沖縄住民に実感させた。経済団体代表として陳情した宮城仁四郎《みやぎじんしろう》琉球商工会議所会頭は、「私たちは将来に来たるべき復帰にあたり、自立経済の形態において本土国民と経済力対等をもって復帰したい願望であります。ついては、日米琉の民間人もふくめて、周到じゅうぶんなる組織をもって五ヵ年ないし十年の沖縄総合経済開発計画を樹立し、それも日米協議会が強く取り上げ、実施していただきたい」と述べている（『沖縄タイムス』65年8月21日付）。つまり自立経済を達成した上での復帰、そして、そのための経済計画樹立、十分な援助を要求したのである。

佐藤首相来沖後、日本政府内でも沖縄に対する施策強化が行われていく。来沖直後の8月27日には沖縄問題閣僚協議会を設置。また、66年9月には総務長官諮問機関として沖縄問題懇談会、67年8月には首相諮問機関として沖縄問題等懇談会が設置されている（どちらも座長は大濱信泉）。

特に経済面で重要だったのが、政府の肝いりで組織された沖縄経済振興懇談会である。66

年7月1日、東京商工会議所で佐藤首相、三木武夫通産相、安井謙《やすいけん》総務長官らも出席して第1回が行われた。本土側世話役には、経済団体連合会、日本経営者団体連盟、経済同友会、日本貿易会、日本商工会議所。沖縄側世話役には、琉球商工会議所、琉球工業連合会、沖縄経営者協会。双方の主要経済団体が網羅されていた。同懇談会は年1回ずつ75年まで開催されていく。

この第1回の会議冒頭、沖縄側から挨拶に立った宮城仁四郎琉球商工会議所会頭は、「基地経済」の弊害を訴え、本土との格差是正、経済自立化を要望した。それに対して佐藤首相は、「沖縄に対する日本本土からの財政的援助の増額もさることながら、私は沖縄経済の自立力を可能な限度までひきあげ住民所得を高める施策こそ基本的な課題であると考えるのであります」と述べ、沖縄側の要望に理解を示した（『沖縄経済振興懇談会議事録』）。だが、復帰が具体化するなかで、本土側の態度は沖縄側の自立経済確立の要望に応えるものでは必ずしもなかったのである。

外資導入をめぐる本土からの圧力

琉球政府は自立経済確立に向けて、石油精製事業などの大型外資導入による第2次産業振興を図ろうとしていた。

67年5月から9月にかけて、米国系4社（ガルフ、エッソ、カルテックス、カイザー）が、琉球政府に外資導入を申請する。しかし、11月、復帰後の本土企業への影響を懸念する日本政府は琉球政府に対し、①外資は50％以下、②日本に進出していない外資は不適当、③精製能力の限定、④復帰後に既得権とならない、というように日本の石油政策に沿った処理を要求する。

それに対して琉球政府は、あくまでも「県益」を優先し、復帰を前にした自立経済構築を第一として、68年1月20日、申請があった4社の外資導入申請を認可した。だが2日後、日本政府は、①沖縄返還時点から日本の石油政策を沖縄進出企業に全面的に適用する、②返還前後を通じて日本の石油の生産・流通市場に混乱を起こさせないように調整措置をとると、直接その4社に通告する。結局、カルテックス、カイザーは撤退し、ガルフ、エッソは本土資本との合弁会社によって進出することになる。

71年8月、通産省によって沖縄への大規模な石油備蓄基地（CTS）建設計画が発表された。自立経済達成のために、関連産業拡大の期待から誘致をめざした外資（米国企業）による石油精製基地は本土側に阻止され、本土資本中心の石油備蓄基地・備蓄増強政策という論理にシフトさせられたのである。

こうした本土側の態度は、石油精製事業とともに自立経済への足がかりと期待された、アルミ産業をめぐって、より露骨に表れた。

70年2月、アルミニウム・カンパニー・オブ・アメリカ（アルコア）が琉球政府に外資導入を申請する。それに対して、日本政府・本土財界が「「かけ込み外資」は認めない」として猛反発した。3月、通産省は琉球政府に、米国資本を拒絶し、本土資本を導入するよう示唆。琉球政府は、本土資本に意欲がなければ米国資本もやむをえない、と回答した。すると6月、本土アルミ精錬5社（日本軽金属、昭和電工、住友化学工業、三菱化成工業、三井アルミニウム工業）が琉球政府に外資導入を申請する。

琉球政府は、7月にはアルコアの申請を日本の外資法に沿って50％出資の合弁とすることを条件に許可し、8月には本土アルミ精錬5社の申請も許可した。12月には、本土アルミ精錬5社が沖縄アルミニウム株式会社を発足させる。ところが、71年5月、アルコアは、資本提携先が見つからずに沖縄進出を断念。さらには、公害を憂慮する進出先の反対運動も起こり、72年12月、沖縄アルミニウムもまた採算が取れないとして進出計画を凍結した。

つまり、本土アルミ精錬5社は、米国資本企業の参入を防ぐために、沖縄進出を形だけ進め、米国資本が撤退すると、「採算が取れない」として撤退したのである。自立経済へ向けた沖縄側の期待は見事に裏切られたのである。

保革を超えた自立経済の追求

屋良朝苗が主席に当選すると、主席立候補時の公約でもある、「長期経済開発計画」の策定が行われた。69年10月22日、経済開発審議会第1回会議が行われるが、委員および専門委員は、学者、マスメディア、財界、労組などから主義主張を超えた人選が行われた。本土との確執が続くなかで、12月に琉球政府は①外資の積極的導入、②本土資本と外国資本を区別せず「県益」第一など、外資導入の「基本方針」を打ち出す。

そして、70年9月7日に決定された「長期経済開発計画」は、「日本経済の一環としての本県経済の自立的発展の方途を確立すること」として、「日本経済の一環」という本土側の主張を前置きしつつも、あくまで「自立的発展」が主であることを強調していた。さらには、目標年次（80年度）までに基地が撤去されることを前提とし、それまでの間に「基地依存経済から自立経済へ移行するため」の経済計画であるとされた。

また、「工業開発の目標」で示されているように、「自立的発展」をめざすための根幹は重化学工業の新興であり、その根幹が石油精製事業とアルミ産業であるとされていたのである。屋良主席の下で策定されたこのような「長期経済開発計画」は、保革対立軸が明確化したこの時期にあっても、保革を超えた「島ぐるみ」での自立経済への希望が追求されていたことを示している。しかし、先にみたように、自立経済への計画は、日本政府、本土財界の圧力により断念させられたのである。

なお同時期に、国連アジア極東経済委員会の調査などから、尖閣諸島周辺の石油埋蔵可能性に注目が集まると、70年3月に琉球政府通商産業局は「沖縄石油開発公団」構想を掲げ、沖縄主導による共同開発の考えを表明した。これも「県益」重視の一環と言える。ただし、こうした動きは、同年中に中国や台湾との領有権問題が浮上するなかで、立ち消えとなった。

反公害運動

本土と同様、沖縄でも60年代後半には公害問題が浮上する。それ以前の中心は、土壌汚染、水質汚染、日々の航空騒音などといった〝基地公害〟だった。

それに加えて、60年代半ばから、民間工場による大気汚染や水質汚濁が次々と発生し、各地で設備改善や補償要求が起こる。66年4月には12団体(沖縄人権協会、沖縄社会福祉協議会、沖縄市長会、沖縄町村長会、沖縄市町村議長会、沖縄教育長協会、沖縄教職員会、沖青協、沖婦連、沖縄子どもを守る会、沖縄PTA連合会、県労協)によって公害対策協議会が組織された。

ようやく70年10月、琉球政府立琉球衛生研究所が発展解消して公害衛生研究所となり、翌月には行政主席諮問機関として公害対策審議会が設置された。だが、琉球政府は、問題発生後の消極的対応にとどまっていた。そうしたなかで、石油精製事業やアルミ産業などの誘致が具体化してくると、公害を未然に防ぐために設置反対運動が起こる。

ガルフによる石油備蓄基地建設計画が持ち上がった宮城島では、67年3月に宮城島を守る会が結成される。反対運動によって用地獲得が困難となり計画は中止された。72年3月の三菱商事への外資導入申請認可の際、同時に認可されたアラビア石油が宮城島への進出を試みたが、再度阻止されている。

69年10月に着工し、71年11月に操業が開始された、中城湾《なかぐすくわん》（中城村《なかぐすくそん》・北中城村《きたなかぐすくそん》）の東洋石油基地建設では、東洋石油基地反対同盟による実力行使をともなう激しい反対闘争が行われた。

先述した沖縄アルミニウムが72年3月に海岸を埋め立て、アルミ精錬工場と火力発電所を建設する計画を石川市に提出すると、アルミ工場誘致反対石川市民協議会による反対運動が展開された。そうした最中、沖縄アルミニウムは進出計画を凍結した。

琉球政府が自立経済に向けた希望と考えていた重化学工業の振興は、反公害運動が活発化するなかで、すでに困難を抱えていたのである。

4　揺らぐ帰属意識

「反復帰」論

1969年11月、佐藤・ニクソン共同声明で表明された「72年返還」合意を受けて、沖縄では「反復帰」論が表れる。その中心は沖縄タイムス社の新川明《あらかわあきら》、川満信一《かわみつしんいち》などのジャーナリストであり、『沖縄タイムス』や雑誌『新沖縄文学』（沖縄タイムス社刊行）などで反対の論陣をはった。

「反復帰」論は、「反国家」「非国民」「反権力」といった思想を打ち出し、国家としての日本を相対化し、精神の自立を主張していた。70年11月の国政参加選挙の際には、国会に代表を送ることは日本国家に取り込まれることだとして国政参加拒否闘争を行っている。

その根底には、これまでの民族運動としての復帰運動を担ってきた屋良主席や革新政党などへの批判があった。「反復帰」論は、復帰論に対する単なる独立論ではなく、日本という国家に復帰するとはどういうことなのかを捉え直す試みであった。

このような「反復帰」論の主張は、復帰協を軸に復帰運動を担ってきた革新諸政党・団体にとっては受け入れがたいものであり、徹底した批判が展開される。民族統一を自明の前提とする復帰論を批判した「反復帰」論に対しては、過剰な批判を繰り広げた。この時期、「反復帰」論は実際の政治を動かす力とはなっていない。しかし、現在にいたる、沖縄における大きな思想的潮流の一始点となる。

保守系独立論

戦後を通じて、日本復帰への懐疑、時期尚早論や独立論は、保守側の一部からも出ていた。すでに復帰論が主流となっていた講和交渉期（51年頃）に独立論を主張したグループが、50年代以降の沖縄保守の一翼を担っていったことはすでに触れた。60年代後半以降も、復帰が具体化していくなかで、保守政治家、財界人によって復帰時期尚早論から独立論にいたる活動が展開されていく。

67年8月、崎間敏勝（元琉球政府官房長、元沖縄経営者協会専務理事）を社長として、公正中立を謳う保守系新聞『沖縄時報』が創刊される。そこでは復帰が現実化していくなかで、復帰尚早論が主張された。68年11月の主席公選の際には、琉球独立を掲げて野底武彦が立候補した。

69年10月には、「沖縄人の沖縄をつくる会」が結成される。同会は、「経済基盤を確立してから復帰すべき」と復帰尚早論を唱え、住民投票による民意決定を主張した。中心メンバーには会長となった当間重剛（元琉球政府行政主席）のほか、山里永吉《やまざとえいきち》（元琉球政府文化財保護委員）、真栄田義見《まえだぎけん》（元琉球政府文教局長）、崎間敏勝などがいた。

さらに、71年には崎間敏勝、野底武彦（土南）、古謝紹松を発起人として琉球独立党が結成される。6月の参議院議員選挙に崎間を擁立したが、有効投票の1％も獲得できず泡沫候補に終わった。

「自治」喪失への危機感

一方、復帰は、米軍統治下に一つずつ獲得してきた「自治」を喪失してしまうという危機感から、沖縄出身の研究者が新たな自治論の提案を行っていく。

たとえば、平恒次《たいらこうじ》（イリノイ大学教授、経済学）は「『琉球人』は訴える」（『中央公論』70年11月号）で次のように述べている。元々琉球は独立国であり、自分自身を含めて、第一次的には「琉球人」であり、日本という主権国家に所属しているために二次的に「日本国籍人」であるにすぎない。72年に再び日本と琉球が合併される際には、対等な存在として合併し、日本国憲法第95条に基づく特別法によって「沖縄特別自治体」となるべきである。

また、比嘉幹郎《ひがみきお》（琉球大学教授、政治学）は「沖縄自治州構想論」（『中央公論』71年1月号）で次のように述べている。現状の施政権返還には沖縄住民の民意が全く尊重されておらず「第三の琉球処分」といえる。異民族支配下で沖縄住民は実質的な自治権を勝ち取ってきた。ところが、施政権返還によって、本土政府は法律や制度を画一的に沖縄へ適用しようとしており、このままいけば沖縄の自治は後退してしまう。今後、自治を維持発展させていくためには、軍事・外交を除いたすべての権能を保持する「沖縄州」という特別自治体を構想していくべきである。

こうした「自治」喪失への危機感は、71年の屋良建議書の教育委員制度への懸念などにもみられるものであり、保革を超えて広く沖縄住民に共有されたものであった。

住民の視点による沖縄戦認識の確立

既存の保守・革新双方だけでなく、「反復帰」論や保守系独立論、自治論も含めて、大多数の沖縄住民が日米両政府によって進められていた施政権返還に反対していたなかで、本土との関係性が歴史認識としてあらためて問われることになった。その焦点の一つが沖縄戦である。

本格的な沖縄戦研究が行われるに際して重要な画期となったのが『沖縄県史』編纂事業であった。71年には『沖縄県史』の第8巻「沖縄戦通史」が4月、第9巻「沖縄戦記録1」が6月にそれぞれ刊行される。戦場での出来事は文字史料のみで復元することは不可能であり、聞き取りが重視された。その手法はその後の県内自治体史・字誌《あざし》編纂にも引き継がれる。あまりに生々しい記憶が語られるには20年以上の月日が必要だったのである。

一人ひとりの証言は個の体験だが、それが積み重なることで住民からの視点による沖縄戦認識が確立してくる。たとえば、座間味島・渡嘉敷島《とかしき》での集団自決や、各地での住民虐殺、八重山での強制移住によるマラリア被害など、日本軍の行為が記録され、それが住民の共通認識となっていく。そうした証言は、復帰に対する違和感のようなきっかけがあることで、集中的に湧き出してくる。戦後の手記・小説・映画や援護法の枠組みのなかで作られてきた日本軍を中心とする沖縄戦認識と、住民の体験をもとにした沖縄戦認識が併存する状況になるのである。

70年3月、集団自決や住民虐殺が起きた渡嘉敷村の慰霊祭に参加するため、元守備隊長が戦後初めて来沖した際には、抗議運動のために渡嘉敷島まで渡ることができず帰るという事態が起こっている。

復帰過程で生じた日本政府への疑心は、ほかにも歴史認識の捉えなおしを生じさせる。復帰直前には、琉球王国を廃して沖縄県を設置した「琉球処分」の再評価がなされるなかで、復帰はサンフランシスコ講和条約第3条による切り捨て（第2の琉球処分）に続く第3の琉球処分だとする見方も一定の広がりをみせたのである。

第5章　復帰／返還直後——革新県政の苦悩　1972～78

1　大規模な制度変更——1972年の温度差

「沖縄国会」

第67回臨時国会（1971年10月16日～12月27日）は、71年6月17日に日米両政府間で調印された沖縄返還協定と沖縄復帰関連諸法案を審議したため、「沖縄国会」といわれる。

米国から日本への施政権返還に関する沖縄返還協定は、社会党など野党が沖縄の基地撤去を求めて返還協定の再交渉を訴えたため、批准のための国会審議は難航する。そして、十分な審議が尽くされないなか、11月17日、衆議院沖縄返還協定特別委員会で強行採決される。同日、屋良朝苗主席が、米軍基地撤去を含む「即時無条件全面返還」を求める「建議書」を携えて上京したが、検討されることはなかった。

24日には衆議院本会議で可決され、参議院に送付される。そして、参議院沖縄返還協定特別委員会での審議を経て、12月22日、参議院本会議で沖縄返還協定は承認される。72年1月

7日には、サンクレメンテでの日米首脳会談で5月15日に施政権返還が行われることが合意された。

他方で、沖縄復帰関連諸法案も駆け足で審議されていた。諸法案とは、復帰にともなう諸制度の円滑な移行のための「復帰2法」（沖縄の復帰に伴う特別措置に関する法律、沖縄の復帰に伴う関係法令の改廃に関する法律）と、復帰後の沖縄振興開発のための「開発3法」（沖縄振興開発特別措置法、沖縄開発庁設置法、沖縄振興開発金融公庫法）である。

復帰2法と開発3法はいずれも71年12月29日に召集された第68回通常国会への継続審議となるが、復帰2法と沖縄振興開発特別措置法は12月30日には成立し、31日に公布。沖縄振興開発金融公庫法も72年5月11日、沖縄開発庁設置法は5月12日にそれぞれ成立し、翌13日に公布された。

こうして多くの法案の成立後、復帰／返還の日を迎えることになる。

復帰／返還——本土と沖縄の温度差

72年5月15日、東京・日本武道館と那覇・那覇市民会館の2会場をテレビ中継し、沖縄復帰記念式典が開催された。

東京で挨拶に立った佐藤栄作首相は、「戦争によって失われた領土を平和のうちに外交交渉で回復したことは、史上極めてまれなことであり、私はこれを可能にした日米友好の絆の

沖縄復帰記念式典．東京・日本武道館（上），那覇市民会館（下）1972年5月15日　2会場がテレビ中継で繋がれて行われた．東京では昭和天皇と香淳皇后の対面で佐藤首相が万歳三唱を．那覇では屋良知事が琉球政府の解散と沖縄県の発足を宣言．同時に「私どもの切なる願望が入れられたとはいえないことも事実であります」と米軍基地問題を厳しく指摘した

強さを痛感するものであります」と述べた。

一方、那覇で挨拶に立った屋良朝苗沖縄県知事は、「復帰の内容をみますと、必ずしも私どもの切なる願望が入れられたとはいえないことも事実であります。〔中略〕したがって私どもにとってこれからもなお厳しさは続き、新しい困難に直面するかもしれません」と述べた。2人の対照的な挨拶は、本土と沖縄の思いを象徴するものだった。

那覇市民会館に隣接する与儀公園では、復帰協主催「自衛隊配備反対、軍用地契約拒否、基地撤去、安保廃棄、「沖縄処分」抗議、佐藤内閣打倒5・15県民総決起大会」が開催された。この大会名のなかに批判が集約されている。

復帰協前会長でもあった喜屋武眞榮参議院議員は、「いま、鉛のような気持ちでここに立っている。復帰の実現のために闘ってきたが、このような結果になったことについて苦悩する一人だ。どうぞお許し願いたい」と挨拶した。10年近く復帰協の会長をしていた喜屋武は、復帰実現の日に、その運動の成果を誇るのではなく、その結果をわびる立場に立たされていた。この挨拶には、労組青年部などが激しい野次と怒号を浴びせていた。

それでもNHK「沖縄住民意識調査」（72年5月2～4日実施）では、復帰に「期待する」51％、「期待しない」41％という結果が出ていた。

沖縄返還時の〝密約〟

この施政権返還は、実はさまざまな〝密約〟をともなうものであった。近年の外交文書公開や当事者の証言などによって、その実体が明らかになってきている。

具体的には、施政権返還後、沖縄米軍基地は安保条約の制約を受けることになるが、従来通り基地の「自由使用」を認め、さらに新たな経済負担を受け入れたことである。

基地の「自由使用」については、佐藤首相が外務省を介さずに若泉敬《わかいずみけい》（京都産業大学教授）を密使として米国側と交渉させ、沖縄への核兵器再持込みを書面で約束したことがある。また、〝密約〟と同様に言われるものとして、施政権返還の日である5月15日に日米合同委員会で合意された「5・15メモ」がある。これは沖縄米軍基地の施設ごとの使用目的・条件などを取り決め、従来通りの使用を約束したものであった。

新たな経済負担については、①米軍が支払うべき軍用地の原状回復補償費400万ドルの肩代わり、②VOA（アメリカの声・放送局）の国外移転費1600万ドルの負担、③返還協定で約束された3億2000万ドルとは別に基地移転費などとして約2億ドルの負担があったとされる。

①については施政権返還直前に『毎日新聞』が報じ、当時から疑惑が持たれていたが、新聞記者と外務省事務官との情実問題へと議論がすり替わり、十分追及されることはなかった。当時騒がれた①は密約の氷山の一角にすぎなかった。いずれにせよ、この新たな経済負担は、その後の日米防衛協力の柱の一つとなる「思いやり予算」の原型とされる。

5－1　在日米軍基地の変遷　1945〜96年　(ha)

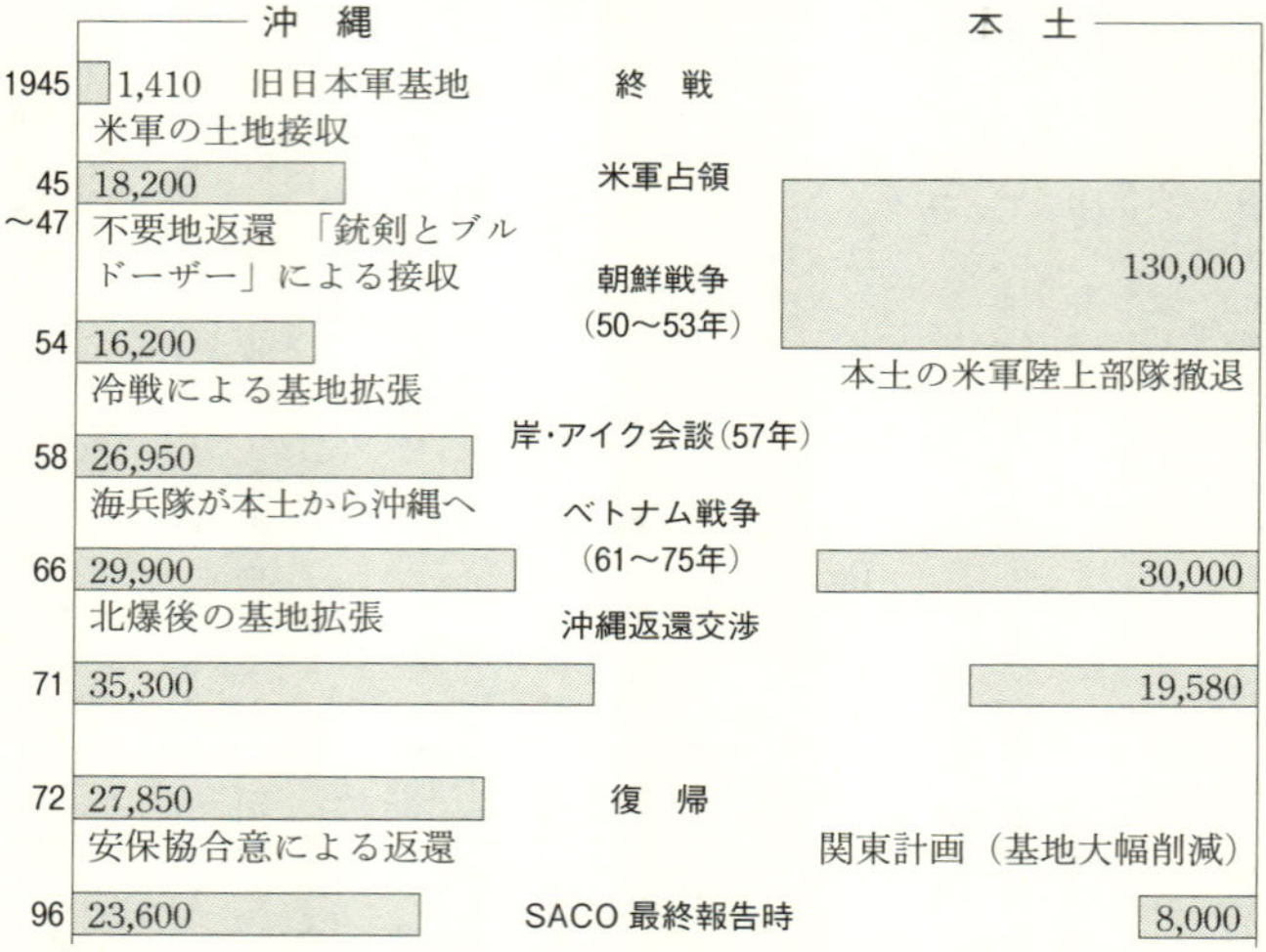

出典：沖縄タイムス社編『50年目の激動』（沖縄タイムス社，1996年）を基に著者作成

他方で、施政権返還の期日が合意された72年1月の日米首脳会談では、首都圏の米軍基地を集約し、大幅な面積削減を行う「関東計画」の検討が合意されていた。それに基づき、復帰時点で本土に存在した約1万9580ヘクタールの米軍専用基地は、20年後の90年代半ばには約8000ヘクタール、つまりは約59%も縮小される。

それに対して、復帰時点で沖縄に存在した約2万7850ヘクタールの米軍専用基地は90年代半ばには約2万3600ヘクタールと、約15%縮小したにすぎない。その結果、復帰時点で沖縄59対本土41だった米軍専用基地の割合は75対25となり、沖縄への集中度が増した。

復帰時に日本政府が繰り返し主張していた「核抜き・本土並み」とは真逆のことが実際には行われていったのである。

軍用地の再契約――基地依存の深刻化

米軍用地については、復帰前には琉球政府が地主と契約し、米国が地代を支払っていた。復帰後は日本政府が安保条約・日米地位協定に基づき土地を提供するので、日本政府が地代を支払うことになる。そのため施政権返還によって、軍用地主と日本政府は新規賃貸借契約交渉を行う必要があった。

戦前の日本陸海軍基地がベースとなっている本土の米軍基地とは異なり、土地接収によって拡大されてきた沖縄の軍用地は、国有地だけでなく公有地・民有地の比重が大きかった（ほぼ1対1対1の割合）。

復帰の時点で軍用地主約3万名のうち、約3000名が契約拒否の態度を示す。そのうち約7割が集まり71年12月9日には反戦地主会が結成される。

こうした動きに対して、復帰時点での違法状態を回避するため、12月30日、国会で「公用地暫定使用法」が制定され、復帰後も5年間は強制使用できるものとしていた。

一方、契約を受け入れる姿勢を示した軍用地主も粛々と受け入れたわけではない。軍用地主の団体である土地連は反戦地主の動向を牽制材料にしつつ、地料の算定方式変更による賃貸料大幅引き上げを求めていた。

防衛施設庁は契約拒否地主への柔軟な対応を意図する政府・自民党の政治的意向を受けつつ、算定方式を土地連の要望に沿うように変更し、さらに「見舞金」を加えることで復帰前の約6・5倍として要求に近い水準を充たした。

他方で土地連は、地域開発を阻害する軍用地は原状回復の上、計画的に返還するよう求めた。だが、返還協定調印時の「基地リスト」で返還対象となった箇所の多くはそのまま自衛隊基地となったため、軍用地主に土地が戻ることはなかった。その他の返還地も代替施設を条件とするものが多く、その後の返還進度は、本土と比較してきわめて遅いものとなる。

復帰時に、軍用地料の増額を日本政府に認めさせた結果、地主は基地への依存を深め、さらに、整理縮小と抱き合わせでの復元補償・代替施設要求により返還が遅延するようになる。また、基地所在自治体は、公有地の軍用地料や基地周辺整備費に財政を依存していく。

契約拒否地主は、「公用地暫定使用法」の期限までに切り崩しが進められ、77年5月14日段階で当初の7分の1以下である約400名にまで減少した。前年2月には公用地法違憲訴訟支援県民共闘会議（違憲共闘）が結成され、裁判も行っていた。国会では、「公用地暫定使用法」の5年延長を含む「地籍明確化法」の審議が与野党の激しい対立で成立が77年5月18日にずれ込む。その結果、15日から4日間の法的空白が生じ、法的根拠もなく米軍が使用し続けるという異常な事態も生まれた。

沖縄開発庁の設置

沖縄の本土復帰後、日本政府は開発3法に基づき、沖縄振興開発を行う。72年5月15日、総理府の外局として国務大臣を長とする沖縄開発庁が設置される。沖縄開発庁は振興開発に際して関係省庁間の調整を行い、予算は沖縄振興開発事業費として一括計上される。公共事業の高率補助や税制上の優遇措置も図られた。また、一元的な振興開発を実現するため、那覇に沖縄総合事務局を設置。だが、沖縄開発庁内の各部課には関連省庁からの出向が行われ、それが各省庁のセクショナリズムを示すことになる。

他方で、復帰前の琉球政府は、国と県の行政機能を併せ持った組織だったため、復帰の際に琉球政府職員は沖縄県庁の地方公務員だけでなく、沖縄開発庁を含めた国家公務員の主にノンキャリアの職員として振り分けられることになる。

琉球政府系金融機関である琉球開発金融公社、大衆金融公庫と政府特別会計は統合され、72年5月15日に沖縄振興開発金融公庫が発足する。振興開発のため、同公庫によって政策金融の一元化を計ったのである。那覇に本店、中部、北部、宮古、八重山にそれぞれ支店が、そして、東京に東京本部が設置された。

こうした組織を前提に、後述する10ヵ年の沖縄振興開発計画（以下、第1次沖振計）が策定されていく。

だが、沖縄開発庁は、あくまで振興開発のための組織であり、外務、防衛に関わるセクションは含まれていない。米軍基地問題は政府の管轄であり、沖縄県は地方自治体の一つとして、復帰前のように米軍との直接交渉は難しくなった。米軍・自衛隊の軍用地問題については、防衛施設庁の出先として設置された那覇防衛施設局が対応にあたっていくことになる。

初の県知事選・県議選――社大党の存続

72年6月25日、復帰後初の沖縄県知事選・県議会議員選が実施された。復帰の是非を問う選挙である。

県知事選は、復帰にともない選挙までの「みなす知事」となっていた革新共闘候補の屋良朝苗、元行政主席で自民党候補の大田政作との一騎打ちとなった。結果は、7万3000票余りの差をつけて屋良が圧勝した。

第1回沖縄県知事選結果　1972.6.25

屋良朝苗	大田政作
革新	保守
251,230	177,780

また、県議選（定数44）は、立法院選が小選挙区制であったのに対して、定数2～6名となる中選挙区制によって行われた（人口の多い那覇市区のみ定数13名）。選挙結果は、自民党20、社大党11、人民党6、社会党4、公明党1、保守系無所属1、革新系無所属1で、保守21議席・革新23議席となり、革新与党が過半数を確保する。

なかでも社大党は政党の本土系列化が進むなかで、沖縄の地域政党として復帰後の存続を決定して臨んだ選挙であったが、立候補者の全員当選を果たし、引き続き革新第一党として重要な位置を占めることとなる。

政府・自民党は有力幹部を応援に派遣し、「中央との協調」を主張して県政の奪還をめざしたが果たせなかった。県知事選・県議選を通じて、県民の民意は引き続き革新側へと委ねられたのである。

２　「復帰３大事業」と屋良の政治判断

復帰直後の政治課題——「復帰３大事業」

復帰後、沖縄県庁の業務は慌ただしいものとなった。次節で詳述する第１次沖振計の県案作成作業が年内に進められたほか、「復帰３大事業」が短期間に次々と実施されたからである。復帰３大事業とは、１９７２年11月の沖縄復帰記念植樹祭、73年５月の復帰記念沖縄特別国民体育大会（若夏国体）、そして75年７月～76年１月の沖縄国際海洋博覧会（海洋博）である。

全国植樹祭は、国土緑化運動の中心的な行事で、50年の山梨県を皮切りに、国民体育大会は46年に京阪神地域を最初に、それぞれ各地を巡回して開催されてきた。それを「復帰記念」として巡回数に加えずに特別に開催したのである。海洋博は、70年の日本万国博覧会

（大阪万博）のようなインフラ整備などが期待されて実現していた。

そして、復帰後の屋良県政における最重要課題となっていくのが、CTS（石油備蓄基地）問題である。

CTS（石油備蓄基地）問題

第4章でみたように、琉球政府は「国益」よりも「県益」を重視し、自立経済確立に向けて、石油精製事業・アルミ産業などの大型外資導入による第2次産業振興を図ろうとした。だが本土の政財界に阻止され、代わって本土資本中心の石油備蓄基地・備蓄増強政策が進められていた。

71年5月、本島中部の与那城《よなぐすく》村（現うるま市）は、三菱商事による石油備蓄基地建設誘致に動き、琉球政府に平安座島《へんざじま》・宮城島間の公有水面埋め立て免許申請と三菱開発・三菱商事の外資導入免許申請書が提出された。

翌年3月には外資導入免許申請が認可され、沖縄三菱開発が設立される。復帰後の9月には埋め立て免許申請が認可され、10月には埋め立て工事の起工式が行われた。平安座島と勝連《かつれん》半島を結ぶ海中道路の建設も実現する。

建設されるのは石油精製事業やコンビナートではなく、石油備蓄基地であり、公害の心配はないと説明されていた。ところが、タンカーからの原油流出事故などが起こる。

73年8月以降、環境破壊への懸念から屋良県政の支持母体である労組や、公害防止対策協議会などからの建設中止要請が相次ぐ。9月25日には、周辺住民が金武湾《きんわん》を守る会を結成。埋め立て中止、石油備蓄基地反対などを訴える運動が展開され、誘致派との間で地域を二分する激しい対立が起こり、屋良県政はこの対立に翻弄されていく。

翌年1月19日、屋良知事は石油備蓄基地に反対し、沖縄三菱開発に対して埋め立て地には別企業の誘致を要請する「1・19声明」を発表。それに対して2月8日、推進派の自民党県連主催「知事即時退陣要求県民総決起大会」が開かれ、一部のデモ隊が県庁内の知事室・副知事室などに乱入し、窓ガラスや机・椅子などを破壊する事件も起きた。

司法の容認、屋良の政治判断へ

「1・19声明」はあくまで沖縄三菱開発への要請であり、中止させる権限は県にはなかった。また埋め立てはほぼ完成しており、5月20日には県に対して竣工認可申請が行われる。革新与党や金武湾を守る会は、屋良知事に対して「1・19声明」を堅持し申請を却下するよう迫った。だが却下した場合、県は沖縄三菱開発から訴えられる可能性が高く、板挟みのなかで、屋良知事にはもはや打つ手がなかった。

9月5日には金武湾を守る会が、知事を相手に埋め立て無効を求めて那覇地裁に提訴。これに対して県は、すでに埋め立てが完了しており、訴えに利益がないと主張した。

その2日後、金武湾を守る会を支援し闘いを広げるために、9人の大学教員・ジャーナリスト（新川明、新崎盛暉《あらさきもりてる》、岡本恵徳《おかもとけいとく》、狩俣真彦《かりまたまさひこ》、新屋敷幸繁《しんやしきこうはん》、玉栄清良《たまえせいりょう》、比屋根照夫《ひやねてるお》、星雅彦《ほしまさひこ》、松田賀孝《まつだよしたか》）を呼びかけ人として「CTS阻止闘争を拡げる会」が結成される。同年4月に沖縄大学に赴任した新崎を代表世話人とする同会は、『琉球弧の住民運動』を発刊し、継続的に勉強会、交流集会を行うなかで、その後の奄美まで含めた琉球弧の住民運動の結節点となっていく（82年、琉球弧の住民運動を拡げる会に名称変更）。

一方、沖縄三菱開発は9月20日、埋め立て地へのCTSタンク設置認可を県に申請。27日、屋良知事は裁判所の判決まで保留すると明言する。なお、このとき屋良は、県庁・与党幹部に辞意を表明するが慰留されている。

翌年10月4日の那覇地裁判決は、県の主張を認め原告の訴えを退ける。11日、屋良知事は竣工認可を発表。埋め立て地は与那城村に編入され、沖縄三菱開発は所有権登録を完了する。次の焦点は、76年6月までの任期が迫るなかで、屋良知事がCTSタンク設置認可申請の許可を行うか否かに移った。

ところで、同時期には、与那城村が主導して金武湾全体の沿岸を埋め立てることによる大規模な工場地域建設計画が立てられ、原子力発電所も計画されていた。金武湾を守る会をはじめとする反対運動は、平安座島・宮城島間の埋め立て・石油備蓄基地建設を阻止することはできなかったが、それ以上の埋め立て・開発を阻止する上で、一定の抑止効果を持っていた。

平良幸市の勝利——引き継がれた革新県政

76年6月13日、復帰後2回目の沖縄県知事選・県議会議員選が実施された。不出馬を表明した屋良朝苗の後継者として革新共闘から社大党の平良幸市が出馬。一方、自民党は衆議院議員への当選後、民社党に入党して社大党と袂を分かっていた安里積千代を担ぎ出し、平良・安里の一騎打ちとなった。

結果は3万2000票余の差で平良が勝利し、革新県政が引き継がれる。県議選（定数46）は、自民党20、社大党10、社会党6、共産党4、公明党2、革新系無所属（革新クラブ）2、保守系無所属1、中立系無所属1で、革新側が24議席を確保して引き続き与党として過半数を占めた。

退任を前にして、屋良知事はCTSタンク設置認可に向けた与党各派との調整を計ったが実現できなかった。退任2日前の6月22日、抗議団と機動隊に囲まれた知事公舎のなかで屋良知事は設置認可を発表し、一身にその責任を背負う。

平良は知事就任直後から、米軍による県道104号線越え実弾砲撃演習の中止を求めて日本政府に米国との交渉を要請し、米国大使館にも抗議を行ったほか、軍用地返還にともなう特別措置を要求する「軍転特措法」の制定を国に要求するなど、革新県政として米軍基地に

第２回沖縄県知事選結果　1976.6.13

平良幸市	安里積千代
革新	保守
270,880	238,283

平良幸市（1909〜82）知事在任76〜78　現西原町生．沖縄県師範学校卒．戦前，国民学校教頭．戦後，西原村長（47〜50），沖縄群島議員（50〜52），社大党結成に加わる。立法院議員（52〜72），沖縄県議（72〜76）を経て沖縄県知事に

対する積極政策を展開した。

県道１０４号線を封鎖して行われる米軍の実弾砲撃演習には県民の批判が強く、着弾地占拠による実力阻止を含めた金武《きん》町と恩納村《おんなそん》にまたがる喜瀬武原《きせんばる》での「キセンバル闘争」も行われていた。また、「軍転特措法」は、軍用地の計画的返還や、跡地利用に際して軍用地主への補償を含めて国の責任によって行うなど、基地の整理縮小に向けた具体的な道筋をつけようとするものであった。だが、この時期の政府・自民党に聞き入れられるものではなかった。

「軍転特措法」は断続的な国会審議を経て94年に成立、実弾砲撃演習も97年の廃止まで待たねばならない。平良県政はその起点であった。

78年7月30日には、復帰後も特例として維持されてきた「人は左、車は右」の交通ルールが本土同様の「人は右、車は左」へと午前6時に一斉に変更された（「7・30《ナナサンマル》」と呼ばれる）。旧来の右側通行が世界では多数派であり、慣れ親しんだ方式の変更に不満の声もあったが、一国一交通方式の原則の名の下に実施された。沖縄県民にとっては、生活レベルで一体化をあらためて実感する出来事となった。
その直前の7月21日、全国知事会出席のために上京していた平良知事は脳血栓により突如倒れ入院する。療養は長期化し、結局、10月24日に平良知事は辞表を提出し、退任する。

本土との「系列化」――復帰協の消滅

復帰前後から、沖縄の政党、労組、各種団体の系列化が進んでいく。以前から本土組織との繋がりを求める傾向はあったが、自立を保つことによって主義主張を超えた沖縄内部での横の結束も可能であった。それが東京との系列化によって、各組織独自の判断が難しくなり、沖縄内部での結束が弱まっていく。

まず政党である。社会党はすでに62年には日本社会党沖縄県本部として系列化していた。沖縄自民党が正式に自民党沖縄県連となったのは70年3月である。また人民党は73年10月に日本共産党と合流した。ただし社大党は、民社党への合流などいくつかの選択を否定した上で、復帰後の課題に取り組む独自の地域政党として存続する。

労組は、沖縄県教職員組合（沖教組、71年9月に沖縄教職員会が労組に移行）が74年4月に日教組に正式加盟。琉球政府職員の労組であった官公労は、国の職員と県の職員に分かれ、逓信と電話関係が同一組織だった沖縄全逓は、全逓と全電通に分かれるなど、同一だった組織が、系列化のために分裂することもあった。78年9月には、全軍労は本土側の全駐留軍労働組合（全駐労）と組織統一をして、全駐労沖縄地区本部となる。

こうした系列化のなかでの象徴的出来事が、77年5月15日の復帰協の解散だった。先に挙げた沖教組、官公労、沖縄全逓、全軍労、そして社会党、人民党などはいずれも復帰協の加盟団体であった。これらの系列化は復帰協に致命的なものとなったのである。

復帰協事務局は、72年度運動方針案（第1次事務局草案）に、復帰運動の終結を宣言、復帰協を次の総会で発展的に解消し、「平和と自治を守る国民運動沖縄県協議会」（仮称）の結成を盛り込み、「平和県宣言」「自治憲章制定」といった目標を掲げていた。

だが、この草案は、5月15日の復帰記念式典に向けた抗議の最中に時期尚早として保留される。翌年にはそれを練り直した73年度運動方針案（第2次事務局草案）が提起され、「復帰措置」の総点検、国連大学誘致などを加え、組織改編の総会の開催を打ち出した。だがまたも調整はうまく行かず、結局75年4月28日に5年ぶりに行われた定期総会で、77年5月15日解散することが決定する。

復帰協は、復帰後も毎年5月15日に県民総決起大会などを行っていたが、発展解消した新たな組織の結成にはいたらなかった。復帰という現実的課題の解消、加盟団体の系列化によって、組織の維持は困難になったのである。

3　沖縄振興開発の実態——観光業という活路

ドル・ショックの影響

1971年8月15日にニクソン米大統領が突然発表したドルと金との交換停止、いわゆるドル・ショックは、復帰を前にした沖縄県民にも大きな衝撃を与えた。沖縄県民は、復帰に際してドルを円に交換するため、ドルの切り下げは、資産の減少を意味したからである。

その後、琉球政府と日本政府は、米国民政府を介さず極秘裏に交渉し、10月9日時点での保有額は、復帰時に1ドル＝360円の通貨交換を保証し、差額は日本政府が補うこととなった。だが、10月9日の通貨確認日から復帰までの半年余に得た資産についての保証がないこと、ドル・ショックの影響によって物価上昇が生じたことなど、十分な解決とはいえなかった。

さらには、復帰後の通貨切替時に端数を切り上げるような便乗値上げも続出した。ドル・ショック最中での復帰は、一般住民の生活に大きな負担を課すことになったのである。

先述したように「沖縄住民意識調査」（NHK）で、復帰時点の72年5月には復帰に「期待する」51％、「期待しない」41％だった。だが、翌年4月には復帰について「よかった」38％、「よくなかった」53％と逆転する。この要因には、経済的な実感も大きかったといえる。

沖縄振興開発計画――沖縄県案との落差

復帰後、沖縄振興開発特別措置法に基づき、沖縄振興開発計画〈第1次沖振計、72～81年度〉の策定が進められ、72年12月に閣議決定する。ここでは計画の意義として「各面にわたる本土との格差を早急に是正」と「自立的発展の基礎条件を整備」を掲げていた。

決定権はあくまで政府にあったが、第1次沖振計の枠組みは沖縄県案によって作られていた。短期間での作成要求のなか、沖縄県は長期経済開発計画〈70年9月決定〉を基本に作り上げる。沖縄県案と決定された第1次沖振計の違いは5‐2の通りである。

第1次沖振計は、第2次産業を飛躍的に発展させることを前提とし、長期経済開発計画における自立経済への願望を引き継いでいた。だが、第4章で述べたように、期待した石油精製事業、アルミ産業の外資導入は、本土の政財界からの圧力で困難であり、枠組みだけを残すかたちとなり、石油精製事業などに替わる具体的な計画はなかった。また、沖縄県案の理念を「骨抜き」にする修正も行われていた。

沖縄県案には次のような「目標」が掲げられていた。

この計画の目標は、〔中略〕本土との格差、産業経済構造、生活・社会環境等の不健

5－2　第1次沖振計における沖縄県案と閣議決定の産業別県内純生産の対比　単位10億円

県案	第1次産業	第2次産業〈製造業，建設業〉	第3次産業
1971年度	23（7.6%）	56〈 29,　27〉（18.1%）	231（74.3%）
1981年度	49（4.9%）	285〈163,　122〉（28.5%）	665（66.6%）

閣議決定	第1次産業	第2次産業	第3次産業
1971年度	23（7.6%）	56（18.1%）	231（74.3%）
1981年度	51（5.1%）	294（29.7%）	645（65.2%）

註記：それぞれ1971年度は「基準」，81年度は「目標」

全性を早急に是正し、軍事基地の撤去を推進させ、経済の自立発展の基礎条件を整備することによって、基地依存経済から自立経済への移行を実現し、もって全県民が平和で明るい豊かな生活を享受でき、かつ、人間性豊かで香り高い文化の創造をめざす福祉社会を実現することにある。

だが、第1次沖振計では「本土との格差」是正は取り入れられたが、「基地依存経済から自立経済への移行」は、「自立的発展」に書き換えられた。また、外交・防衛面と関係がない沖縄開発庁が所管する第1次沖振計では、「軍事基地の撤去を推進」という一文が盛り込まれることはなかった。

また、沖縄県案では製造業と建設業で構成される第2次産業のうち、製造業の比率を高めることが明記されていたが、第1次沖振計では言及がない。実際、計画終了時の実績は、71年度の製造業と建設業の割合がほぼ1対1の割合であったのが、81年度には約1対2と、沖縄県案の期待とは大きく異なる結果となった。

沖縄県案は10年後の産業構造目標を実現するために、項目ごとの詳細な数値目標を設定していた。それに対して第1次沖振計は、数値が盛り込まれず理念目標のみの記述であった。そのことが計画と結果の乖離《かいり》の一因だったと言える。また、第1次沖振計は、総額の予算目標も設定されておらず、各年度の予算編成に左右されることになった。

一方で、復帰後に主要産業として成長を遂げていく観光業は、沖縄県案から高い目標が掲げられていた。71年度には20万3000人であった入域観光客数を81年度には247万1000人と、12倍以上の数値を掲げ、それを可能にするためのインフラ整備を盛り込んでいた。第1次沖振計では、具体的な数値が盛り込まれなかったが、海洋博に向けた基盤整備のなかで、目標に近い結果が実現していくことになる。

経済振興と復帰3大事業

先述したように、復帰3大事業は、植樹祭、若夏国体、海洋博である。だが復帰前には異なる構想があった。70年3月の第5回沖縄経済振興懇談会で沖縄側から要請された「復帰記念3大事業」は、「国際海洋開発博覧会開催」、「南北文化センターの建設」、「原子力発電所の建設」であり、海洋博以外は異なっていた。

ここでは、海洋博について、「海洋開発は、一九七〇年代のテーマでもあり、科学、技術の進歩と、人類の発展と協調の場を海洋開発の領域で位置づけることは、沖縄の自然条件に適合するものであり、沖縄の脱基地化の礎としても極めて重要な意義をもっている」とされていた。実際の海洋博以上に、沖縄の海洋開発の科学力・技術力を高めるためにも有効であると強調されていた。

南北文化センターも「目標及び範囲」として「基地依存型から自立発展型に沖縄経済を脱皮成長させるため、既存の農業諸技術、伝統工芸技術、等の改善方途を研究する」とされていた。

さらに原子力発電所は、大規模産業の誘致とも関連し、「基礎的大型工業への供給はもちろん、海水の淡水化のためにも向けられ、その結果得られる水資源により、水消費型の大型工業の成立も可能であり、原子力発電の波及効果は甚大なものがある」とされていた。

このように当初の３大事業は、いずれも「自立経済」と結びつくものだった（『経営』４-４）。

ところが、実際には植樹祭や若夏国体が行われ、日本との紐帯《ちゅうたい》が確認されることになる。また、海洋博に向けて道路・空港・港湾整備をはじめとして公共事業が盛んに行われていく。本土資本との結びつき、公共・民間の建設ラッシュによって建設業が肥大化していく。それは若夏国体に向けた競技施設や道路整備などでも同様であった。

さらに、本土資本進出・土地買い占めをともなう観光施設の建設が短期間に集中したことで、乱開発による自然破壊、土砂流出・赤土汚染などが起こり、深刻な社会問題となっていく。

海洋博開催——観光業の飛躍へ

海洋博は、75年7月から翌年1月まで、「海——その望ましい未来」を統一テーマに、日本を含めた36ヵ国と3国際機関の参加によって開催された。

しかし、入場者数が目標の450万人に対して、約349万人と大きく下回り、過剰投資を行った建設業や、ホテル業・飲食業などの倒産が相次ぐなど、直後には「海洋博不況」と呼ばれる深刻な経済不況が沖縄で起こった。

ただ、中長期的に見た場合、海洋博はその後の観光業の成長に決定的な役割を果たす。観光業の拡大には飛行機などの旅客数、ホテルなどの客室数、バス・タクシー・レンタカーなどの移動手段といった受け入れ態勢の基盤整備が不可欠である。海洋博に向けた投資ブームは、短期間でそれを解決したのである。

実際、72年に約44・4万人であった沖縄県への入域観光客数は海洋博が行われた75年に約156万人まで爆発的に増加し、その後、一時的な減少はあったが、さらに増加を続けていくことになる。それは、旅行会社が仕掛けた「沖縄キャンペーン」や、77年4月から団体包括旅行割引運賃が導入されて航空運賃が値下げされたことも大きいが、海洋博時の基盤整備によって体制が整っていたからであった。

5 - 3　**沖縄県への入域観光客数の推移**　1972〜2013年

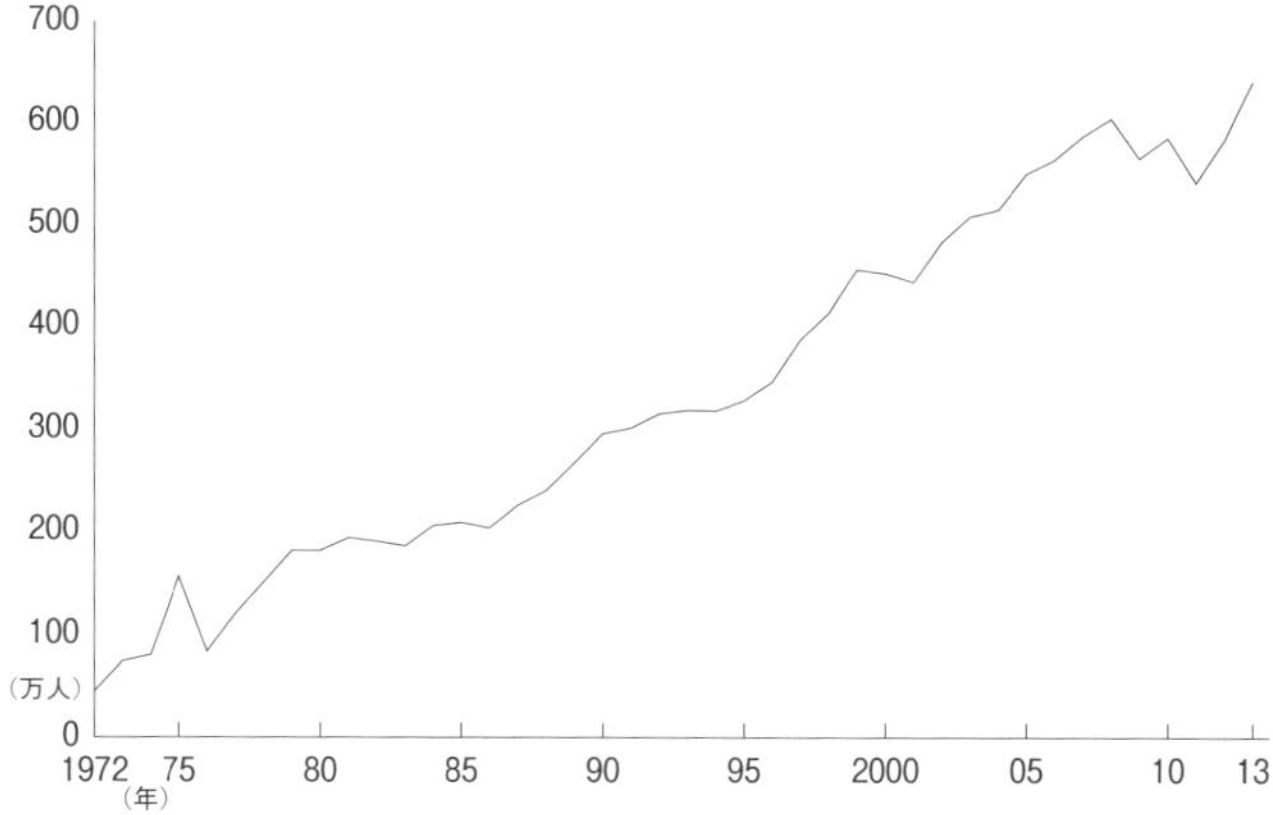

出典：沖縄県文化観光スポーツ部観光政策課編『平成25年版　観光要覧』（同課，2014年）を基に著者作成

沖縄国際海洋博覧会，アクアポリスに行列する人たち，1975年7月20日（開会日）　この博覧会は翌年1月18日まで開催．入場者は目標以下の約349万人だったが，沖縄の観光振興のきっかけとなった

4　正統化する復帰論

天皇・自衛隊という課題──「皇軍」への不信

復帰3大事業のうち植樹祭と国体は、戦後日本の天皇・皇后臨席による重要行事であった。だが、屋良知事が臨席要請を行ったものの、革新与党をはじめ反対の声が強く、警備上の問題もあって断念される。海洋博の際にも検討されたが、結局、昭和天皇の名代として皇太子夫妻が来沖する。皇太子は海洋博名誉総裁でもあった。しかし、1975年7月17日、ひめゆりの塔参拝時に、新左翼系活動家から火炎瓶を投げつけられる事件が起きている。

自衛隊に対する県民感情も複雑なものであった。復帰後半年以内に、航空自衛隊を中心として3200名、最終的には6400名が駐屯する計画となっていた。役所での自衛隊員の住民登録拒否運動や、若夏国体の際には他県選手団に加わっていた自衛隊員に対する参加拒否運動なども起こる。

NHK「沖縄住民意識調査」によれば、自衛隊について72年5月には賛成28%に対して反対60%、翌年4月には賛成23%、反対60%であった。

天皇や自衛隊に対する複雑な感情の背景には、革新支持者だけでなく、保守支持者も含め、沖縄戦における「皇軍」の行為への不信があった。復帰過程での日本政府への疑心もあったが、すでに、住民の視点による沖縄戦認識が確立していたからである。海洋博での皇太子夫妻来沖の際には、沖縄と天皇についての議論が地元新聞・雑誌などで盛んに行われていた。

他方で、海洋博開催直前の75年６月には、摩文仁の沖縄戦跡国定公園内に沖縄県立平和祈念資料館が開館する。復帰前から行われていた民間の資料館設立運動とは別に、復帰事業を推進する政府の意向を受けて建設が進められたものである。同館は、皇太子が南部戦跡を訪れた際の公式訪問コースにも設定されていた。

ひめゆりの塔事件，1975年７月17日　ひめゆりの塔を参拝中の皇太子夫妻に，壕から「沖縄人自身による沖縄解放」などを訴えた新左翼系活動家２名が火炎瓶を投げつけた

ここでの展示は、日本軍関連の遺品が中心であり、一般住民の戦場体験に関わるものはなかった。そのため、自治体史の戦争記録に携わっていた研究者を中心に批判が起こる。地元紙などにも取り上げられ、展示変更を求め沖縄世論が高まっていく。

76年６月、沖縄県は学識

経験者を含めた運営協議会を発足させ、さらに県内歴史研究者を中心とした専門委員会による調査・議論を経て、78年10月に住民の戦争体験を重視した新展示がオープンした。

調査が行われていた77年は、沖縄戦戦没者の三十三回忌にあたり、「ウワイスーコー（終わり焼香）」と呼ばれる区切りの年であった。この時期に展示問題が起こったことによって、復帰前後には語らなかった人たちが証言を行い、新たな事実も明らかとなっていった。

沖縄学・沖縄史研究――自明化した復帰論

沖縄では復帰前後の本土批判のなかで、「反復帰」論や独立論が起こるなど、沖縄と日本との関係は大きく揺らいだ。しかし、不満が噴出しつつも復帰実現後は、「日本のなかの沖縄」という位置付けを受け入れる。そのなかから沖縄アイデンティティの模索が行われていく。

70年代半ばは、復帰後数年が経過し、海洋博、CTS問題などのなか、復帰の是非が問われ、総括が試みられた。また、海洋博への皇太子来沖を契機に、天皇論議も行われた。戦前はもちろん、戦後も復帰という日本化のなかで、自ら抑圧し続けてきた沖縄アイデンティティが立ち上がってくる。

こうしたなかで意識されたのが沖縄学である。76年には沖縄学の父とされる伊波普猷の生誕100年顕彰運動が行われた。そこでは日本を相対化するのではなく、日本のなかにいかに沖縄を位置付け直すかに重点が置かれていた。

沖縄学の一つの核である沖縄史研究も、沖縄を正面から扱ってこなかった日本の歴史学界を批判しつつ体系化がされていく。それは、沖縄史研究を「本土」の歴史学のレベルに引き上げたうえで、日本史のなかに沖縄史を位置付けていく作業であった。そのなかで大きな役割を担ったのが、東京大学社会科学研究所を経て、73年に沖縄大学に赴任したマルクス主義歴史学者の安良城盛昭《あらきもりあき》である。

安良城の歴史学は、日本のなかに沖縄をどのように位置付けるかの追求であった。安良城の主張は、明治政府のもと沖縄が強制的に日本に組み込まれた琉球処分をめぐる理論から端的に見て取ることができる。

安良城は、従来の「琉球処分」論や『沖縄県史』には「版籍奉還なき廃藩置県」という視点が欠けていたと批判。琉球処分は「上からの・他律的な・民族統一」と規定する。以後、沖縄史研究は、民族論、マルクス主義的歴史観の拘束が強まっていく。その結果、「民族統一としての復帰」は自明のものとされ、沖縄の日本帰属自体を疑問視することが難しくなっていく。

また、米軍統治期については、74年に沖縄大学に赴任した新崎盛暉により住民運動を軸とした通史が主流となっていく。そこでは沖縄戦後史は一貫した保革対立の歴史として描かれ、戦後の帰属については復帰論が正統とされ、独立論、「反復帰」論などは傍流とされていく。

観光と結びついた文化の再評価

復帰後、沖縄文化のシンボルとして首里城《しゅりじょう》の復元が行われた。そこには観光に寄与することへの期待も大きかった。

首里城は、沖縄戦に際して地下に第32軍司令部壕が置かれ、米軍の攻撃によって焼失、破壊されていた。戦後、城跡には琉球大学が設立され、58年に再建された守礼門《しゅれいもん》だけがその記憶を残していた。復帰が具体化するなか、琉球政府文化財保護委員会が首里城及びその周辺戦災文化財の復元計画を策定し、日本政府へ正式に要請する。

73年には屋良知事を会長として首里城復元期成会が結成され、政府に対する継続的な要請活動が行われていく。その実現は、復帰20年の92年のことである。

他方で、海洋博に向けて本土企業による土地買占めや乱開発が社会問題となるなか、73年7月、「①沖縄の文化と自然を破壊、汚染する乱開発を告発し、島ぐるみの世論を形成する②国、県、市町村、関係機関、企業に対する要請、その他目的達成に必要な実践活動」を目的に、「沖縄の文化と自然を守る十人委員会」(阿波根朝松《あはごんちょうしょう》・沖縄文化協会会長、天野鉄夫《あまのてつお》・沖縄県緑化推進委員会常任委員長、池原貞雄・琉球大学教授、真栄田義見・沖縄大学理事長、源武雄《みなもとたけお》・前琉球政府文化財保護委員長、宮里悦《みやざとえつ》・沖縄婦人連合会長、仲松弥秀《なかまつやしゅう》・琉球大学教授、新屋敷幸繁・沖縄大学教授、豊平良顕《とよひらりょうけん》・県史編集審議会長、高宮廣衛《たかみやひろえ》・沖縄国際大学教授)が結成される。

この委員会は、いかなる個人・団体からも経済的支援を受けず、超党派、超イデオロギーの立場から、政治行政に関わる問題についても積極的な発言を行っていくとされた。

豊平良顕は、『『沖縄は、沖縄人のもの』という沖縄ナショナリズムの意識』を重視しつつ、一方でそれは「決して反日本、非国民的なものとは思わない」と主張した（『沖縄喪失の危機』）。「日本のなかの沖縄」を前提としながら、「沖縄の思想」を形作るものとして文化と自然を守ることを訴えたのである。

十人委員会は、海洋博やCTS問題など、自然破壊をともなう観光開発、工業開発への厳しい批判を展開した。また、仲泊貝塚など埋蔵文化財を含めた文化財保存を積極的に主張した。その根幹には「沖縄の文化と自然破壊は沖縄喪失である」という認識があった。ただ一方で、裏返すと、源武雄が主張した「美しい自然、それに祖先が残した文化遺産、それを巧みに活用するのが観光開発の正しい在り方ではないか」というように、積極的な観光開発に繋がるものでもあった（同前）。

他方で、海洋博で、「海やかりゆし――波の声もとまれ、風の声もとまれ」をテーマに沖縄県のパビリオン・沖縄館が設置された。この構想を主導したのは、沖縄史料編集所長として県職員の立場であった芥川賞作家大城立裕《おおしろたつひろ》であり、現場で実際に中心となったのは沖縄史料編集所職員の高良倉吉《たからくらよし》であった。

沖縄館は、先史時代からの沖縄と海との歴史・文化を展示し、14～16世紀の「大交易時代」における琉球人の活動だけでなく、海が戦争の道ともなった負の側面にも触れられていた。それは、沖縄学における歴史研究の成果を組み込んだものである。沖縄館の展示は、海洋博という観光イベントと結びついて実践されたものであり、観光と結びついた文化の表象方法に先鞭をつけるものでもあった。

第６章　保守による長期政権——変わる県民意識 1978～90

1　西銘順治の当選と世論

保守の勝利——10年振りの〝奪還〟

平良幸市知事の病による辞任を受けて、１９７８年12月10日、沖縄県知事選が行われた。保守は、68年の主席公選で屋良朝苗に敗北し、70年の国政参加以来、衆議院議員を３期務めていた自民党の西銘順治が出馬。革新側は県議会議長で社大党の知花英夫《ちばなひでお》が立候補した。選挙は、自民党、新自由クラブ、民社党、社民連の西銘陣営と、社大党、社会党、共産党、公明党の知花陣営との一騎打ちとなった。結果は、２万６０００票余の差をつけて西銘が当選。保守が県政を10年ぶりに奪還する。

その背景には、復帰後のインフレや失業問題、海洋博による不況の深刻化など、経済悪化への不満と不安から、西銘に日本政府との緊密な連携が期待されたことがある。前年７月の参議院選挙（１人区）では、現職の自民党・稲嶺一郎が革新共闘候補の福地曠昭《ふくちひろあき》（沖教組書

知事選に勝利し万歳をする西銘順治（中央），1978年12月11日　西銘は1961年に40歳で那覇市長に当選．保守のホープとして68年屋良朝苗と主席選を争うが落選．その後70～78年衆院議員を経て知事に．知事在任78～90年（3期）．退任後も衆院議員（93～96）を務めた

第3回沖縄県知事選結果　1978.12.10

西銘順治	知花英夫
保守	革新
284,049	257,902

記長）を抑えて再選していたが、那覇市、沖縄市、浦添市《うらそえし》など革新地盤といわれた地域でも保守票が勝っていた。

76年末には、県内10市のうち8市が革新市長であった。だが、77年から知事選を年末に控えた78年にかけて、宜野湾市、沖縄市、平良市、石川市など、革新の牙城とされた地域で次々と保守市長が誕生していた。西銘知事の誕生はそうした一連の流れのなかにあった。

西銘は、沖縄経済の不振を「革新県政10年」の結果だと批判。そのうえで、国と緊密な県政を確立し、国庫支出の増額、大型公共事業の実施などを訴えていた。

安保・基地の問題については、その存在を認めたうえで議論を深める必要があるとし、安保廃棄・基地撤去を訴える革新陣営とは決定的に異なっていた。ただし、西銘は自立経済の確立、米軍基地の整理統合など、従来保革を超えて要求してきたことは踏襲していた。これは、その後の県政の実態を見ていくうえでも重要である。

国との緊密な連携——経済、教育、自衛隊

西銘県政は実際に国との緊密な連携をもたらした。

西銘は沖縄県立第二中学校から旧制水戸高等学校に進学し、さらに東京帝国大学法学部で学んだ。彼の学閥人脈や、衆議院議員時代に属していた田中派の人脈を生かし、積極的な利益誘導型政治を展開する。それは国庫支出の増額に顕著に表れてくる。

第1次沖振計（72〜81年度）の沖縄振興開発事業費の合計は、約1兆2500億円で年平均約1250億円であった。それを革新県政期（72〜78年度）と保守県政期（79〜81年度）の平均で比較すると、それぞれ約938億円と約1975億円であり、保守県政になってほぼ倍増している（『沖縄開発庁十年史』）。西銘県政は、10年間の時限立法であった沖縄振興開発特別措置法の延長を求め、国の方針との一体化を強めていく。

西銘県政期の国との一体化の象徴が学校現場である。

75年12月、文部省が学校教育法施行規則を公布し、翌年の主任制実施を通達すると、学校

への管理運営体制の強化に繋がるとして、日教組および加盟県教組などを中心に主任制反対闘争が起こった。

屋良革新県政下にあった沖縄では、76年2月23日に県教育長と沖教組・高教組各委員長との間で「『主任制度』については、現場職員および教育団体の合意なしに一方的には実施しない」という協定書、確認書が締結され、実施は見送られていた。

だが、47都道府県のうち、京都府と大阪府が80年4月から実施し、沖縄県が全国で唯一の未実施県となると、沖縄県教育委員会は10月からの実施を発表する。その後、沖教組・高教組との交渉で一旦凍結となるが、翌年4月に主任制実施が強行されたのである。

また、革新県政下で実施されていなかった自衛官募集業務も西銘県政下で開始される。79年1月、西銘知事は自衛官募集業務受け入れを表明したが、県議会で野党が多数を占めるなかで実現できなかった。しかし、後述する80年6月の県議選で保守与党が多数を占めると、12月の県議会で自衛官募集業務費を含む補正予算が可決され、翌年1月から募集業務が開始される。復帰直後には大きかった県民の反自衛隊感情も、自衛隊による不発弾処理や離島急患輸送などが行われるなかで、次第に落ち着きつつあった。

こうした国との緊密な連携は、経済的な結びつきの強化のためでもあり、これが西銘県政の特徴ともなる。ただし、安保・米軍基地、自衛隊の容認と、後述する米軍基地の整理統合要求や基地被害への抗議は分けて考える必要がある。

県内選挙の保守連勝

80年6月8日に行われた県議選（定数46）は、保守系与党24議席（自民20、民社1、保守系無所属3）、革新系野党22議席（社大8、社会6、共産4、公明2、革新系無所属2）の結果となった。県議会でも保守が革新を逆転し、西銘県政の基盤は安定する。また、県内10市のうち、80年11月にはさらに浦添市が保守市政となり、8市を占めていた革新市政は那覇市、名護市、石垣市の3市のみとなった。

第4回沖縄県知事選結果　1982.11.14

西銘順治	喜屋武眞榮
保守	革新
299,022	285,707

第5回沖縄県知事選結果　1986.11.16

西銘順治	金城 睦
保守	革新
321,936	252,744

NHKの意識調査「本土復帰10年の沖縄」によれば、82年に復帰をして「よかった」が63％と「よくなかった」32％を再び上回った。それは1期目の西銘県政の評価を示すものであったともいえる。82年11月14日の沖縄県知事選挙では、2期目をめざす現職の西銘順治に参議院議員の喜屋武眞榮が革新共闘候補として出馬し一騎打ちとなった。結果は西銘が1万3000票余差で勝利する。

それ以降、80年代の県知事選、県議選で保守の優位は揺るがなかった。

84年6月の県議選（定数47）は、保守系与党26議席（自民20、保守系無所属6）、革新系野党21議席（社大8、社会5、共産4、公明3、

革新系無所属1）の結果となり、県議会の与党安定多数を確保する。

86年11月16日、西銘が3期目をめざした県知事選も、革新共闘候補の金城睦に6万9000票余の大差で勝利する。西銘県政は圧倒的な県民の信任を得て一層盤石となった。

さらに、88年6月12日の県議選（定数47）は、保守系与党25議席（自民18、民社1、保守系無所属6）、革新系野党22議席（社大6、共産6、社会4、公明3、革新系無所属3）の結果となり、3期続けて保守の勝利となった。

国政選挙の革新優位――絶妙のバランス

一方で、国政選挙では70年代以来の革新優位が続いていた。70年11月の国政参加選挙では、衆議院（沖縄県全県区定数5）は保守2議席（自民）、革新3議席（社大、社会、人民）、参議院（改選ごとに定数1）は自民党と革新共闘候補が1議席ずつ獲得していたが、その勢力図がそのまま維持されていく。

衆議院は、76年12月の選挙で、革新の1議席が社大から公明に代わり、社会、共産、公明の3議席となるが、西銘県政期には、革新が過半数の3議席を維持し続けた。

参議院選挙区では、3年ごとに1議席が争われるため、毎回保革の激しい選挙戦となるが、県民は保革の候補を交互に当選させ、1議席ずつを維持させる。例外は、喜屋武眞榮の県知事選出馬にともなう82年11月の補欠選挙で、自民党の大城眞順《おおしろしんじゅん》が勝利したが、翌83年6月の参議院選で喜屋武眞榮が出馬し当選。自民党の２議席独占は約半年にとどまり、再び保革１議席ずつとなった。

西銘県政期の県内選挙と国政選挙における県民の投票行動の微妙な差は、西銘県政や保守市政には、積極的な予算獲得による経済問題の解決を期待し、国政では革新政党に基地問題の解決を主張してほしいという、県民世論の絶妙なバランスと言うことができる。そして、基地問題は、西銘県政にとっても常に突きつけられる課題であった。

2　保守県政12年間の試み――国と県民要望の整合

米軍基地問題――政府への協力

日米安保体制は、１９７８年11月に「日米防衛協力のための指針」（通称「旧ガイドライン」）の合意によって、さらに緊密なものとなった。翌年のイラン革命やソ連のアフガニスタン侵攻により、冷戦が新たな局面を迎えようとするなか、さらに沖縄周辺で日米合同演習が行われるなど、沖縄への負担は増大していく。そうしたなかの82年２月、嘉手納基地周辺住民が、夜間飛行差し止めと損害賠償を求めて提訴する（「嘉手納基地爆音訴訟」）。

他方で、77年に５年間延長された公用地暫定使用法の期限が、82年５月14日に迫っていた。政府・自民党は、安保条約に基づく特措法として52年に制定され、62年の神奈川県での事例を最後に使用されなくなっていた駐留軍用地特別措置法を沖縄に適用。土地所有者が署名を拒否した場合、市町村長が「代理署名」を、市町村長が拒否の場合、知事が「代理署名」を行うことで、強制使用を可能とする。保守県政下、その手続きは円滑に進められ、さらに5年間の強制使用が行われた。

さらにはこの法によって強制使用された場合、強制使用期間の損失補償金が一括前払いされることになる。反戦地主（契約拒否地主）にとっては、毎年の増加分が反映されず、一時的な所得増による課税負担など、一層の不利益を被ることとなった。それに対して、6月には一坪反戦地主会が発足。反戦地主の土地の一部を持ち分登記によって共有し、反戦反基地運動を拡げようとするものであり、個人を基礎とする新しい住民運動の流れを汲むものであった。

その後も、駐留軍用地特別措置法に基づく強制使用の期限である87年5月14日に向けて、日本政府は強制使用手続きを続ける。85年8月5日、那覇防衛施設局長は反戦地主の土地を20年間強制使用する裁決を沖縄県収用委員会に申請する。だが87年2月24日、沖縄県収用委員会は適正補償の面から10年間に期間を縮める裁決を行う。いずれにせよ、反戦地主の土地は、97年5月14日まで引き続き強制使用されることとなる。

こうしたなか「20年強制使用反対闘争」が起こり、革新系団体の組織運動と市民個人参加による住民運動が連携し、87年6月21日には、嘉手納基地周囲17・5キロを約2万5000

名の「人間の鎖」で取り囲む嘉手納基地包囲大行動が実施されている。

対米軍への姿勢――県民多数の要望

西銘知事は、安保体制を容認してはいたが、過度な沖縄への基地負担に対しては、日米両政府に改善を要求する姿勢を示していた。それは保革対立を超えて県民多数が求める要望でもあった。

第5章で触れたように、「5・15メモ」という施政権返還に際して、日米の間で沖縄米軍基地の使用条件を取り決めた秘密文書があった。メモの存在が徐々に明らかとなるなか、平良知事時代の78年2月に沖縄県は国に公開を求め、5月に一部要約が公表されていた。西銘知事も具体的な基地使用協定の締結をあらためて求めるなかで、79年5月、国に全文公開を求めている（実現は97年7月）。

79年3月には、在日米軍に対して、米軍、那覇防衛施設局、沖縄県の3者による協議機関設置を提案。米軍の同意を得て、7月には3者連絡協議会が発足。以降、沖縄現地に置かれたこの協議会で、航空騒音対策、基地整理統合、演習安全確保のほか、下水道問題も議論されていく。

この下水道問題とは、78年1月に米軍が水道の支払いを上水道メーターから下水道メーターに切り替えたため、計測可能な水量が激減して沖縄県の収入が3分の1となったことをいう。沖縄県は3者連絡協議会で善処を求め、さらに外務省と防衛施設庁に訴えるが不調に終わる。結局、沖縄県が水道栓閉栓という強硬手段を示唆することによって、日本政府もようやく動き、80年12月の日米合同委員会で元に戻すことで合意にいたった。

この同じ月には、対米放棄請求権問題も解決する。沖縄返還協定では沖縄の米軍統治期の土地強制接収や軍人・軍属による被害に対する請求権は放棄するとされていた。そのため73年5月に沖縄県知事と県内全市町村長により沖縄返還協定放棄請求権等補償推進協議会が設立され、放棄分の補償を日本政府に求めていた。

80年8月に沖縄開発庁が陸上分の補償額77億円を提示すると、西銘知事は120億円を主張。最終的に西銘知事の要望が入れられ、特別支出金の措置が決まる。81年6月には基金運用のために社団法人沖縄県対米請求権事業協会が設立されている。

訪米による要請――基地問題解決の模索

さらに、西銘知事は基地問題解決を要請するため、85年5月31日から6月21日に、沖縄県知事として初めて訪米する。西銘知事は、キャスパー・ワインバーガー国防長官と会談を行ったほか、リチャード・アーミテージ国防次官補、ポール・X・ケリー海兵隊総司令官、マイケル・アマコスト国務次官らと面談。キャンプ・シュワブ、キャンプ・ハンセンでの実弾演習中止、綱紀粛正、普天間飛行場返還など具体的な要請を行った。こうしたワシントンで

基地問題で米に談判

沖縄知事「整理・縮小を早く」

【ワシントン五日＝岩村特派員】西銘沖縄県知事は五日、米国務省にアーマコスト次官（政治担当）、シャーマン国務次官補代理（東アジア・太平洋担当）を個別に訪ね、同県内の米軍基地の整理・縮小を要請した。同県知事が訪米して基地問題の解決を米政府高官に直接伝えたのは初めてのことで、七日にはワインバーガー国防長官と会見して同様の申し入れをする。

四日深夜にワシントンに着いた西銘知事は、国務省への要請の中で、在日米軍の常時使用基地の七五％が沖縄県に集中していると指摘。米中関係の正常化や朝鮮半島の南北直接対話などによって極東情勢は大きく変わっているのに、基地の整理・縮小が進まないのは残念だとして、米政府の対応を強く促した。

西銘知事

とくに同知事は、那覇港の施設返還と、道路拡幅の障害になっている那覇、宜野湾両市間のパイプラインの撤去を急ぐよう求め、基地内での演習についても実弾演習は控えるよう申し入れた。

また米軍関係者による犯罪にも言及し「もっと規律正しくして、質のよい兵員を出すようにしてほしい」と要望。基地内にある米メリーランド州立大の分校に地元の住民や東南アジア諸国からの留学生も受け入れるよう検討を求めた。

これらに対しアーマコスト次官は「知事が基地問題で協力的に対応していることを評価する」と述べ「要請はシュルツ国務長官にもよく伝える」と答えた。

西銘知事と米政府高官との交渉を伝える記事，『朝日新聞』1985年6月6日
沖縄県知事が訪米し，基地問題を直接交渉する端緒となった

の米国政府高官に対する要請活動の前後には、サンフランシスコ、アトランタ、ハワイでの県人会式典や、沖縄県とハワイ州の姉妹提携調印式にも出席している。

西銘知事が3期目に入った直後の87年1月には、国頭村《くにがみそん》安《あ》波《は》で米軍演習場内への垂直離着陸戦闘機の離発着場（ハリアー・パッド）建設をめぐり、安波区民と米軍憲兵隊の間で衝突が起こる。西銘知事は日本政府と在沖米軍に、同年の海邦《かいほう》国体終了までの工事中断と建設地変更を要請、88年1月には伊江島案を提案する。

伊江村は89年5月、農業用大型ため池整備、住宅防音施設の区域拡大、医療保健センター建設など10項目（約45億円）の条件付きで建設を受け入れ、11月にハリアー訓練場は完成する。

この間、西銘知事は、88年4月17日から5月1日に2度目の訪米を行っている。フランク・カールッチ国防長官、ウィリアム・タフト4世国防副長官、アーミテージ国防次官補、アルフレッド・M・グレイ海兵隊総司令官、ジョン・ホワイ

トヘッド国務副長官ら米政府高官と会談。前回の訪米と同様に具体的な要請を行った。

西銘知事の訪米と並行して、86年に知事および基地関連市町村長による沖縄県軍用地転用促進・基地問題協議会が、「米軍基地の返還要望施設とその転用計画」をまとめ、日本政府に要請した。この計画では、13施設20件（約2000ヘクタール）の早期返還を求めていた。

90年6月、日米合同委員会が沖縄米軍基地に関する17施設23件（約1000ヘクタール）の返還リストを発表。主な返還施設は北部訓練所の一部、嘉手納弾薬庫地区の一部、キャンプ桑江《くわえ》の一部、恩納通信所、泡瀬《あわせ》ゴルフ場などであった。不十分ながらも西銘県政の成果であった。

西銘知事は、安保体制を容認のうえで負担軽減を要望し続けた。そのうえで重要施策として米軍基地の返還・再開発を掲げ、少しずつではあるが進展したのである。

たとえば那覇市・小禄金城《おろくかなぐすく》地区（全部返還は86年）、北谷町・北前《きたまえ》地区（全部返還は81年）は、83年度から土地区画整理事業が開始されている。那覇市・牧港《まきみなと》住宅地区（現那覇新都心地区）も、87年に全部返還となり、翌年に都市計画が決定され、92年度から土地区画整理事業が進められていく。後述するように、これらは近年、いずれも再開発の経済的成果として取り上げられる地域となっている。

他方で、米軍の新たな訓練施設の建設もあった。88年夏、米軍は恩納村でキャンプ・ハンセン演習場内への対テロ訓練、暴動鎮圧などを目的とした都市型訓練施設の建設に着手する。

恩納村は村長を先頭に反対運動を展開。保守与党が多数を占める県議会でも反対決議が行われ、建設工事は一時中断した。西銘知事も、日本政府、米軍に再考を要請するが、90年2月に米軍は都市型戦闘訓練施設を完成させた。しかし結局、反対運動の高揚のなか、92年には施設が撤去されることになる。

これら反対運動の現場となった国頭村や恩納村は、従来保守色の強い地域である。こうした地域でも、新たな米軍施設建設に対して激しい反対運動が起こるなど、米軍基地への反発は保守層にも根強く、西銘知事はそうした民意を無視できなかった。

大学設置と首里城復元

西銘知事は、基地問題や振興開発にともなう予算獲得に奔走する一方、県政の重要な柱として、国際交流と人材育成を打ち出す。

国際交流の面では、まず81年6月、財団法人沖縄県国際交流財団を設立する。主な事業は①海外移住の啓発、指導、②海外入植地の取得、③留学生、研修生の受け入れと派遣、④姉妹都市提携と友好親善であった。

また、82年5月には、従来の沖縄県育英会を解散して人材育成財団を発足させる。

さらに、沖縄県は国際センターの設置を計画し、81年1月には東南アジア歴訪中の鈴木善幸首相が国際センター設置を表明、85年4月、浦添市に国際センター（現JICA沖縄国際センター）が開設されている。

人材育成の面ではどうであったか。まずそれは県立芸術大学設立からみることができる。79年、西銘知事は、県議会などで県立芸術大学構想を発言するようになる。それから4年を経た83年、県立芸大設置準備委員会を発足させる。西銘の考えは「普通の県が普通の大学をつくるような発想ではない。沖縄の伝統文化、伝統芸能を残すために芸術大学をつくってそこで研究しながら保存し、さらに発展させることがどうしても必要」というものであった（『戦後政治を生きて　西銘順治日記』）。翌年には、大学設置認可申請を文部省に提出、86年4月からは1期生を迎えることになる。全国で2番目の県立芸術系大学であった。

85年、西銘知事は朝日新聞の取材で、「沖縄の心とは何か」と問われ、「それはヤマトンチュー（大和人）になりたくて、なりきれない心だろう」と答えている。この発言は、本土への沖縄県民の複雑な感情を表現したものとしてしばしば引用される。この思いは、就任直後の79年1月の地元紙「新春対談」でも語るなど、西銘の持論である。

ただし「沖縄をこよなく愛する心構えが大事なんじゃないでしょうか。だからヤマトンチュになりきれないわけだ」というように、その言葉は必ずしも悲観的な側面だけではない。むしろ、「ヤマトゥの文化に迎合することないですよ。〔中略〕誇りを持っていいですよ」に注目するべきであろう（同前）。県立芸術大学などの実現にはそうした意思が反映されている。

他方で西銘知事は、首里城の復元を進展させる。旧首里城内に設置されていた琉球大学の移転が77年から進められ、復元が具体化していく。82年からの第2次沖縄振興開発計画（以下、第2次沖振計）に「首里城跡一帯については、沖縄の歴史的風土及び文化財の保存等の観点から、それにふさわしい区域としての整備を検討する」ことが明記され、86年には首里城跡地約4ヘクタールを「国営沖縄記念公園首里城地区」として整備することが閣議決定された。さらに沖縄県が国営公園周辺約13・8ヘクタールを県営公園として整備することを庁議決定し、国営・県営を合わせた「首里城公園」の整備が進められる（92年11月、首里城公園は一部開園）。

首里城復元の目玉は正殿の復元であった。第5章で述べたように、復帰後の70年代には沖縄史研究が盛んになり、80年代になると、近現代史から前近代史へと研究の中心が移り、琉球王国の研究が文献史学、考古学などで盛んに行われていく。復元に際してはその成果が活かされていく。

西銘県政期は、70年代以降の沖縄文化の再評価が、県立芸術大学設立や首里城復元事業といった政治的文化事業に具体化していった時代でもあった。

海邦国体と日の丸・君が代問題

西銘県政の3期を通して行われた事業が国体開催であった。

すでに平良知事時代の78年、全国一巡最後の87年開催に向けて、県庁内に国体誘致検討委

6－1　卒業式における日の丸掲揚・君が代斉唱実施率　（%）

	小学校		中学校		高校	
	日の丸	君が代	日の丸	君が代	日の丸	君が代
沖縄 1985／3	6.9	0	6.6	0	0	0
全国	92.5	72.8	91.2	68.0	81.6	53.3
沖縄 1986／3	—	—	51＊1	0.7＊1	79.6	9.3
沖縄／4　＊2	70.2	1.2	74.4	1.9	94.8	6.9
沖縄 1987／3	95.3	3.9	96.8	5.7	94.6	8.9

註記：＊1中学校の日の丸・君が代の数値は小中学校の合計である．＊2入学式での数値

出典：新崎盛暉『沖縄現代史　新版』（岩波書店，2005年）を基に著者作成

員会が設置されていた。ここでは、自衛隊の参加・協力と天皇の出席が問題とされたが、翌年、革新野党が多数を占める県議会も全会一致で誘致決議を行い、西銘知事も国体誘致を推進し、80年1月、沖縄国体開催が決まる。沖縄県は国体準備委員会を設置し、「海邦国体」と銘打って準備が進められた。

　海邦国体の準備過程で起こったのが、「日の丸・君が代」「天皇来沖」という2つの問題である。国体と日の丸掲揚、君が代斉唱、式典への天皇出席は不可分であり、日本政府・文部省指導のもと、西銘県政はそれに応えようとする。

　国体開催決定後、沖縄県教育委員会・県教育庁は、中高生のスポーツ大会や、入学式、卒業式の際に日の丸掲揚を行うよう指導を強めていく。だが、文部省が実施した85年の卒業式、入学式での日の丸掲揚・君が代斉唱実施調査が9月に公表されると（6－1）、全国平均と比較して著しく低い結果に沖縄県教育委員会・教育庁は一層強い対応を迫られる。文部省は調査公表に先立って「国旗と国歌の適切な取り扱いの

徹底」を求める初等中等教育局長通知を各教育委員会に送っており、保守県政は繰り返し強く指導を行っていくことになる。

85年11月18日には、国旗掲揚・国歌斉唱を積極的に実施するように県教育長通知が各市町村教育委員会と県立学校長宛に出された。さらに翌86年1月20日、先の県教育長通知は県立学校長には事実上の職務命令、市町村教育長には指導助言であると解説した。

6-1から確認できるように、86年の卒業式・入学式には、日の丸掲揚の実施率は大きく上昇するものの、県の管轄下にある高校と比較して市町村管轄下の小中学校での実施率は低かった。そこで県教育庁は市町村教育委員会へのさらなる指導強化を行い、87年の卒業式では日の丸掲揚に限っては小・中・高校すべてで全国並みとなる。だが、君が代斉唱は、85年にすべて0%であった小・中・高校で微増したものの、その内実は君が代をオーディオテープで会場に流すというものであった。

昭和天皇の来沖中止

85年10月、上京した西銘知事は直接昭和天皇に「是非ご来県され、日本の戦後を終わらせてください」と国体時の訪問を要請した。昭和天皇にとって、沖縄県は唯一行幸を実現できていない県であった。

天皇来沖に向けて、86年8月には沖縄県警本部長に警視庁公安2課長であった菅沼清高《すがぬまきよたか》が着任し、警備強化も行われた。

天皇来沖が現実味を帯びるなか、沖縄にとって天皇・天皇制とは何かという関心が喚起され、さまざまな議論が起こり、天皇来沖反対運動も行われた。

だが、その後昭和天皇は体調を崩し、87年9月28日に国体出席中止が正式発表。皇太子夫妻が名代として出席する。

海邦国体秋季大会は10月25日から30日まで6日間開催され、沖縄県は総合優勝を果たす。だが、読谷村《よみたんそん》のソフトボール会場では後述する「日の丸焼き捨て事件」が起こっている。日の丸・君が代問題には、沖縄文化の再評価の一方で、日本が沖縄を包摂する一体化の動きには同調せざるをえないという、矛盾、限界を孕《はら》んだ西銘県政の特徴をみることができる。

3　復帰後の経済構造――振興開発と「格差」

第2次沖縄振興開発計画――製造業中心からの転換

何度か触れてきたが、沖縄振興開発特別措置法は10年間の時限立法であった。西銘知事は、公共事業の高率補助と税制上の優遇措置を柱とする沖縄振興開発計画の延長を日本政府に求めて実現し、1982年6月30日には第2次沖縄振興開発計画（以下、第2次沖振計）の沖縄県案が庁議決定される。

県案策定段階における国との調整では、米軍基地の「計画的」整理縮小と「国の責務」の明文化をめぐり難航し、いずれも入れることはできなかった。だが、「国の責務」については引き続き西銘知事が明記を要請して組み込まれ、8月5日、第2次沖振計は閣議決定される。

では、第2次沖振計はどのようなものであったのか。

「計画の目標」には、第1次と同様の「各面にわたる本土との格差の是正」「自立的発展の基礎条件を整備」に、「新しい生活像を目指」すという言葉が加えられている。ハード面の整備だけでなく、ソフト面の整備も進めていくという方針の表れであった。

また、県内純生産の目標を、80年度（基準年度）の1兆2800億円から91年度に2兆4000億円にほぼ倍増させるとしている。産業別県内純生産の構成比は、80年度の第1次産業6％、第2次産業22％、第3次産業75％から、91年度にはそれぞれ6％、24％、73％。第2次産業のウエイトが若干高まるが大幅に変化せず全体的に発展するものとした。この経済フレーム目標は県案がそのまま踏襲され、屋良県政期の第1次沖振計以上に事前調整が円滑に行われていたことがうかがえる。

産業構成比の維持は、復帰以前の50年代末からの製造業を中心にした第2次産業重視の経済計画が終結することを意味していた。沖縄経済は、公共事業、観光業をベースに、維持拡大させる方向に転換したのである。そのなかで「3K」といわれた公共事業、観光、基地に依存した経済が80年代に固定化していく。

予算は、82年度から91年度までの沖縄振興開発事業費総額で約2兆1500億円となり、単年度平均で約2000億円の国家予算が計上されていく。第1次沖振計の末期に保守県政移行によって倍増した予算は、第2次沖振計でも引き続き維持されていく。

インフラ整備——中城湾港開発と大那覇空港・新石垣空港建設

西銘知事は79年の年頭会見のなかで、中城湾港開発と大那覇空港建設の2つを県政の最優先プロジェクトとして掲げた。特に前者については、本土からの旅客中心の那覇港、離島航路の泊港とは別に流通港湾を整備することは重要懸案であり、すでに第1次沖振計から「本島の東海岸の適地に、臨海工業の進展に対応して、工業港の新設を検討するとともに、中南部圏において、貨物の輸送需要の増大に即応して、那覇港の整備を考慮のうえ、流通港の新設を検討する」ことが掲げられていた。

80年7月に沖縄県は中城湾港開発基本計画を決定する。84年に第1次埋立工事が着工、89年には第1次の分譲が開始されている（94年3月、第1次埋立工事竣工）。

他方で那覇空港は滑走路1本のみであり、しかも自衛隊との共用で制約が多く、民間専用化もしくは滑走路増設は不可欠と考えられていた。さらに79年10月には県庁にモノレール建設準備室を設置して知事選の公約にも掲げた都市モノレール建設促進を沖縄開発庁に要請していく。しかし、那覇空港と都市モノレールについては、西銘知事の任期中には進展はなかった。

大型の開発計画としては、新石垣空港建設計画も打ち出された。戦時中の海軍飛行場を基にした既存の石垣空港は滑走路が１５００メートルと短く、大型機が離着陸できなかった。そのため産業・観光振興には限界があり、周囲の市街地化による騒音も問題となっていた。79年、沖縄県は石垣島東部・白保《しらほ》集落の沖合に新空港を建設する計画を発表（白保海上案）、82年には運輸省が新空港設置を許可する。それに対して、地元住民や環境団体、研究者などによって八重山・白保の海を守る会が結成され、反対運動が展開される。

88年には国際自然保護連合の総会で新空港の計画見直しを求める決議が採択されるなど、世界から注目を集めるなかで、89年４月、白保海上案は撤回される（その後、２０００年３月に最終計画地が決定）。

大型施設誘致と高速道路建設

大型港湾・空港開発が思うように進まないなか、西銘県政で象徴的なのは、いわゆる「箱物」としばしば批判される大型施設の誘致、建設であった。すでに触れた国際センター、県立芸術大学や、国体誘致で主会場となる競技場建設なども、そうした一つであった。

また沖縄の地理的条件を生かして各種会議を誘致するため、83年度にはコンベンションセンターの建設計画を策定し、87年には第1期工事（展示場、会議棟）、90年には第2期工事（劇場棟）が竣工し、グランドオープンしている。

さらに「東南アジアへの南の玄関口に当る地理的条件」（第2次沖振計の言葉）を生かすため、88年にはフリーゾーン（自由貿易地域）を開設した。フリーゾーンの先達である香港を意識し、ポスト香港としての期待も大きかったが、規模が小さく、国の規制も多かったため、期待された効果は挙げられなかった。冷戦終結前で、グローバル経済の発展途上であったことを考えると、時期尚早であった。

そのほか、厚生年金休暇センターを佐敷町《さしき》（現南城市《なんじょう》）に、職業訓練短期大学を沖縄市にそれぞれ誘致している。さらには、西銘が3期を通して実行したのが県庁新庁舎建設であった。80年に新庁舎構想を具体化し、86年7月に着工、90年1月には行政棟が落成している。

こうした大型プロジェクトが注目されがちだが、第2次沖振計に基づき、毎年約2000億円の予算が計上され、道路建設・舗装や上下水道、学校校舎等の整備のほか、漁港整備や離島架橋なども進められた。その成果は後述するように着実に表れた。沖縄自動車道も海洋博に合わせて許田《きょだ》IC—石川IC間が開通していたのみだったが、79年3月には石川IC—那覇IC間の工事が着工、87年10月に開通している。

倍増する観光客——リゾートホテル建設ラッシュ

一方で、西銘県政期には、観光業が一層発展した。78年に約150万人だった沖縄県への入域観光客数は、90年には約296万人と倍増。観光収入も約1110億円から約2689億円と約2・5倍に伸びる。それにともない、空港、港湾、道路の整備や、宿泊施設、交通業をはじめとした観光関連産業も拡大した。80年代には恩納村を中心とした西海岸にリゾートホテルが次々と建設されていく。

85年のプラザ合意以降の急激な円高と内需拡大政策によって、日本全体がバブル経済へと向かうなか、87年6月に総合保養地域整備法（リゾート法）が施行される。沖縄県は「リゾート沖縄マスタープラン」を策定して第3セクター・ブセナリゾート株式会社を設立し、90年11月に「総合保養地域の整備に関する基本構想（沖縄トロピカルリゾート構想）」の承認申請を行い、翌91年11月に国土庁から承認された。だが、80年代の沖縄の実態はすでにそれに先んじていたともいえる。

83年3月25日には沖縄経済同友会が200名余の会員によって設立される。「復帰十年が過ぎ日本経済の一環になったという時期的成熟、産業振興や社会開発に期待される経済人の参画など、沖縄の今日的課題と将来について提言し、その実現の一翼を担わねばならないという、熱意から」設立準備が進められ、結成にいたった（『沖縄経済同友会30周年記念誌』）。

既存の沖縄県経営者協会などが復帰前からの財界の重鎮が中心となっているのに対して、沖縄経済同友会には昭和生まれ以降の比較的若い経営者が集まり、活発な議論を展開していく。

所得構造の変化

復帰後、沖縄振興開発が進められたことで、90年代を迎える頃には沖縄の経済構造は大きく変化した。県民総所得は72年度の約5013億円から90年度の約2兆9051億円へと約5・8倍に増加する（巻末資料・付録①を参照）。

内訳を具体的にみていくと、県民総所得に占める基地関係収入（軍関係受取）は、72年度には約777億円で15・5％を占めていたが、経済規模拡大とともに漸減し、90年度には約1425億円で4・9％と3分の1にまで低下する。軍用地料、軍雇用者所得は漸増し続けたが、経済規模の拡大がそれを大きく上回ったのである。

「基地経済」という言葉は、特に保革対立のなかでは、革新側からは安保・基地を容認する保守への批判として、一方、保守側からは基地がもたらす経済的恩恵として、双方から使われてきた。だが、数値に示されるように、90年代に入る時点で基地への経済依存度は相当程度下がっていた。

そうしたなかで注目しておきたいのは、観光業の推移である。

入域観光客数は、72年に約44・4万人であったのが、海洋博開催年の75年に約156万人を記録。その後、いったん減少するが海洋博後の79年には約181万人を記録し、90年には約296万人にまで増加する。

それにともない、観光収入も、72年度に約324億円で県民所得の6・5％であったものが、75年度の海洋博特需を除くと、78年度に基地関係収入を上回り、79年度には約1507億円で10・3％にまで比重を増す。その後も8〜9％台で推移し、90年度には約2668億円で9・2％と、基地関係収入の2倍近くなっていく（巻末資料・付録①を参照）。

本土との経済格差の固定化

では、社会資本整備は沖縄振興開発計画によってどれくらい充実したのだろうか。

復帰の段階で沖縄は、国道整備率・舗装率や上下水道普及率はすでに全国平均よりも高かった。これは沖縄の国道が復帰前は軍道として米軍管理下で整備が進められたこと、上下水道は復帰前から各市町村が琉球政府、米軍、日本政府の援助金などを受け整備が進められてきたことによる。だが、その他の面では本土との格差は大きかった。

道路は県道整備率・舗装率が低く、公園・農業基盤・教育施設・医療施設はいずれも低水準であった。また、住宅も居住空間の狭さが際立つ。これらは、沖縄振興開発計画による社会資本整備投資によって、80年代末までにはいずれも大幅に改善される。こうした公共事業が集中的に行われるなかで、第2次産業のなかでも建設業の比重が大きくなっていったことはすでに指摘した通りである。

6－2　沖縄振興開発計画による社会資本整備の進捗状況

		復帰時			1989年		
		沖縄	全国	格差	沖縄	全国	格差
道路	国道整備率（%）	93.3	85.9	108.6	98.7	87.4	112.9
	国道舗装率（%）	91.4	90.4	101.1			
	国・県道舗装率（%）	46.3	64.4	71.9	77.2	58.0	133.1
	県道整備率（%）	38.1	50.8	75.0	79.7	55.7	143.1
	県道舗装率（%）	32.2	57.8	55.7			
	市町村道改良率（%）	22.6	18.3	123.5	48.8	43.3	112.7
住宅	世帯当り住宅数（戸）	1.06	1.05	101.0	1.11	1.11	100.0
	1人当り畳数（畳）	4.47	6.61	67.6	7.66	9.55	80.2
下水道	下水道総人口普及率（%）	19.0	18.5	102.7	44.7	44.0	101.6
上水道	上水道普及率（%）	89.2	84.3	105.8	99.6	94.7	105.2
し尿処理施設	施設処理率（%）	3.2	77.8	4.1	66.4	89.6	74.1
公園	都市計画区域内人口当り公園面積（㎡）	0.8	2.9	27.6	4.55	5.84	77.9
農業基盤	農地の整備率（%）	1.4	17.3	8.1	17.0	35.7	47.6
教育施設	小・中学校校舎（全国＝100）	77.7	100.0	77.7	99.3	100.0	99.3
	小・中学校屋内運動場（全国＝100）	18.3	100.0	18.3	96.4	100.0	96.4
	高校校舎（全国＝100）	60.5	100.0	60.5	104.0	100.0	104.0
	小・中・高学校プール（%）	7.0	42.3	16.5	44.9	77.5	57.5
医療施設	10万人当り病床数	583.6	1,029.9	56.7	1,558.4	1,356.5	114.9

出典：山本英治他編『沖縄の都市と農村』（東京大学出版会，1995年）を基に著者作成

そうしたなかで、経済構造の変化による負の側面も80年代後半には顕在化する。一人当たりの県民所得は、72年度には全国平均の60・0％であった。沖縄振興開発計画では本土との格差是正をめざし、75年度の73・7％をピークにいったん低迷し、80年代に入って70％台前半を推移するようになる（巻末資料・付録②を参照）。

他方で、完全失業率に目を向けると、第4章で述べたように、復帰前までの沖縄の完全失業率は全国平均を下回っていたが、復帰後は常に全国平均の約2倍、海洋博後の76〜78年度には約3倍を記録するなど、恒常的な求人不足、需要と供給のアンバランスが続く。沖縄振興開発によって社会基盤整備が進められ、経済規模が拡大したにもかかわらずである。こうした事態は、90年代以降、基地問題との関連で争点となっていく（巻末資料・付録③を参照）。

復帰後、米軍基地・自衛隊基地が所在する自治体には、日本政府から各種交付金、補助金、補償が拠出された。特に軍用地のなかで町村有地や区有地が多い本島北部の自治体には、多額の軍用地料が日本政府から支払われる。そのため、北・中部地域の自治体の日本政府に対する財政依存は恒常化していくことになる。実際、90年度決算の歳入総額に占める割合が10％を超えていたのは、恩納村（24・4％）、宜野座村《ぎのざそん》（40・3％）、金武町（39・5％）、読谷村（11・0％）、嘉手納町（24・5％）、北谷町（22・9％）、北中城村（22・7％）の北・中部の7町村であった（『沖縄の米軍及び自衛隊基地（統計資料集　平成4年3月）』）。

第2次沖振計では、第1次沖振計の倍の予算が投下された。その結果、さらに建設業が肥大化し、公共事業への依存度は高まった。しかし一方で、本土並みの社会基盤整備が進んだことで、新たな経済構想への基盤ができつつあった。

そうしたなかで、米軍基地の整理縮小による返還・再開発、沖縄が東南アジアへの〝玄関口〟になることによる経済的期待が高まる。どちらも80年代には思惑通りには進まなかったが、89年の冷戦終結以降、現実味を持つようになってくる。その背景には、80年代に沖縄ナショナリズムを昂揚させる文化政策が進み、「自立経済」への希求がさらに強まったこともあった。

4　近現代史をめぐる本土との意識差

天皇メッセージの衝撃と復帰10年

1979年、雑誌『世界』(4月号)に掲載された論文が、沖縄に大きな衝撃を与えた。そこには、米国国立公文書館所蔵の史料をもとに、47年9月に昭和天皇が米国へ2国間条約による沖縄の25年ないし50年、あるいはそれ以上の長期租借を申し出たとされる内容(いわゆる「天皇メッセージ」)が記されていたからである(進藤榮一「分割された領土――沖縄、千島、そして安保」)。

すでに日本国憲法が施行され、政治に関与していないはずの昭和天皇によって、「民族分断」が主張されていたのである。

以後、82年の復帰10年に向けて、再び沖縄と天皇、沖縄戦と皇軍の問題が議論されていくが、それはまた、復帰そのものを問い直す機会でもあった。

81年６月に刊行された雑誌『新沖縄文学』48号（沖縄タイムス社）の特集「琉球共和国への架け橋」は、川満信一と仲宗《なかそ》根《ね》勇《いさむ》による２つの憲法私（試）案を基にした座談会を掲載する。２人は復帰直前に「反復帰」論を主張していた。復帰10年を前にして、憲法私（試）案はあらためて復帰とは何だったのかを問い掛けるものであった。

１９８２年歴史教科書問題の波紋

第２章で述べたように、50年代に戦傷病者戦没者遺族等援護法が沖縄に適用され、軍人・軍属だけでなく、条件を満たせば一般住民も「戦闘参加者」としてそれに準じた扱いが行われることになった。それにより「戦闘参加者」も軍人・軍属と同様、靖国神社に合祀される。

79年12月、沖縄県戦災障害者の会（６歳未満）が結成され、本人の意思確認が難しいため適用除外とされてきた６歳未満の援護法適用を求める運動が始まる。81年８月には、満６歳未満の戦傷病者および戦没者遺族に対しても援護法が適用されることになる。それは同時に、満６歳未満であっても靖国神社に合祀されることを意味した。

82年６月以降、文部省が教科書検定に際して、「侵略」を「進出」と修正させたとする報

歴史教科書検定への抗議，那覇市，1982年９月14日　沖縄戦での日本軍による住民虐殺の記述削除に抗議し，県民大会を開き復活を求めた

道によって歴史教科書問題が起こり、中国との外交問題にまで発展する。当初報じられた世界史教科書を対象とした内容には誤りもあったが、その後、日本史教科書への検定で、中国への侵略を「進出」、朝鮮での３・１独立運動を「暴動」と修正させたことなどが明らかとなる。８月には歴史分野の検定に際して「近隣諸国条項」を追加することで決着が図られた。

このときの検定では、中国や朝鮮半島に対する内容だけではなく、日本軍による沖縄戦住民虐殺も削除されていた。また、出典とされた聞き取りの成果である『沖縄県史』が一級資料ではないと評価される。これらが報道されると、沖縄県内では検定への抗議、住民殺害記述の復活を求める運動が起こり、保守が多数を占める県議会も全会一致決議で抗議する。

「島ぐるみ」の抗議によって、記述は修正されたが、文部省は翌83年度の改訂検定では、「住民虐殺」だけでなく、「集団自決」の記述を加えるよう修正意見を付した。地上戦のなかで、一般住民が直面した戦争の悲惨な現実を重視する沖縄側と、日本軍との共生共死に重点を置こうとする国民史をめざす日本政府・文部省との考えの違いがここには表れている。

沖縄戦のさらなる伝承へ

沖縄戦認識が政治に翻弄されるなか、ひめゆり学徒隊の資料館建設運動が行われた。ひめゆり学徒隊は、映画『ひめゆりの塔』以来、沖縄戦イメージの中核となったが、生存者の経験とそのイメージはしばしば乖離し、実体験に即した継承の場が求められていた。

資料館建設への直接の契機は、80年に「あれから三十五年　ひめゆりの乙女たち展」（朝日新聞社、沖縄タイムス社の共催）が開催されたことである。82年には、ひめゆり同窓会総会で資料館建設が決定する。ひめゆり学徒隊の生存者は戦後その多くが教員となっていたが、早期退職をして建設運動に奔走する者もあった。89年、ひめゆり平和祈念資料館は開館。資料館には政治と一線を画するよう公的資金を入れないという理念が掲げられた。

83年12月8日には、子どもたちにフィルムを通して沖縄戦を伝える会（通称・沖縄戦記録フィルム1フィート運動の会）が設立される。米国国立公文書館などに所蔵されている沖縄戦記録フィルムを1フィートずつ購入しようというもので、思想・信条を問わず幅広い市民運動を展開するとされた。

発起人は、仲宗根政善、池宮城秀意、豊平良顕、牧港篤三《まきみなととくぞう》、大田昌秀、宮里悦、福地曠

昭、安仁屋《あにや》政昭《まさあき》、新崎盛暉、宮城悦二郎《みやぎえつじろう》、石原昌家《いしはらまさいえ》、外間政彰《ほかませいしょう》の12名であり、沖縄戦の当事者あるいは研究者としてこれまで深く関わってきた学者、教育者、ジャーナリストなどだった。13年3月15日の解散までに、約11万フィートが購入され、それをもとに『沖縄戦　未来への証言』や『ドキュメント沖縄戦』などの映画製作、上映活動が行われた。

さらには、80年代は自治体史や字誌が各地で作られていく時期であった。それらのなかで、戦時期の字集落と戸数や家族数を復元し、調査票に基づく聞き取り調査によって集落全戸の戦災状況を明らかにする悉皆《しっかい》調査（対象すべての調査）が行われていく。

沖縄戦のさらなる丹念な検証には、82年の歴史教科書問題における文部省の聞き取り軽視への反発もあった。

読谷村――1980年代沖縄の象徴

他方で、読谷村が80年代の沖縄を象徴する場所として注目される。

74年7月、県立高校の教員だった山内徳信《やまうちとくしん》が39歳で村長に就任し、以降、98年1月に大田県政下で県出納長となるまで6期23年半務める。山内は村長室に憲法9条（戦争の放棄）・99条（天皇・公務員の憲法尊重擁護義務）の条文を書いた掛け軸を掲げ、就任時に村総面積の73％を占めていた米軍用地の返還を求めて奔走する。

読谷村では戦時中に村民の土地を接収し日本軍が北飛行場を作っていたが、戦後も引き続き米軍読谷補助飛行場となり、パラシュート降下演習場として使用されていた。65年6月には自宅庭先で小学生女児が降下してきた米軍トレーラーに押しつぶされて圧死したのをはじめ、演習時に事故がたびたび起こっていた。村内には、面積としては最大の嘉手納弾薬庫のほか、トリイ通信施設、楚辺《そべ》通信所、瀬名波《せなは》通信所が存在していた。

山内村長は、77年にジミー・カーター米大統領への親書を送り、91、93、94、95年には渡米するなど、「自治体外交」を繰り広げた。その結果、読谷補助飛行場内に運動公園や村役場庁舎の建設を認めさせ、米軍不発弾処理場に「やちむんの里」を作り、陶工を招聘するなど、文化村づくりを推進した。山内の村長退任時には、米軍用地は47％に縮小した。

山内徳信（1935〜）　現読谷村生．琉球大学文理学部卒．高校教員を経て，読谷村長（74〜98）に．就任時，村総面積73％を占めた軍用地を退任時には47％まで減少させた．県出納長（98）を経て，社民党の参議院議員（07〜13）に

読谷村は沖縄戦での米軍の上陸地でもあった。読谷村には対照的な二つのガマ（洞窟）があった。その一つ、チビチリガマでは米軍上陸直後に「集団自決」が起こり、避難していた139名のうち83名が亡くなった。もう一つのシムクガマでは、約1000名の避難者が、ハワイ移民の経験を持つ2名の判断により米軍に投降し生き残っていた。

チビチリガマで一命を取り留めた数少ない生存者は、家族同士が手をかけた凄惨な現場の記憶を戦後語ることはなかった。だが、80

海邦国体 日の丸焼き捨て事件，1987年10月26日　読谷村でのソフトボール少年男子競技会開会式中，知花昌一は日の丸掲揚に抗議し，日の丸をポールから引き下ろし，火をつけて焼いた

年に天皇来沖をともなう国体開催が決定し、82年には教科書問題が起こるなか、チビチリガマの生存者への聞き取りが行われ、その実態が明らかとなっていく。その調査活動の中心人物に知花昌《ちばなしょう》一《いち》がいた。彼は、山内村政に共鳴する平和のための読谷村実行委員会の一人でもあった。

先述したように、85年秋以降、日の丸・君が代をめぐる問題が起こると、読谷村では県立読谷高等学校の対応が焦点となった。村議会議長を含めた日の丸掲揚反対要請が行われ、86年3月の卒業式では掲揚は見送られた。だが県教育委員会の指導が徹底化された翌年3月の卒業式では掲揚が強行される。それに対して、卒業生の女子生徒が檀上に掲げられていた日の丸を剝ぎ取り、ドブに付けて投げ捨てるという事件が起こった。

読谷村はまた、87年の海邦国体では、ソフトボール会場となっていた。その場所は、山内村長の「自治体外交」によって読谷補助飛行場内の運動公園に作られたものであり、反戦平和の象徴的施設であった。

国体が迫るなか、弘瀬勝《ひろせまさる》日本ソフトボール協会会長は、10月26日の開会式で日の丸掲揚・君が代斉唱を実施しなければ会場を変更すると通告し、24日には会場での日の丸掲揚が合意される。25日には、日の丸掲揚・君が代斉唱に反発する遺族や知花らの制止を無視し、弘瀬会長と役員、選手団がチビチリガマを参拝する。

こうした事態に知花は、ソフトボール会場での抗議行動を決意。開会式当日の10月26日、会場に掲揚された日の丸を引き下ろして焼き捨てた。いわゆる「日の丸焼き捨て事件」である。

この事件には、教科書問題をきっかけとした「集団自決」問題、国体開催をめぐる日の丸・君が代問題という80年代の沖縄がたどった状況が凝縮されていた。

「島ぐるみ」の一致点――「慰霊の日」へのこだわり

82年教科書問題の際には「住民虐殺」の記述を復活させるよう、「島ぐるみ」での抗議要求が起こった。沖縄戦認識は、復帰後も沖縄アイデンティティの重要な核心であり続けた。89年から90年にかけて、再びその核心に触れる問題が起こる。「慰霊の日」休日廃止問題である。

沖縄県と各市町村は、復帰後も毎年6月23日を条例で「慰霊の日」と定めて休日としていた。だが88年12月、官公庁の土曜閉庁制（当初の2年は隔週）にともなう地方自治法改正によって、地方自治体が独自の休日を設けることができなくなる。翌年3月の県議会で法改正にともなう休日条例が検討される段階になってそれが表面化すると、戦争体験の風化、独自の歴史的体験の抹殺に繋がるとして、一坪反戦地主会、キリスト者の団体、1フィート運動の会など反戦平和運動に取り組んできた団体だけではなく、保守系の沖縄県遺族連合会も反対の声を挙げた。

こうして「島ぐるみ」の世論が高まり、県議会で「慰霊の日」を休日としない条例案は廃案となる。結局、90年の「慰霊の日」、沖縄戦全戦没者追悼式に出席した海部俊樹首相が、地域的特性は考慮すべきであると発言し、翌年3月に地方自治法が再度改正され、地方自治体独自の休日設定が可能となり、問題は解決する。なお、「慰霊の日」の追悼式に首相が参列したのは海部首相のこのときが初めてであった。

80年代の沖縄アイデンティティを考える上で、もう一つ特徴的なものが、「世界のウチナーンチュ」である。84年1月から『琉球新報』で始まった世界で活躍する沖縄県出身者を紹介する企画「世界のウチナーンチュ」がその発端だった。

以後、それまで「棄民」としてネガティブに捉えられがちだった移民が、「海外雄飛」、活躍するウチナーンチュとしてポジティブな歴史像に転換されていく。また、本土との比較だけではない、世界のなかの沖縄へと思考を拡大させる効果ももたらした。

90年8月にはコンベンションセンターのグランドオープンに合わせて第1回「世界のウチナーンチュ大会」が開催されている（以降、95、2001、06、11年とほぼ5年に1回開催）。

このような移民史に対する評価の転換は、県立芸術大学設立や首里城復元事業にみられる、沖縄文化、琉球王国再評価とも共鳴し合うものであったといえるだろう。

西銘県政の12年間は、沖縄の政治社会では保革対立が顕著であった時代であった。しかし、文化に注目すると、沖縄の独自性が見直され、否定的な評価から肯定的な評価へと変わっていく転換期でもあったのである。

第7章

反基地感情の高揚――「島ぐるみ」の復活 1990～98

1 米軍再編への期待と失望

保守から革新へ――3期12年ぶりの県政交代

1990年11月18日の沖縄県知事選は、現職の西銘順治（自民・民社推薦）と、元琉球大学教授で革新共闘会議（社大・社会・共産・社民連推薦、公明支持）の大田昌秀との一騎打ちとなった。その結果は、大田が約3万票差をつけて勝利する。3期12年ぶりの革新の県政奪還であった。

大田は復帰前から県内外のメディアに登場する知識人であり、革新側のなかでその知名度の高さから彼を推す動きは前回の知事選からあった。大田は選挙の半年以上前である3月6日には知事選出馬を表明。定年まで1年を残して大学を退官し、万全の態勢で臨んだ選挙であった。

一方、保守側は、2月18日に実施された衆院選で西銘知事の長男・順志郎《じゅんしろう》の出馬をめぐって内部対立が表面化し、西銘知事の出馬表明は6月29日まで遅れた。さらにそのシコリから保守側は結束できず、経済界の足並みも乱れて一部は大田支持に回っていた。

当時の世界情勢も革新陣営に有利に働いた。89年11月のベルリンの壁崩壊、翌12月の米ソ首脳による冷戦終結宣言といった世界史的大変動は、冷戦を根拠として置かれ続けてきた広大な沖縄米軍基地の縮小・撤去に向けた大きな期待感を沖縄県民に抱かせた。

さらに、90年8月にイラクがクウェートに軍事侵攻すると、国連平和協力法案が10月の臨時国会に提出される。世論の強い反対のなかで11月8日には廃案となったが、特に沖縄県民の反対は強く、知事選の争点ともなり、保守陣営には不利な条件となった。

第6回沖縄県知事選結果　1990.11.18

大田昌秀	西銘順治
革新	保守
330,982	300,917

第6章で述べた日米合同委員会による沖縄米軍基地に関する17施設23件の返還リスト発表（90年6月）は、縮小・撤去に向けた期待に拍車をかける。返還リスト発表は、訪米も含めた西銘県政の折衝の成果ではあった。しかし、軍用地返還にともなう特別措置を要求する「軍転特措法」が制定されず、すでに返還された地区の再開発も難航するなか、その促進が「基地のない沖縄」を掲げる革新知事に期待されたのである。大田は、冷戦終結にともなう「平和の配当」を日米両政府に求めていくことになる。

大田県政の現実的対応

90年12月23日、通産官僚を経て沖縄電力理事となっていた仲井眞弘多が副知事に就任する。当初、副知事には労組幹部の名前も挙がったが、中央とのパイプ作りが大きな課題のなか、仲井眞に決まる。もう一人の副知事人事は難航したが、翌年8月20日に琉球大学教授であった尚弘子《しょうひろこ》が就く。全国で二人目の女性副知事だった。

大田知事は革新共闘による当選だったが、実際の県政運営では、現実的な対応を迫られることも多く、革新与党からの批判を受けることもしばしばだった。

たとえば、復帰から20年となる92年5月が迫るなか、軍用地として借り上げられた土地は民法上の規定で、20年ごとに賃貸借契約の再契約を行う必要があった。だが、再契約を拒否する新たな反戦地主が現れていた。91年5月、駐留軍用地特別措置法に基づく軍用地強制使用のため、新たな公告・縦覧代行手続が必要となる。大田知事は、選挙公約で強制使用反対を掲げていたが、日本政府による圧力と懐柔のなか、公告・縦覧代行に応じる。92年2月、那覇防衛施設局からの

大田昌秀（1925～）知事在任90～98　現久米島町生．米国シラキュース大学大学院修了．沖縄師範学校在学中，沖縄戦で鉄血勤皇隊に動員される．琉球大学教授などを経て，沖縄県知事に．その後社民党の参議院議員（01～07）に

10年間延長申請に対して、沖縄県収用委員会は5年間という裁決を行い、引き続き強制使用が行われることとなった。

他方で、91年度には第2次沖縄振興開発計画が終了するため、沖縄県として引き続き第3次沖縄振興開発計画（以下、第3次沖振計）を要求、実現させていく。閣議決定された第3次沖振計では、第1次、第2次と同様、「各面にわたる本土との格差を是正」「自立的発展の基礎条件を整備」が掲げられたのに加えて、「広くわが国の経済社会及び文化の発展に寄与する特色ある地域として整備」することが追加された。

その具体的方向として「南の国際交流拠点の形成」が打ち出されていた。単なる格差是正の時代は終わり、日本に寄与するイニシアティブ発揮の方向性がみられるようになる。

保守から革新に県政が代わり、またバブル経済が崩壊したものの、沖縄関連予算は高い水準を維持していた。第3次沖振計（92～2001年度）の沖縄振興開発事業費総額は3兆3734億円。単年度平均では約3400億円であり、第2次の約1・7倍の国家予算が計上されていく。

92年6月7日に行われた沖縄県議選（定数48）の結果は、保守27議席（自民17、保守系無所属10）、革新21議席（社大7、社会7、共産2、公明2、革新系無所属3）の結果に終わる。保守の勝利は、革新らしさを打ち出せない大田県政への批判であり、経済政策への期待を示すものでもあった。

一方で、7月26日に行われた参院選では、沖縄選挙区で現職の大城眞順（自民）を革新共闘候補の島袋宗康《しまぶくそうこう》が破って当選し、革新が参議院の2議席を独占する。

93年4月には、第44回全国植樹祭が米須《こめす》海岸（糸満市）で開催され、昭和天皇が果たせなかった、天皇・皇后の初来沖が実現した。

基地問題と経済問題の融合

大田知事は、県政の初動にあたってやむなく公告・縦覧代行に応じ、代理署名を行ったが、基地反対の革新としての立場を放棄したわけではなかった。

西銘前知事と同様に、訪米による直接要請を、一期目には91年7月、93年5月、94年6月と行っている。また、78年に平良知事が要請して以降、80年代には審議未了でたびたび廃案となっていた軍転特措法の制定を、沖縄県軍用地転用促進・基地問題協議会（知事および基地関連市町村長で構成）と連携して国に要請していく。

80年代の保革対立は、基地は憲法違反であるとして一切の基地撤去を要求する革新側と、安保・基地容認の保守側という、ゼロか100かの相容れない対立であった。有権者は、経済問題解決を重視するなら保守、基地問題解決を重視するなら革新と、それぞれ選択した。だが、90年代に入り、基地の整理縮小、返還地の再開発が具体的プランとして俎上に載せられ、基地と経済がリンクして議論され、保革対立は不鮮明になりつつあった。

他方で、復帰以来継続してきた沖縄開発庁による沖縄振興開発は、基地と関連する外交・防衛を合わせて取り組むことができなかった。そのため大田県政は、将来的な基地撤去を前提とした総合的な経済計画を策定し、それを国土庁が所管する次期全国総合開発計画のなかに位置付け、沖縄県主導の開発計画として実現させることをめざす。

大田知事は、官公労出身で彼のブレーンの一人であった政策調整監の吉元政矩《よしもとまさのり》を中心に据えて「国際都市形成構想」を検討する。93年10月18日には仲井眞の後任として吉元が新たな副知事に就任する。

宝珠山発言

93年7月18日、衆院選で自民党は過半数を割り、8月9日には非自民・非共産による細川護熙連立内閣が発足する。同選挙は中選挙区制で行われる最後となったが、沖縄選挙区（定数5）の当選者は、前知事の西銘順治（自民）のほか、宮里松正（自民）、仲村正治《なかむらせいじ》（新生）、上原康助（社会）、古堅実吉《ふるげんさねよし》（共産）であった。仲村は元自民党の前職であり、初めて保守が3議席を獲得した。その後、自民党県議団も仲村派が分裂し、12月18日には新生党沖縄県連が発足している。

細川内閣には上原康助が沖縄県選出議員として初めての閣僚（国土庁・北海道開発庁・沖縄開発庁長官）に就任した（県出身者では宮澤喜一内閣の伊江朝雄《いえともお》〈北海道開発庁・沖縄開発庁長

官〉が戦前戦後を通じて初)。

だが、非自民連立政権は、羽田孜内閣を経て崩壊し、自民党・社会党・新党さきがけの連立によって、94年6月30日には村山富市内閣が成立する。社会党の方針は、安保反対・自衛隊違憲から安保容認・自衛隊合憲へと転換した。

その村山内閣期に起こったのが「宝珠山《ほうしゅやま》発言」問題である。

9月9日、米軍基地や自衛隊基地の視察のために来沖していた宝珠山昇《のぼる》防衛施設庁長官が、「沖縄は基地と共生・共存してほしい」と発言。これに対し、沖縄側から保革を超えた抗議の声が上がる。宝珠山発言の背景には、米軍基地だけでなく、本部町に計画されていた自衛隊のP-3C基地建設が地元住民の反対で暗礁に乗り上げていたことへの苛立ちがあった。

政府は宝珠山長官への「厳重注意」で収拾を図ろうとしたが、9月22日には沖縄県議会が発言撤回と責任追及を要求する決議を全会一致で行う。社会党沖縄県本部も社会党中央との関係凍結を決定、年末まで中央との断絶が続いた。結局、10月5日に村山首相と玉澤徳一郎《たまざわとくいちろう》防衛庁長官が、発言の部分的撤回と陳謝、基地の整理統合への努力を約束して、この問題は収束する。

大田再選と「68年体制」崩壊

宝珠山発言直後の11月20日には沖縄県知事選が行われた。

第7回沖縄県知事選結果　1994.11.20

大田昌秀	翁長助裕
革新	保守
330,601	217,769

候補は現職の大田昌秀と西銘県政期の元副知事である翁長助裕《おながすけひろ》で、保革一騎打ちの末、11万票以上の差をつけて大田が圧勝する。国政のめまぐるしい政党再編のなか保守側は分裂。新生党、民社党は自主投票、日本新党は大田推薦に回っていた。革新側も68年以来続いてきた革新共闘体制が崩れ、これまでの統一綱領から個別協定となり、合同選対本部を設置していた。地元紙はこうした事態を「68年体制」の崩壊と報じた。

さらには、基地問題と経済問題が融合するなかで、保革両陣営の争点も一層見えづらくなっていた。知事選への有権者の関心も低くなり、投票率は史上最低の62・54%となった。この時点で、日本本土と同様、沖縄の保革対立も消滅しかけていたとみることができる。もはや基地の整理・縮小への強い県民の期待感や要求は、経済振興と矛盾するものではなくなっていた。だが、翌95年に起こる問題が、他府県と大きく異なり、沖縄に保革対立を維持させていくこととなる。

なお、95年7月23日の参院選沖縄選挙区では、革新共闘が成立せずに共産党が独自候補を擁立し、革新2・保守1の三つ巴となる。結果は、照屋寛徳《てるやかんとく》（社会、社大推薦、公明支持）が、大城眞順（自民推薦）、外間久子《ほかまひさこ》（共産公認）を破って初当選した。

95年は「沖縄戦」後50年でもある。沖縄県は沖縄戦終結50周年記念事業の一環として摩文仁に「平和の礎《いしじ》」を建立し、6月23日「慰霊の日」の沖縄全戦没者追悼式と合わせて除幕式を行った。

平和の礎には、国籍を問わず、軍人、民間人の別もなく、すべての戦没者の氏名を刻むこととされた。追悼式ならびに除幕式には、村山富市首相のほか土井たか子衆議院議長、原文《はらぶん》兵衛《べえ》参議院議長、草場《くさば》良八《りょうはち》最高裁判所長官の三権の長が参列したほか、刻銘された各国からも、ウォルター・モンデール米駐日大使をはじめ、台湾、韓国、北朝鮮から代表が参加し、それぞれ式辞を述べている。

8月1日には、南風原町新川の旧農業試験場用地に沖縄県公文書館が開館する。公文書館は、復帰前の琉球政府文書や復帰後の沖縄県公文書を収蔵・公開するほか、米軍統治期の米国側資料の複製物を収集・公開し、沖縄戦で焼失が著しい戦前の沖縄県関連史料の県外での収集などにも力を注いでいく。沖縄戦研究者でもあり、米国国立公文書館などの実情を知る大田知事のもとで、戦後50年を期して平和の礎と公文書館という2つの事業が実現したのである。

だが、冷戦終結による沖縄米軍基地の整理縮小への期待に反して、現実は別の方向に動きはじめていた。91年にフィリピンのクラーク空軍基地が閉鎖されると航空部隊が嘉手納基地に移駐するなど、沖縄米軍基地の機能強化・演習強化が進められていたからである。

また、北朝鮮の核開発疑惑をめぐる核危機が起こった後、95年2月、ジョセフ・ナイ国防次官補が中心となって作成された米国防総省「東アジア・太平洋安全保障戦略」(通称「ナイ・レポート」)では、アジア太平洋における米軍の「10万人体制維持」が謳われていた。大田知事は、冷戦終結による「平和の配当」を主張してこれを批判したが、冷戦終結後の米軍再編は進み、沖縄県民のフラストレーションも徐々に高まりつつあった。

95年3月、那覇防衛施設局は、駐留軍用地特別措置法に基づき、97年5月が使用期限の軍用地について強制使用手続きを開始し、95年5月9日には村山首相が使用認定の告示を行った。大田知事は就任直後と異なり、米国大使館、日本政府に対して代理署名を拒否する意向を示し、5月には4度目の訪米要請を行った。特に、①那覇軍港返還、②読谷補助飛行場パラシュート降下訓練廃止と施設返還、③県道104号線越え実弾砲撃演習廃止の「基地3事案」について、最優先での解決を求めた。

95年5月11日の日米合同委員会で、①那覇軍港の牧港補給基地沿岸への移設、②読谷補助飛行場での訓練のキャンプ・ハンセンや嘉手納弾薬庫地区への移設が合意され、③砲撃演習は東富士演習場など全国数ヵ所への分散が検討された。①②は県内での整理統合で、全体面積は減少するが機能強化であり、移設先とされた自治体首長・議会は猛反発した。

他方で、整理統合により、返還される軍用地のためには、「軍転特措法」が重要であった。ようやく5月19日、「沖縄県における駐留軍用地の返還に伴う特別措置に関する法律」が国会で全会一致で成立する。これで返還軍用地の跡地利用促進に具体的な見通しが立つ。だが、そうしたなかで9月に重大な事件が起こる。

2　「島ぐるみ」の復活と分断——米兵少女暴行事件

衝撃——小学生の拉致強姦

1995年9月4日、米兵3名が12歳の小学生を拉致強姦するという、いわゆる「沖縄米兵少女暴行事件」が起こった。8日、沖縄県警は米軍に容疑者の身柄引き渡しを要求。だが、日米地位協定の規定に基づき、起訴されるまでは米軍側が身柄を拘束できるため、米軍は引き渡しを拒否した。

事件の残忍さに加えてこうした経緯が拍車をかけ、県民の反基地感情が高揚、「島ぐるみ」の運動が展開されていく。沖縄県婦人団体連合協議会、NGO北京95フォーラム沖縄実行委員会の抗議表明を皮切りに抗議活動が広がり、さらには19日の沖縄県議会をはじめ、県内市町村議会でも抗議決議が相次いで採択された。

9月28日、大田知事が県議会で契約拒否地主の軍用地に対する代理署名拒否の方針を表明。82年に駐留軍用地特別措置法の適用を始めて以降、初の事態であった。

国からの機関委任事務である代理署名を知事が拒否した場合、主務大臣が「勧告」「命

沖縄県民総決起大会，1995年10月21日　米兵少女暴行事件をきっかけに日米地位協定の見直し，基地整理縮小などを求めた．「島ぐるみ」による大会は，復帰後最大のものに

令」を行い、それでも従わない場合、国は知事を被告とする職務執行命令訴訟を高等裁判所に起こすことができるが、村山首相は法的手続きを進めることに慎重な姿勢を示した。これについて、宝珠山防衛施設庁長官はオフレコの場で「首相の頭が悪い」と発言。10月19日に更迭されている。

　他方で、沖縄県内では、県議会全会派、沖縄県経営者協会、連合沖縄、沖婦連、沖青協など18団体が呼び掛けて約３００団体が実行委員会を作り、「島ぐるみ」による県民総決起大会の準備が進んだ。10月21日には宜野湾海浜公園で「米軍人による少女暴行事件を糾弾し日米地位協定の見直しを要求する沖縄県民総決起大会」が開催され、8万5000人（主催者発表）が集まる復帰後最大の集会となった。

大田知事は挨拶冒頭で「行政を預かる者として、本来一番に守るべき幼い少女の尊厳を守れなかったことを心の底からおわびしたい」と述べた。大会では①米軍人の綱紀粛正、米軍人、軍属による犯罪根絶、②被害者に対する早急な謝罪と完全補償、③日米地位協定の早急な見直し、④基地の整理縮小促進の4項目が決議された。

この内容は、保革のイデオロギー対立に基づく安保・基地論議ではなく、人権擁護の立場から基地運用の改善、補償を要求し、日米地位協定見直し、基地整理縮小を求めるものであった。それが超党派による県民総決起大会が成立した理由でもあった。

だが、基地整理縮小要求が含まれることで、軍用地主の全県組織である土地連は実行委員会に加わらなかった。そのため、市町村単位の軍用地主会として実行委員会に加わったり、個人として県民総決起大会に軍用地主が参加する方法が取られた。

日米両政府の対応

11月4日、15日と大田知事は続けて村山首相と会談する。大田知事は、県民総決起大会での決議に基づく要請を行い、代理署名拒否をあらためて伝えただけでなく、「国際都市形成構想」の枠組みと、その前提となる「基地返還アクションプログラム」の基本的考えを初めて示した。のちに詳述するが、「基地返還アクションプログラム」とは基地の段階的撤去を求めたものである。

米兵少女暴行事件が起爆剤となって起きたこれまでにない「島ぐるみ」での反基地運動の高揚に対し、日米両政府は従来以上の具体的な対応を示さざるを得なくなっていた。

11月17日には、沖縄米軍基地問題協議会の設置が閣議決定される。この協議会のメンバーは、官房長官、外相、防衛庁長官と沖縄県知事であった（のちに沖縄開発庁長官が加わる）。また、その下に官房副長官、内閣外政審議室長、外務省北米局長、防衛施設庁長官と沖縄県副知事、政策調整官からなる幹事会が設置された。沖縄県はこの協議会の設置によって、初めて基地問題について公式な発言の場を得たのである。

さらに、11月20日、日米両政府は「沖縄における施設及び区域に関する特別行動委員会（Special Actions Committee on Okinawa）」（略称ＳＡＣＯ）を設置。ここで沖縄に存在する米軍基地の整理・統合・縮小について、1年以内に結論を出すとして議論が進められる。

一方で、契約拒否地主の軍用地に対する代理署名については、法的手続きを進めていくことが日米両政府間で確認され、12月7日に村山首相が大田知事を提訴し、22日には福岡高裁那覇支部で第1回口頭弁論が開かれる。

「基地返還アクションプログラム」による攻勢

大田知事が村山首相に伝えた「国際都市形成構想」は、95年9月以降に突然持ち出されたわけではない。大田県政発足直後から、「21世紀・沖縄のグランドデザイン」として、将来の基地撤去を前提に総合的な経済計画として検討してきたものである。それが米兵少女暴行事件をきっかけに日本政府へ公式要請することとなり、県庁内で「国際都市形成及び基地返還促進対策プロジェクトチーム」を設置し、急ピッチで構想の完成を進めた。沖縄県は、県内の全市町村や、県内経済諸団体に説明を行い、同意を得ていく。だが主要団体のなかでは土地連が、跡地利用計画が明確でなく不利益を受ける恐れがあるとし、構想に反対の姿勢を示した。

沖縄県は96年1月30日の沖縄米軍基地問題協議会で、日本政府に「国際都市形成構想」と「基地返還アクションプログラム」の素案を提出。4月1日には沖縄県庁に国際都市形成推進室を発足させる。

「基地返還アクションプログラム」は、第1期（10施設、01年まで）、第2期（14施設、02〜10年）、第3期（17施設、11〜15年）に分けて対象施設を掲げ、計画的・段階的な返還を求めていた。

具体的には、第1期には那覇港湾施設、普天間《ふてんま》飛行場、読谷補助飛行場、第2期には牧港補給地区、辺野古弾薬庫、北部訓練場、第3期には嘉手納飛行場、嘉手納弾薬庫地区、キャンプ・シュワブ、キャンプ・ハンセン、ホワイトビーチ地区など具体名を挙げ、最終的にすべての米軍基地を撤去するとしていた。沖縄県による米軍基地撤去の具体的なプラン提出は、日米両政府には衝撃であり、一層の危機感により、状況の鎮静化に向けた打開策の必要性を痛感させることになる。

4月12日には、1月に就任していた橋本龍太郎首相とモンデール駐日大使の会談で、普天間飛行場の条件付き返還が合意される。それをふまえて、15日には日米安全保障協議委員会でSACO中間報告が承認された。

この中間報告では、代替施設や移設・移転などの条件で普天間飛行場など11施設の返還が合意されたほか、県道104号線越え実弾射撃演習の本土への移転、騒音の軽減措置、日米地位協定の運用改善などが明記されていた。特に、「今後5〜7年以内に、十分な代替施設が完成した後」という条件付きながら、普天間飛行場の返還が明記されたことは、沖縄県民にも抜本的な政策転換を期待させるに十分なものであった。

都道府県初の県民投票へ

一方で、4月17日には、来日したビル・クリントン米大統領と橋本首相との首脳会談で日米安全保障共同宣言が合意される。冷戦後もアジア太平洋地域の平和と安定のために、引き続き日本を含めた同地域での米軍の10万人体制を維持することが再確認されたほか、国際連合そのほかの国際機関への支援を通じた地球的規模での協力も確認された。日米安保の適用範囲が、従来の2国間、極東から大幅に拡大したのである。また、米軍駐留には広範な日本国民の支持と理解が不可欠であるとして、特に沖縄を取り上げてSACOの作業を成功させることが謳われていた。

5月8日には、連合沖縄が地方自治法に基づき、大田知事に対して、約3万4500名分の署名を添えて、「日米地位協定の見直し」「基地の整理縮小」について賛否を問う県民投票条例制定の直接請求を行う。20日の臨時県議会で県民投票条例案が提案されたが、慎重な審議が必要だとして、翌月の県議選後に改選前の県議で審議することとなる。

6月9日に行われた県議選（定数48）の結果は、革新与党25議席（社大6、社民5、共産4、公明2、革新系無所属8）、保守野党23議席（自民12、新進6、保守系無所属5）となり、16年ぶりに革新優位となった。

大田知事は、6月14日から20日まで5度目の訪米を行い、ペリー国防長官と会談。沖縄の米軍基地の実情について説明し、普天間飛行場の移設先として挙がる地域の反発への配慮を求めた（大田知事は以降も在職中、97年4月、98年5月の2度訪米）。

そして県民投票条例案は、自民党が反対したが、新進党が賛成したため、投票実施経費の補正予算案と合わせて6月21日の県議会で成立する。これにより都道府県で初めて県民投票が実施されることとなった。

政府の巻き返し

一方、代理署名問題では、96年3月25日、福岡高裁那覇支部が大田知事に代理署名を命じる判決を下していた。大田知事がそれに従わなかったため、29日に橋本首相が35件分の土地調書・物件調書に代理署名を行った。3日後、沖縄県は高裁判決を不服として最高裁に上告する。

4月1日、楚辺通信所（読谷村）の一部にあたる知花昌一の土地の賃貸借契約が切れた。復帰時点で反戦地主であった父が76年4月1日付で契約地主となり、それを知花が譲り受け、20年が経ったためである。

那覇防衛施設局は沖縄県収用委員会に6ヵ月の緊急使用を申し立てたが、沖縄県収用委員会は5月12日にそれを却下。通常の手続き通り、土地に関する裁決申請を受理して山内徳信読谷村長に公告・縦覧を依頼する。だが山内村長は拒否、さらに大田知事も拒否したため、7月12日、橋本首相は大田知事を相手に福岡高裁那覇支部へ2件目の職務執行命令訴訟を起こす。

知花が所有する楚辺通信所用地とは別に、12施設3000件の契約拒否地主の土地についても、6月6日、沖縄県収用委員会が裁決申請を受理し、関係する10市町村に公告・縦覧を依頼。それに対して伊江村を除く9市町村長が拒否し、さらに大田知事も拒否したため、8月16日、橋本首相は福岡高裁那覇支部に3件目の職務執行命令訴訟を起こした。

8月19日、政府は梶山静六《かじやませいろく》官房長官の私的諮問機関として、沖縄の米軍基地所在市町村の活性化に向けた取り組みについて検討するため、沖縄米軍基地所在市町村に関する懇談会を発足させた。委員は島田晴雄《しまだはるお》（慶應義塾大学教授）座長をはじめ11名からなり、沖縄からは、東江康治《あがりえやすはる》（名桜大学学長）、稲嶺惠一《いなみねけいいち》（りゅうせき会長）、渡久地政弘《とぐちまさひろ》（連合沖縄会長）、豊平良一《とよひらりょういち》（沖縄タイムス社社長）、宮里昭也《みやざとあきや》（琉球新報社社長）の5名が委員に名を連ねていた。座長の名をとって「島田懇談会」といわれるこの会が、その後の辺野古問題に関わって重要な役割を担うことになる。

沖縄県は、代理署名訴訟の最高裁判決が早くても9月中旬に出ると想定し、県民投票の投票日を9月8日に設定した。だが最高裁はそれ以前の8月28日、上告棄却、県側全面敗訴の判決を下し、それを受けての県民投票となった。

自民党沖縄県連や土地連が投票の棄権を呼びかけるなか、投票率は59・53％、日米地位協定見直し・基地縮小への賛成は89・09％（48万2538票）で、全有権者（90万9832名）の53・04％にあたった。法的拘束力はないものの、過半数の民意が明確に示された。

県民投票2日後の9月10日、沖縄県が構想した「21世紀・沖縄のグランドデザイン」（「国際都市形成構想」）の推進を明記した「沖縄問題についての内閣総理大臣談話」が閣議決定される。これを受けて、官房長官、関係国務大臣、沖縄県知事などで構成される沖縄政策協議会が設置され、基地問題、経済振興など沖縄の問題全般を沖縄県が国に直接訴える場ができた。また、補正予算で沖縄振興特別調整費が計上され、各省庁と沖縄県の間で政策調整が行われていく。

大田知事の翻意

9月13日、大田知事は橋本首相との会談後、従来の立場を一転させて公告・縦覧代行の受け入れを表明する。大田知事は、すでに最高裁判決が出て状況が覆らないなか、衆院選の結果次第で日本政府の態度が転換する前に、名を棄てて実を取ろうとしたのだろう。だが、実際に国との「国際都市形成構想」についての政策調整が始まると、沖縄県側は基地問題にも追われるなかで、日本政府側に主導権を握られていく。

10月20日、小選挙区比例代表並立制となって初めての衆院選が行われた。知事の方針転換に戸惑いが広がるなか、沖縄県の投票率は56・84％となり、復帰後初めて全国平均（59・65％）も下回って過去最低となった。小選挙区では、白保台一《しらほたいいち》（1区、新進）、仲村正治（2区、新進）、上原康助（3区、社民）が当選する。下地《しもじ》幹郎《みきお》（1区、自民）、嘉数《かかず》知賢《ちけん》（3区、自民）、古堅実吉（1区、共産）の3名も比例区で復活当選したため、沖縄県からは6名が当選となり、中選挙区の前回より1名増える結果となった。元公明党の白保と元自民党の仲村がそれぞれ自民党候補を破って当選するなど、本土の政界再編の影響が沖縄にも及んでいたが、保守候補が多数を占めていた。

一方、同時に行われた最高裁判所裁判官国民審査で、沖縄県は不信任率が34・06％に達し、都道府県別で1位となる。2位の京都府（14・16％）とは2倍以上の差であり、代理署名訴訟判決に対する批判の根強さを示した。

11月11日には、「国際都市形成構想」が知事決裁により決定される。同日中には沖縄政策協議会幹事会に提出され、構想実現を求めた（内容は後述）。

一方、11月19日には島田懇談会の提言が梶山官房長官に提出される。そこでは、基地所在市町村の振興のために、97年度から各市町村の要望に基づくプロジェクトへの具体的な予算措置を行うことや、政府と各市町村を直接繋ぐ窓口を設けることなどが示されていた。97年度には補正予算と合わせて約24億6700万円が計上され、基地関連市町村の要望に基づく施設整備を中心とした各プロジェクトが開始される。

「辺野古問題」の起源

12月2日に出されたSACO最終報告では、中間報告の内容が基本的に踏襲されていた。「基地返還アクションプログラム」が掲げた全基地撤去には遠く及ばないが、返還予定面積は11施設で約5000ヘクタールとされ、西銘県政末期の90年6月に日米合同委員会から出されたリストの約1000ヘクタールからは大きな前進があった。

だが、最終報告には、中間報告にはなかった普天間飛行場に関わる付属文書が添えられて

7－1　SACO最終報告における土地の返還　(ha)

施設名等	区　分	施設面積	返還面積 返還年度(目途)	条件など
普天間飛行場	全部	481	481 5～7年以内	海上施設の建設を追求（規模1500mなど）．岩国飛行場に12機のKC-130を移駐など．嘉手納飛行場における追加的整備など
北部訓練場	過半	7,513	3,987 2002年度末	海への出入りのため土地約38ha及び水域約121haを提供．ヘリコプター着陸帯を残余の同訓練場内に移設
安波訓練場	全部	(480)	(480) 1997年度末	(共同使用を解除)（水域7,895ha）
ギンバル訓練場	全部	60	60 1997年度末	ヘリコプター着陸帯を金武ブルー・ビーチ訓練場に，その他の施設をキャンプ・ハンセンに移設
楚辺通信所	全部	53	53 2000年度末	アンテナ施設及び関連支援施設をキャンプ・ハンセンに移設
読谷補助飛行場	全部	191	191 2000年度末	パラシュート訓練を伊江島補助飛行場に移転．楚辺通信所を移設後返還
キャンプ桑江	大部分	107	99 2007年度末	海軍病院などをキャンプ瑞慶覧等に移設（返還面積には返還合意済みの北側部分を含む）
瀬名波通信施設	ほぼ全部	61	61 2000年度末	アンテナ施設などをトリイ通信施設に移設．マイクロウェーブ塔部分（約0.1ha）は引き続き使用
牧港補給地区	一部	275	3 国道拡幅に合わせ	返還にともない影響を受ける施設を残余の施設内に移設
那覇港湾施設	全部	57	57	浦添埠頭地区（約35ha）への移設と関連して，返還を加速化するために共同で最大限の努力を継続
住宅統合		648	83 2007年度末	キャンプ桑江及びキャンプ瑞慶覧に所在する米軍住宅を統合
計		9,446	5,075	
新規提供			▲73	（那覇港湾施設35ha，北部訓練場38ha）
合　計		11施設	5,002	県内施設面積の約21％減

出典：沖縄県知事公室基地対策課編『沖縄の米軍基地　平成25年3月』（同課，2013年）

いた。そこでは条件が具体化され、「沖縄本島の東海岸沖」に「海上施設」を建設するとされていた。

「基地返還アクションプログラム」と比較すると、日米両政府が合意したSACO最終報告は、整理縮小の最大の譲歩ラインであったといえる。以降、日本政府は日米合意の実現に向けて突き進んでいくことになる。

97年1月16日、日米両政府は普天間飛行場の代替海上ヘリ基地の建設地について名護市の辺野古《へのこ》沖で合意する。それに対して、27日には、地元辺野古区の反対住民によって「ヘリポート建設阻止協議会　命を守る会」（略称「命を守る会」）が結成。5月9日に事前調査が開始されると、阻止するための監視行動が始まった。

さらに6月6日には反対派の市民団体、労組など21団体が「ヘリポート基地建設の是非を問う名護市民投票推進協議会」を結成し、市民投票条例制定のための署名運動を開始。8月13日には署名簿が名護市選挙管理委員会に提出される。有効署名総数は1万7539名で全有権者の約46%に達した。

在日米軍の新たな役割——後退する沖縄の要望

話は少し戻るが、97年3月25日に橋本首相は大田知事との会談で駐留軍用地特別措置法改正の意向を伝える一方で、長年沖縄県が公開を要求していた「5・15メモ」を手渡し、さらに名護市に国立高等専門学校を設置することを提案している（04年4月、名護市辺野古に国立沖縄工業高等専門学校が開校）。

4月3日、駐留軍用地特別措置法改正案が閣議決定され、ほとんど審議がされないまま衆議院で約9割、参議院で約8割の圧倒的賛成多数によって17日に成立した。これにより、使用期限が切れた土地についても暫定使用を可能とし、法的空白期が生じないようになる。代理署名が問題となったなかで、圧倒的多数の本土が沖縄を数の論理で従わせる姿勢が象徴的に表れた法改正であった。

4月23日、沖縄県は、沖縄政策協議会の了解を得たうえで、「産業・経済の振興と規制緩和等検討委員会」を設置。田中直毅《たなかなおき》（21世紀政策研究所理事長）委員長以下、沖縄側の稲嶺恵一（りゅうせき会長）、宮城弘岩《みやぎひろいわ》（沖縄県物産公社専務）を含む9名で構成された。ところが、7月に提出された報告書で示された県内への輸入関税や消費税、輸出手続き料などを免除する「全県フリーゾーン」案に対し、行きすぎた「1国2制度」であるとして政府側から反対の声が挙がる。さらに沖縄内部でも評価は二分し、それが「国際都市形成構想」自体への悪影響を与えることになった。

他方で、97年度から島田懇談会の提言に基づく沖縄米軍基地所在市町村活性化特別事業（通称「島田懇談会事業」）が開始されていた。その進展を確認するため、あらためて官房長官の私的懇談会として、6月9日、島田晴雄を座長とする「沖縄米軍基地所在市町村に関する懇談会提言の実施に係る有識者懇談会」が設置される。国と基地関連市町村との関係は、島田懇談会事業が継続するなかでより深まっていった。こうしたなかで国は、次第に沖縄県側が基地問題と経済問題を融合させて検討した「国際都市形成構想」ではなく、辺野古への基地建設を進めることを前提とした「北部振興策」へと軸足を大きく変えていく。

9月23日、日米両政府は、日米安全保障協議委員会（2プラス2、日米双方の外務・防衛担当閣僚による会合）で、前年に合意された日米安全保障共同宣言に基づく新たな「日米防衛協力のための指針」（「新ガイドライン」）を決定。以降、ガイドライン関連法案（周辺事態法、自衛隊法改正、日米物品役務相互提供協定改定）が国会で審議される（99年5月公布）。

冷戦終結による米軍基地の縮小・撤去と、跡地利用を含めた経済振興という、多数の沖縄県民が抱いた希望は、日米両政府によって在日米軍基地の役割が全世界規模へと拡大され、本土が沖縄への負担を数の論理と金の力で行使しようとするなかで、失われようとしていた。

辺野古沖をめぐる名護市住民投票

名護市の辺野古沖への海上ヘリ基地建設について、比嘉鉄也《ひがてつや》名護市長と名護市議会与党は、島田懇談会事業が進められるなか、振興策と引き換えに容認する立場であった。10月2日には、名護市議会で住民投票条例案が可決される。

条例案の審議過程で、投票は「賛成」「環境対策や経済効果が期待できるので賛成」「反対」「環境対策や経済効果に期待できないので反対」の4択となり、基地移設の是非から、振興策の是非へと論点が変えられていた。そのため、可決前には住民投票を推進していた建設反対派は住民投票条例案に反対し、逆に建設賛成派が賛成するという逆転現象が起こっていた。

他方で、10月17日には、革新与党が多数を占める県議会で再任人事案件が否決され、吉元政矩副知事が退任する。大田知事が代理署名に応じ、海上ヘリポート建設にも明確な姿勢を示さず、日本政府と協調姿勢をとるなか、政府側との交渉を一手に担ってきたのが吉元副知事であった。就任後4年が経過して再任が必要となった副知事を信任しなかったことで、革新与党は大田知事の政治姿勢を批判したのである。大田県政は、時間をかけて作り上げてきた政府との重要なパイプを失った。

12月21日に実施された辺野古沖への「海上基地」建設の是非を問う名護市住民投票は、投票率82・45%で、「賛成」8・13%、「環境対策や経済効果が期待できるので賛成」37・18%、「環境対策や経済効果が期待できないので反対」1・22%、「反対」51・63%という結果となった。賛成が合わせて45・31%、反対が合わせて52・85%と反対の民意が示された。

政府の攻勢、沖縄内部の再対立へ

住民投票には法的拘束力がないため、政府・自民党は「賛成」の立場をとるように比嘉名護市長、大田知事に迫った。12月24日、比嘉名護市長は橋本首相との会談後、北部振興を図る立場から受け入れを表明。翌日には辞表を提出して自らの政治生命を終わらせるという苦渋の決断をする。一方、大田知事はしばらく態度を明確にしなかったが、年が明けて秋の知事選への3選出馬が取りざたされるなか、98年2月6日、海上基地受け入れ拒否を表明する。

その2日後の2月8日、前市長辞職にともなう名護市長選が行われた。前市長の後継者である助役の岸本建男《きしもとたてお》と、反対派から県議の玉城義和《たまきよしかず》が立候補する。反対派が優位かと思われたが、投票2日前に大田知事が受け入れ拒否を表明すると、岸本はすぐに「知事の判断に従う」と公約し、争点は曖昧になる。結果は、岸本1万6253票、玉城1万5103票で岸本が当選した。

受け入れ拒否を表明した大田知事に対して、政府・自民党は明らかに非協力態度を示し、関係が冷え込んで沖縄振興策も滞るようになった。それまで1〜2ヵ月に一度のペースで開かれてきた沖縄政策協議会も97年11月7日（第8回）を最後に大田知事在任中は一切開かれなくなった。

95年9月に反基地運動が高揚する以前の大田県政は、基地問題と経済問題を融合させて「国際都市形成構想」を検討し、沖縄も本土と同様に保革の対立は不鮮明になりつつあった。さらに、米兵少女暴行事件を契機に「島ぐるみ」での運動が盛り上がるなか、「国際都市形成構想」を日本政府にも認めさせ、大幅な基地の整理・統合・縮小が日米政府間で合意されるまでになった。

だが、沖縄側が求めてきた負担軽減は、96年のSACO最終報告によって実現に近づいたかにみえたものの、米軍再編問題のなかで埋没し、基地受け入れと経済振興をめぐる沖縄県内部の対立が再び生まれていく。また「島ぐるみ」で一体となって日米両政府に要求を突き付けた沖縄県民は、辺野古問題が浮上するなかで賛否をめぐって再び二分し、対立する。消滅の兆候があった沖縄の保革対立は、基地問題によって継続することになったのである。

3 「沖縄ブーム」——知名度・好感度の上昇

本土復帰20年と観光財の蓄積

本土復帰10年は、復帰そのものを問い直す契機となり、先に触れたように歴史教科書問題が起こるなど、政治的な動きも活発となった。それに比べると1992年の本土復帰20年は政治的には平穏に過ぎ去り、文化面で多くの注目が集まったといえる。

92年10月14日、かつての琉球王朝の末裔、尚家所有の「玉陵《たまうどぅん》」「識名園《しきなえん》」「崇元寺《そうげんじ》石門」が那覇市に無償で寄贈された。尚家《しょうけ》所有の文化遺産は、琉球処分によって尚家本家が東京に移された後も、戦中戦後を通して保存・継承されてきた。

88年12月、管理財団を設立して保存・公開することを前提として、尚家が東京都台東区に文化財寄贈を検討していることが報じられると、県議会でも意見書が採択されるなど、沖縄県内では反対の声が高まった。結局、台東区への寄贈は白紙となり、まずは前記の不動産が那覇市に寄贈されたのである。さらに95年9月には古文書1341点、翌年5月には美術工芸品85点が尚家から那覇市に寄贈される。

復元された首里城　中庭でのNHK大河ドラマ「琉球の風」撮影中の一コマ，1992年10月13日

本土復帰20周年記念事業として、首里城復元も進められ、92年11月に「首里城公園」が開園。首里城は沖縄の歴史・文化の象徴として大きな役割を担っていく。さらに、翌年1月から6月まで、16世紀末から17世紀初頭の琉球王国を題材としたNHK大河ドラマ「琉球の風」が放映される。オープンしたばかりの首里城や、読谷村に作られた「スタジオパーク」（現体験王国むら咲むら）がロケ地となった。首里城や「琉球の風」は、海浜リゾートに加えて新たな観光財として、琉球王国を県外へ視覚的にアピールすることとなり、観光客の導線を大きく変えることになる。

沖縄県内でも一般県民が琉球王国史への関心を持ち、沖縄アイデンティティのなかで琉球王国についての歴史認識の位置付けが従来より大きくなる契機となった。

文化的多様性が観光資源に

本土復帰20周年の年に始まった第3次沖振計は、「観光・リゾート地の形成及びレクリエーションの振興」を掲げ、第2次沖振計に続いて観光業を重視していた。沖縄県への入域観光客数は、91年度の約311万人から最終年度の2001年度には約447万人となり、約1・44倍に増加する。第2次沖振計10年間の1・61倍（81年度は約193万人）と比べるとやや鈍化したが、バブル崩壊後に国内需要が伸び悩むなか、堅調な発展を遂げていた（なお、01年度は9・11テロの影響で入域観光客数が前年度を割る）。

それを可能としたのは、80年代までの海浜リゾートに加えて、文化的多様性が観光資源となったからである。首里城はその象徴であり、これまで以上に多様な観光客を取り込めるようになった。また、90年代には、沖縄県出身の芸能人が次々と活躍し、沖縄県の知名度・好感度がより高まり、観光客誘致にも結びついた側面も無視できない。90年代以降のこうした状況は「沖縄ブーム」と称されるようになる。

90年代の多様な観光客の具体例が修学旅行客である。80年代まで修学旅行での航空機利用は一部に限られ、船舶利用の場合は日数がかかり、沖縄県の誘致活動にもかかわらず修学旅行数は伸び悩んでいた。しかし沖縄県の文部省への要請活動もあり、87年以降、航空機利用の制約が緩和される。その結果、90年に約500校であった実施校は、00年には約1600校へと3倍強にも増加。01年は9・11テロの影響で一時的に落ち込んだものの、05年には約2500校に達し、以降も同程度で推移している。

沖縄県で修学旅行を行う重要な要因に平和学習がある。復帰後もしばらくは戦跡観光は「殉国美談」が主流だったが、70年代後半以降、平和ガイドの取り組みが行われ、修学旅行にも適した平和学習のあり方が成立していく。また、体験をともなう文化学習や環境学習などが盛んになり、修学旅行に合うようになっていったといえる。

動き出したインフラ整備

他方で、90年代半ばになると、第3次沖振計にも書かれていた重要な事業や改革が実現されていく。96年11月、復帰時から要求してきた沖縄都市モノレール（那覇空港─首里間）の工事がようやく着工。翌12月には、新しい空の玄関口として、モノレール那覇空港駅にも直結する新国内線ターミナルビルも着工される。

また、沖縄振興開発特別措置法の改正により、観光に関連した新政策が次々と実施される。まず97年7月、航空機燃料税・着陸料・航行援助施設使用料の軽減措置が始まる。那覇空港を離発着する航空機への燃料税は5分の3となる（99年には2分の1に）。また那覇空港の着陸料と航行援助施設使用料が6分の1に引き下げられる。これによって航空運賃は減額、新規路線も開設され、観光客の増加に繋がった。

98年4月1日には、観光振興地域制度と沖縄型特定免税店制度が創設される。観光振興地域制度では、指定地域内の観光関連施設事業者への法人税の投資税額控除や地方税の課税免除、事業所税の非課税などの優遇措置によって、観光振興が推進されることになる。リゾートホテルが立地する各地域や海洋博公園地域、那覇中心市街地・新都心地域などが対象となった。また沖縄型特定免税店制度に基づき、99年12月には那覇空港ターミナル内に特別免税店が開設された。

国際都市形成構想——「第2の香港」への期待

すでに述べたように、大田県政期には、観光業にとどまらない「21世紀・沖縄のグランドデザイン」として「国際都市形成構想」が策定された。基地関連、観光業、公共事業の「3K」偏重が批判されるなか、より根本的な経済構想が検討されたのである。96年11月11日に知事決裁により決定された「国際都市形成構想」の具体的な内容は以下の通りである。

「国際都市形成構想」は、「平和」「共生」「自立」を基本理念として掲げ、概ね20年後を見据えていた。沖縄をアジア・太平洋の結節点として捉え、その地理的特性を活かすために、県内を北部圏、中南部圏、宮古圏、八重山圏の4圏域に分けて、整備を進めようというものであった。

各圏域の特性を活かした、「国際協力交流拠点」「国際交通・物流ネットワーク拠点」「国際学術交流拠点」「国際産業技術開発拠点」「国際平和交流拠点」「リゾート拠点」など12拠点の形成が盛り込まれていた。その大前提には沖縄米軍基地の段階的撤去があり、そのための「基地返還アクションプログラム」が策定されたことはすでに述べた通りである。特に、中南部圏の構想の中核に「国際協力交流拠点」の整備が掲げられたが、そのためには普天間飛行場など中南部地域の基地返還が不可欠であった。

このような構想の背景には、アジアNIES（韓国、台湾、香港、シンガポール）に代表される80年代以降のアジア経済の成長、冷戦終結による軍事的緊張緩和への期待があった。そのようななかで沖縄が軍事的なキーストーンから経済的なキーストーンへとなることが展望されたのである。

沖縄を「第2の香港」にという期待もあったが、そこには経済にとどまらず、97年7月1日にイギリスから中国に主権が返還される際に認められた「1国2制度」を具体例とした自治への可能性もあったといえる。

98年4月1日施行の改正沖縄振興開発特別措置法によって、自由貿易地域制度の拡充や情報産業の振興の促進も図られた。後者の情報産業は2000年代に中核産業の一つとして成長していくことになる。しかし、前者は従来の自由貿易地域に加えて新たに特別自由貿易地域を設定して法人税の大幅軽減を行うもので、「全県フリーゾーン」とは大きく異なるものであった。

だが97年末から国と県の関係が悪化するなか、大田県政2期目では「国際都市形成構想」はこれ以上進展せず、結局、県政交代によって頓挫することになる。

4 1995年という大きな画期

新『沖縄県史』編纂へ

1993年度から、沖縄県教育委員会による新『沖縄県史』編纂事業が始まる。65年から77年に刊行された旧『沖縄県史』全24巻は、琉球処分による沖縄県設置から沖縄戦と米軍占領による沖縄県消滅までの近代史を主に扱っており、まさに「沖縄県」史であった。それに対して新『沖縄県史』は、先史時代から現代までの全時代に加えて自然環境なども対象とした。

94年2月にまとめられた当初の基本計画では、通史及び各論だけで全82巻、それに加えて資料編を刊行するという壮大なものであった。各論編では女性史、思想史、技術史など、従来の自治体史にはみられない独自のラインアップが挙がっていた。翌年から資料編を皮切りに刊行が始まり、基本計画の見直しがされながら、2015年現在も事業は継続中である。

94年5月には、沖縄返還交渉の際に、佐藤栄作首相の密使として活動し、核再持込みの

〝密約〟にも関わった若泉敬が、その詳細を記した『他策ナカリシヲ信ゼムト欲ス』を公刊した。当事者の証言が公になったことで、あらためて沖縄返還とは何だったのか、安保体制とは何なのかが問われることとなった。

沖縄戦をめぐる評価——旧植民地出身者の処遇

沖縄戦終結50周年記念事業の一環として、沖縄県が摩文仁に建立した「平和の礎」をめぐって、沖縄戦の捉え方についての議論も活発に行われた。

「平和の礎」は、「沖縄の歴史と風土の中で培われた『平和のこころ』を広く内外にのべ伝え、世界の恒久平和を願い、国籍や軍人、民間人の区別なく、沖縄戦などで亡くなられたすべての人々の氏名を刻んだ記念碑」（「建設趣旨」）とされていた。95年6月23日の除幕式の時点で、23万4183名が刻銘された（それ以降に判明した戦没者については、毎年追加刻銘が行われている）。その出身別内訳は、沖縄県14万7110名、県外都道府県7万2907名、米国1万4005名、北朝鮮82名、韓国51名、台湾28名となっている。この刻銘方法をめぐってさまざまな批判が起こった。

たとえば、沖縄県出身者については、沖縄戦に限定されて刻銘されたわけではなく、以下の原則がとられた。「満州事変に始まる一五年戦争の期間中に、県内外において戦争が原因で死亡した者」、「一九四五年九月七日後、県内外において戦争が原因でおおむね一年以内に

平和の礎（いしじ） 沖縄戦などで亡くなった人々の氏名を刻印．糸満市摩文仁に建つ

死亡した者（ただし、原爆被爆者についてはその限りではない）」（「「平和の礎」に係る刻銘の基本方針」）。つまり、中国大陸や南方などで戦死した軍人・軍属も含まれていた。また、戦争指導者と戦争被害者を区別なく刻銘するのは「一億総懺悔」方式ではないかという批判もあった。

もっとも批判を呼んだのは、旧植民地出身者の扱いである。

戦後50年間、「平和の礎」での刻銘が浮上するまで、沖縄戦の犠牲者数のなかで旧植民地出身者はほとんど意識されてこなかった。これが問題化されたこと自体が画期的であったといえる。しかし、刻銘者はわずかにとどまった。

台湾の28名は厚生省保管の名簿から軍人・軍属として名前が確認できた者。朝鮮半島出身の軍夫や従軍慰安婦は、実際1万名を超し、その多くが沖縄戦で犠牲になったとされるが、悉皆《しっかい》調査も実施されておらず、実態はいまもなお不明である。そうしたなかで厚生省保管の名簿などで名前を把握できた323名のなかで、遺族の了解が得られた133名が刻銘されたにすぎない。「子々孫々永代の恥辱」として刻銘を拒んだ遺族も多かったのである。

八重山戦争マラリア補償問題

95年12月には、八重山戦争マラリア補償問題も、遺族の高齢化などを考慮するとして政治的解決が図られた。

八重山諸島では沖縄戦時の強制疎開によって住民がマラリアに感染し、多くの犠牲者が出ていた。89年5月28日には、「沖縄戦強制疎開マラリア犠牲者援護会」が結成され、国家補償を求める活動を開始。沖縄県も戦傷病者戦没者遺族等援護法またはそれに準ずる措置で遺族補償を行うよう日本政府に要請していた。

政治的解決によって、96年度国庫予算でマラリア慰藉事業経費総額3億円が認められ、沖縄県の事業として「八重山戦争マラリア犠牲者慰霊之碑」建立（97年3月29日）、「八重山平和祈念館」建設（99年5月開館）、資料収集・編纂事業、追悼事業が行われていく。

八重山戦争マラリア補償問題は、沖縄本島およびその周辺の慶良間諸島、伊江島の範囲に限定されがちな沖縄戦認識を地理的に揺さぶるものであった。加えて、戦争マラリアは沖縄本島や宮古諸島などでも発生しており、一般住民の多様な戦争被害の実態をあらためて知らしめるものだった。

沖縄戦については、70年代以降、地上戦のなかの沖縄住民の苦難を重視した歴史認識が、沖縄県民の多くに共有されてきた。その一方で、日本軍を中心とした住民協力が強調される歴史認識が並存しており、その二つは82年の歴史教科書問題の際のように時折衝突してきた。95年以降の本土に対する憤り、幻滅は、論理的にこうしたセンシティブな点を浮き出させる傾向を持っていた。

冷戦終結による「復帰／独立」の枠組み解体

ところで、80年代までの学術研究では、「復帰／独立」「保守／革新」という枠組みのなかで、「復帰」「革新」を肯定的に、「独立」「保守」を否定的に捉える分析が主流だった。しかし、90年代以降になると、民族論に捉われない、独立論の客観的分析を含めた、多様な研究が行われるようになる。「復帰／独立」の枠組みの解体が始まるのである。

そこには、70年代以降、カナダ、オーストラリアなどで多文化主義による国家統合再編が進み、世界的なポストモダン思想の浸透によって一民族・一言語・一国家的な国民国家理解の相対化が行われたことがある。

その影響の浸透が緩やかであった日本でも、冷戦が終結して、革新イデオロギーの影響力が低下し、90年代には歴史学、言語学、人類学といった学問の脱イデオロギー化が起こる。そうしたなかで、前近代琉球の自立性への肯定的評価も定着してきたのである。

このような学問・思想の変化は、沖縄県民一般にも、95年の反基地運動の高揚を転機としながら、次第に影響を及ぼしていく。

浸透する基地整理縮小論

90年代の沖縄では、95年を大きな画期としながら、二つの認識の変化が起こっていった。一つは基地の整理縮小要求が、沖縄県民一般の共通認識として浸透したことである。以前の保革対立を前提とした政治的・運動論的な議論のなかでは、基地の存続か撤去かの両極に収斂しがちであった。だが、沖縄の地元メディアを含め、より広範なレベルで、サンフランシスコ講和条約と沖縄の関係、積み重ねられてきた〝密約〟、増大してきた「思いやり予算」など、安保・米軍基地の歴史過程や現状を客観的に認識したうえで、整理縮小や県外・国外移設の可能性を含めた議論が行われるようになった。こうした議論の素地はもちろん95年以前も存在していたが、同年の県民総決起大会や翌年の基地縮小の日米合意を受けて、大きく高揚していった。

米軍基地に対する議論は、98年の沖縄県知事選のなかで、いったん保革対立の枠組みに引き戻されていくが、00年代後半には、後述するように、再び保革対立を超えた「島ぐるみ」での動きが起こることになる。

独立論の高揚、近代以前からの歴史見直し

認識の変化のもう一つは、独立論を含めた自立意識の高まりと、それに密接に関わる歴史認識の変化である。

沖縄県民は、95年の「島ぐるみ」の県民総決起大会によって、日米地位協定の見直し、基地の整理縮小などを求めた。しかし、県民投票で全有権者の過半数が日米地位協定見直し・基地縮小に賛成したにもかかわらず、結局、大田知事は代理署名を受諾し、普天間飛行場の代替施設として名護市辺野古沖への基地建設は進められていく。このように沖縄の声が本土に無視され、その閉塞感によって、沖縄対本土という対立の構図が意識され、独立論が公然と主張されるようになったのである。

なかでも大山朝常による『沖縄独立宣言　ヤマトは帰るべき「祖国」ではなかった』(97年)は大きな話題を呼んだ。大山は結党から一貫して復帰を掲げた社大党の中心にいた一人であり、50年代の軍用地問題の際には、立法院軍用地特別委員会委員長として、55年5月の渡米折衝団の一員でもあった。58年から74年まで4期16年、コザ市長を務めていた。そのような復帰運動推進の中心にいた人物が、独立を宣言したのである。また、同時期には、独立論を取り上げた雑誌特集やシンポジウムも行われている。

他方で、新崎盛暉の「居酒屋独立論」批判も話題となった。新崎は「一杯飲んでいるときには悲憤慷慨して『もうこうなれば独立だ』と気炎をあげながら、酔いがさめれば、高率補

助に首までどっぷりつかった日常生活にいとも簡単に舞い戻ってしまう状態」（『沖縄同時代史　第7巻』）を批判した。

少なくとも90年代後半には、独立論が独立運動へと結びつくような素地が沖縄社会にあったわけではない。しかし、独立論を含めた自立意識を促す歴史認識の変化はこの時期に着実に起こっていた。具体的には、「琉球王国」「琉球処分」「日本復帰」といった歴史の再評価にそれをみることができる。こうした変化を可能にしたのは、冷戦終結以降の民族論の転回に加えて、95年以降の本土に対する憤り、幻滅であった。

「琉球王国」は、80年代における歴史研究で発展し、92年の首里城復元、翌年前半のNHK大河ドラマ「琉球の風」などで一般的関心が広がり、00年の「琉球王国のグスク及び関連遺産群」世界遺産登録によって決定付けられた。歴史研究でも、たとえば近世期に、日清両属関係のなかで実質的な日本支配よりも、儀礼や支配層の意識などから、独立国としての位置付けが強調される。独立国としての歴史は当然ながら沖縄県民にとって、文化への誇り、沖縄アイデンティティの形成に寄与することとなる。

大山朝常（1901～99）　現沖縄市生．沖縄県師範学校卒．戦前，国民学校校長，青年学校校長．戦後，初等・高等学校長，越来村議，視学官，コザ地区教育長，沖縄群島政府海運課長，社大党の立法院議員（54～58），コザ市長（58～74）に

「琉球処分」についても評価が大きく転換す

る。「琉球王国」の独立国としての位置付けが強調されることによって、沖縄県設置は民族的統一ではなく、武力による併合であったという理解が一般化する。「琉球処分」ではなく「琉球併合」という呼称が用いられることも多くなる。

「日本復帰」についても、かつての復帰運動指導者が独立論を主張したように、批判的な検討が行われるようになる。戦後初期の「自治」「独立」「主体性」といった問題が注目され、復帰前の70年前後に生じた「反復帰」論が見直されるようにもなってきた。

基地整理縮小論の浸透と、独立論を含めた自立意識の高まりという二つの認識の変化は、本土への意識とも連関するものであり、00年代後半の「オール沖縄」へと繋がっていくことになる。

第8章 「オール沖縄」へ——基地・経済認識の転換 1998～2015

1 稲嶺保守県政と日本政府との溝

稲嶺保守県政の登場

1998年11月15日、沖縄県知事選が行われる。6月15日には大田昌秀知事が3選出馬の意思を表明。それに対して8月26日に稲嶺恵一（りゅうせき会長・沖縄県経営者協会特別顧問）が出馬を表明し、事実上の一騎打ちとなった。

自社さ連立内閣（94年6月～98年6月）を背景に、前年4月頃から自民党沖縄県連や社会党系労組元幹部などが上原康助（衆院議員）の擁立に動いていたが上原は固辞する。

一方、沖縄経済界も知事候補を探していた。稲嶺恵一、仲井眞弘多（元副知事・沖縄電力社長・沖縄経済同友会代表幹事。08年より知事に）の2人のうち、仲井眞に出馬の意思がなく、稲嶺に絞られる。最終的にほかの保守系団体、自民党沖縄県連も稲嶺擁立で一致し、旧社会党支持グループの一部も「県民党」的立場を条件に合流する。

第8回沖縄県知事選結果　1998.11.15

稲嶺惠一	大田昌秀
保守	革新
374,833	337,369

9月1日には、稲嶺の選挙母体として「沖縄・未来をひらく県民の会」が結成。呉屋秀信《ごやひでのぶ》（金秀グループ会長）が会長となった。また、後援会長には仲井眞が就任し、同じく大田県政で副知事だった尚弘子も稲嶺陣営に回った。

選挙公約立案には、真栄城守定《まえしろもりさだ》（琉球大学助教授）、牧野浩隆《まきのひろたか》（琉球銀行常勤監査役）、比嘉良彦《ひがよしひこ》（政治アナリスト、元社大党書記長）、高良倉吉（琉球大学教授）の4名がブレーンとして関わる。のちの稲嶺県政では、牧野は副知事、比嘉は基地問題などの情報収集・提言を行う政策参与（特別職）となる。

過去2回の県知事選で割れていた経済界が「反大田」で団結したのは、国と県との関係悪化のなかで不況への強い危機感があったからである。不況自体は97年7月以降のアジア通貨危機の影響が大きく、大田県政だけの責任ではなかった。だが、稲嶺陣営は選挙戦で「革新不況」というスローガンを掲げて大田県政を批判。「沖縄経済振興21世紀プラン」の策定を打ち出していく。

稲嶺は選挙戦の大きな焦点となった普天間飛行場移設について、現行の撤去可能な「海上案」ではなく、北部振興のための恒久的な空港として、北部地域陸上部に「軍民共用」、「使用期限15年（返還後は民間専用）」の条件付きで建設する「陸上案」を打ち出し、移設先についてはあらためて検討するとした。

知事選の結果は、稲嶺惠一（自民・新進沖縄・スポーツ平和党推薦）37万4833票、大田昌秀（社民・共産・社大・民主・自由連合・新社会党推薦）33万7369票、それに又吉光雄《またよしみつお》（世界経済共同体党）2649票となり、約3万7000票差で稲嶺が勝利する。8年ぶりの保守の県政奪還だった。県民の関心も高く、投票率は76・54％。過去最低となった前回（62・54％）よりも14ポイント上昇した。

県政交代の要因は、大田知事の代理署名問題の際の〝翻意〟への批判に加えて、政府との関係改善、基地問題への「現実的対応」を期待したことが大きかったといえる。

ただこの選挙は、本土で55年体制が崩壊し、政界や労組が再編されたなかで、従来の保革対立とは大きく性格を異にしていた。連合沖縄は、旧同盟系が稲嶺を推薦し、労組元幹部の一部も稲嶺陣営に回り、事実上の自主投票を容認。復帰以来、革新陣営に付き、大田県政でも与党であった公明沖縄も、10月22日に大田を基軸とする自主投票を表明するが、実際には党中央からの働きかけで、稲嶺支持に回っていた。この連携が翌年10月の国政における自自公連立政権に繋がっていく。また、稲嶺陣営は閣僚の来県を断わり、「県民党」を強調したが、実際には官房機密費が使われたとされ、政府・自民党の強力な後押しのなかでの県政交代だった。

稲嶺惠一（1933～）知事在任98～06　中国大連生（父は一郎〈元参議院議員〉）．慶應義塾大学経済学部卒．琉球石油会長の一方，沖縄経済同友会代表幹事，沖縄県経営者協会会長など県経済団体幹部を歴任．沖縄県知事に

しかし、こうした経緯で誕生した稲嶺知事の政策は政府・自民党と完全に一致するものではなかった。以前のように「基地容認」対「基地撤去」という単純な対立はもはや成り立たなかったのである。稲嶺県政は基地問題をはじめ日本政府との緊張関係を持ちながらの出発となった。

基地移転と経済振興――県と名護市の受け入れ表明

98年12月11日、稲嶺は沖縄県知事就任翌日に上京。面談した小渕恵三首相は、99年度の予算案に、使途をあらかじめ定めない総額100億円の沖縄振興特別調整費を含めることを約束した。さらに、前年の11月以来、1年以上開かれていなかった沖縄政策協議会（第9回）も同日開催されている。

稲嶺知事は、翌年1月29日の沖縄政策協議会で、那覇軍港の浦添移設を事実上容認することを表明。日本政府側も「沖縄経済振興21世紀プラン」の策定などを約束する。3月24日には伊江村長が読谷補助飛行場でのパラシュート降下訓練、31日には金武町長が楚辺通信所のキャンプ・ハンセンへの移設を、それぞれ経済振興を条件に受け入れを表明する。県の政策は、経済振興と引き換えに、SACO合意の実現に向けて変化しつつあった。

後述するが、九州・沖縄サミット開催が4月29日に決定すると、米国政府高官によるサミット前の基地問題解決を促す発言が相次ぐ。

それを受けて、8月21日には普天間飛行場を抱える宜野湾市議会が県内移設要請決議を行い、9月1日には宜野湾市内の商工会、軍用地主会、農協などによって普天間飛行場返還・跡地利用促進協議会が設立され、移転促進の機運が高まった。

一方、こうした動きに反対し、8月14日に「沖縄から基地をなくし世界平和を求める市民連絡会」（代表世話人・新崎盛暉〈沖縄大学教授〉）、9月27日に市民団体、平和団体、社大、社民、共産の各政党などにより「普天間基地・那覇軍港の県内移設に反対する県民会議」（共同代表・佐久川政一《さくがわせいいち》〈沖縄大学教授〉、中村文子《なかむらふみこ》〈1フィート運動の会事務局長〉）が結成される。10月23日には、県民会議主催の県民大会が開催され、1万2000名（主催者発表）が参加。再び基地問題をめぐる保革対立が起こりつつあった。

沖縄県は普天間飛行場・那覇港湾施設返還問題対策室を発足させ（3月1日）、あらためて移設候補地の選定作業を県独自に行い、7ヵ所を候補に挙げた。だが、11月22日に稲嶺知事が発表した選定結果は、他の候補より適地であるとして、従来と同様の辺野古沿岸域であった。

稲嶺知事は、北部地域振興策、住民生活・自然環境への配慮、「軍民共用」、「15年使用期限」などを条件に、移設の受け入れを表明。辺野古地域を抱える名護市にも受け入れを要請する。さらに沖縄政策協議会（12月17日）で、10年1000億円の北部振興予算が提示されると、27日には岸本名護市長が日米地位協定改善、「15年使用期限」や「基地使用協定」締

8－1　閣議決定（1999年12月28日）以降に設置された協議会一覧

協議会名	発　足	構成メンバー
北部振興協議会	2000年2月10日	官房長官・沖縄開発庁長官・沖縄県知事・北部12市町村長
移設先及び周辺地域振興協議会	2000年2月10日	官房長官・沖縄開発庁長官・沖縄県知事・名護市長・東村長・宜野座村長
跡地対策準備協議会	2000年5月31日	官房長官・沖縄開発庁長官・沖縄県知事・宜野湾市長
代替施設協議会	2000年8月25日	官房長官・防衛庁長官・外相・運輸相・沖縄県知事・名護市長・東村長・宜野座村長

結などを条件に、移設受け入れを表明。沖縄県と名護市は「苦渋の決断」を行ったのである。

そして12月28日、日本政府は「普天間飛行場の移設に係る政府方針」を閣議決定する。この方針では、代替施設を「キャンプ・シュワブ水域内名護市辺野古沿岸地域」とし、「軍民共用空港を念頭に整備を図る」とした。だが、使用期限については「国際情勢もあり厳しい問題がある」として「米国政府と協議していく」という表現にとどめていた。

このなかで特に強調されたのは、北部振興と跡地利用という経済対策である。その実現に向けて、国・県・市町村の協議機関として、8－1に掲げた4つの協議会が組織され、これによって県を越えた国と市町村との接点がより強くなっていく。

「公告縦覧」「代理署名」の廃止

その一方で、基地問題にかかわる重大な法改正が行われている。

99年7月8日、国会では地方分権推進を図るために475の法律を一括改定するとした地方分権推進一括法が圧倒的多数の賛成で成立する。このなかで、国と自治体の関係を位置付け直すとして「機関委任事務」の廃止が盛り込まれ、そこに駐留軍用地特別措置法も含まれていたのである。

この法改正によって、大田県政期に争点となった市町村長、知事の「公告縦覧」「代理署名」がそもそも必要なくなり、当初から首相の署名によって軍用地の強制使用が可能となった。

沖縄では大きく報じられたが、全国的にはほとんど関心を持たれないまま、地方分権の名の下に、それとは逆行する事態が進んだのである。

「サミット・フィーバー」――九州・沖縄サミット

2000年に開催されるサミットは、日本で初めて地方開催されることとなり、沖縄県は99年2月3日にプロジェクトチームを設置して誘致運動を進めていた。4月29日、日本政府は「九州・沖縄サミット」として実施し、首脳会合を沖縄県名護市、外相会合を宮崎市、蔵相会合を福岡市でそれぞれ開催することを決定する。

普天間飛行場移設問題が争点になるなか、沖縄への関心が高い小渕首相による政治的判断を強くうかがわせた。だが翌年4月2日、小渕首相は脳梗塞で緊急入院し（5月14日死去）、

九州・沖縄サミット　首里城をバックにしたＧ８各国首脳，2000年７月22日

4日に内閣が総辞職したため、サミットは森喜朗首相のもとで実施される。

　6月11日に行われた沖縄県議会議員選挙の結果（定数48）は、与党30議席（自民19、公明4、新進沖縄3、保守系無所属4）、野党18議席（社民・護憲5、共産4、社大4、革新系無所属5）となる。前回の選挙から再び逆転して、稲嶺県政与党が優位となる。県民世論の支持を得て、稲嶺県政は盤石の体制を整えたといえる。

　その後、7月21日から23日まで名護市「万国津梁《ばんこくしんりょう》館《かん》」で、「九州・沖縄サミット」首脳会合が開催された。首脳会合だけでなく、参加した主要国首脳が県内各地を訪れて交流を行うなど、沖縄県は準備期間も含めて一種の「サミット・フィーバー」に包まれた。なおクリントン米大統領は、60年のアイゼンハワー以来、40年ぶりの現職米大統領としての来沖だった。

「基地ゼロ」から「経済振興とのバランス」へ

8月24日、北部振興協議会・移設先及び周辺地域振興協議会の合同会議で「北部振興並びに移設先及び周辺地域振興に関する基本方針」が了承され、２０００年度振興事業として12事業が採択される。以降、09年度まで10年間にわたり、各年度１００億円の「北部振興事業」が実施される。

翌日には、沖縄政策協議会で「沖縄経済振興21世紀プラン」の最終報告が出される。ここでは今後の取り組みとして、「米軍施設・区域の返還に伴う対応」とポスト第3次沖縄振興開発計画の反映が強調された。さらに、政策の基本的理念の一つとして、「経済振興と基地問題とのバランスある解決」が打ち出される。大田県政での基地ゼロを前提とした「国際都市形成構想」からの明確な離脱が意識されていた。

11月12日に実施された那覇市長選挙は、前沖縄県議・前自民党沖縄県連幹事長の翁長雄志《おながたけし》（自民・公明・保守・無所属の会推薦）が前市健康福祉部長の堀川美智子《ほりかわみちこ》（社大・社民・共産・民主推薦、自連支持）を破り初当選する。自公保連立政権の枠組みのなかで、保守による68年の3大選挙以来、実に32年振りの市政奪還だった。

01年1月6日、中央省庁再編にともない、総理府外局であった沖縄開発庁は内閣府に統合され、内閣府沖縄振興局となり、内閣府特命担当大臣として沖縄及び北方対策担当大臣が置かれた。4月26日には小泉純一郎内閣が発足するが、以後5年5ヵ月におよぶ長期政権のなかで、普天間飛行場移設問題は、後述のように辺野古沖案からキャンプ・シュワブ沿岸案への変更もあって、再び混迷を深めていくことになる。

9・11同時多発テロの余波――観光と基地の両立問題

5月13日から25日まで、稲嶺知事は、岸本名護市長とともに、知事就任後初めて訪米した。就任したばかりのジョージ・W・ブッシュ大統領に沖縄問題を直接訴えたのである。コリン・パウエル国務長官を始め、リチャード・アーミテージ国務副長官、ポール・ウォルフォウィッツ国防副長官らと面会し、①基地整理縮小、②代替基地15年使用期限、③在沖米軍兵力削減、④日米地位協定見直し、⑤米兵の事件事故防止・綱紀粛正の5項目を訴えた。

それから3ヵ月後、9月11日にアメリカ同時多発テロ、10月7日にはアフガニスタン戦争が起こる。広大な米軍基地を擁する沖縄は危険であるという「風評被害」によって修学旅行をはじめキャンセルが相次ぎ、沖縄が大きな影響を受ける。文科省が行った海外修学旅行への注意喚起をふまえ、東京・神奈川・新潟の各教育委員会が沖縄や韓国の米軍基地についての注意文書を発したことも要因とされた。

稲嶺知事はただちに政府に対して対策を要請し、国交相・文科相・沖縄担当相の連名によって全国知事宛に沖縄修学旅行を促す文書が出された。また、沖縄県による「だいじょぶさぁ〜沖縄」キャンペーンが実施される。

結局、県統計で10月末までのキャンセル数が20万名を超え、倒産する企業が出始めるなど、一時的には大きな混乱が生じたものの、数ヵ月で回復。01年度の入域観光客数は前年度からの微減にとどまった（00年度・449万7300名が、01年度・447万3000名に）。しかし、観光業従事者をはじめとして、この経験は沖縄県民の多くに観光業と米軍基地は両立しないことを強く印象付けることとなる。

稲嶺再選とラムズフェルドへの要求

99年12月の閣議決定で、普天間飛行場代替施設として「キャンプ・シュワブ水域内名護市辺野古沿岸地域」への建設が明言されていたが、02年7月29日、代替施設協議会は、辺野古沖案の基本計画を決定する。

計画では、埋め立て方式によってリーフ（環礁）上に、全長2500メートル、幅730メートル（面積約184ヘクタール）の軍民共用空港を建設するとしていた。建設費3300億円、環境影響評価（環境アセスメント）3年、工期9年半で、15年には完成するとされた。しかし、稲嶺知事が求めてきた「15年使用期限」は、米国側との合意の目途がなく、先送りされた。

11月17日の沖縄県知事選挙の結果は、現職の稲嶺恵一（自民・公明・保守推薦）が35万9604票、大田県政の副知事であった吉元政矩（社民、社大、自由連合推薦）が14万8401票、新垣繁信（共産党推薦）が4万6230票、又吉光雄（世界経済共同体党）が4330票

第９回沖縄県知事選結果　2002.11.17

稲嶺惠一	吉元政矩	新垣繁信
保守	革新	革新
359,604	148,401	46,230

となり、稲嶺が圧勝で再選を果たす。革新が分裂し、稲嶺優位の状況に有権者の関心も低下し、投票率は57・22％と過去最低となった。とはいえ、稲嶺は全市町村で得票数が１位だった。沖縄県民は稲嶺知事の一期目に圧倒的支持を与えたのである。

ちなみに最大の争点だった普天間飛行場移設問題は、稲嶺は引き続き「県民党」を強調して「15年使用期限」と「軍民共用」の条件履行を、吉元は「県外・国外移設」、新垣は「無条件全面返還」を掲げていた。

03年３月20日、イラク戦争が始まると、沖縄でも米軍基地周辺を中心に緊張が高まった。２年前のような観光業への影響が懸念されたが、それほど大きくはなかった。

11月16日、普天間飛行場視察のためドナルド・ラムズフェルド国防長官が来沖。稲嶺知事との会談の際、ラムズフェルドが日米安保によって平和が保たれてきた点を強調して席を立とうとしたのに対して、稲嶺知事は引き留めて沖縄の基地負担についての説明を行い、基地の整理縮小を要求した。どの程度影響があったかはわからないが、ラムズフェルド国防長官の在任中、後述する在沖海兵隊のグアム移転を含めた米軍再編が進められていく。

緊迫する辺野古問題

那覇防衛施設局は、辺野古沖の環境影響評価を行うための事前調査を進めていたが、11月17日には沖縄県土木建築部河川課に対して、ボーリング調査（63ヵ所）のための公用財産使用協議書（使用申請）を提出。12月19日には代替施設建設協議会（同年1月に代替施設協議会に代わって発足）で、代替施設本体最大約184ヘクタールに護岸部分約23ヘクタールを加えた約207ヘクタールの埋め立てを確認する。だが沖縄県知事、名護市長が強く要望する「15年使用期限」は再び先送りされた。

04年4月7日、沖縄県は、周辺海域に生息する国の天然記念物ジュゴンや環境への配慮を求める意見をつけてボーリング調査に同意。那覇防衛施設局は、19日から調査を開始しようとしたが、反対派による辺野古漁港での座り込み、小型船やカヌーによる海上行動によって阻止され、調査は延期となった。

他方で、6月6日に実施された沖縄県議会選挙（定数48）の結果は、与党28議席（自民14、公明3、保守系無所属11）、野党18議席（社民7、社大4、共産3、無所属4）、中立2議席（無所属2）となり、引き続き県政与党が安定多数を維持した。自民党は現職6名が落選し、前回の19議席から5議席減らしたものの、選挙後に無所属6名を会派入りさせて勢力を維持。また、民主党単独推薦で中立（無所属）候補が1名当選している。稲嶺県政への一定の信任は示されたものの、保守系無所属候補の増加と、自民公認候補の相次ぐ落選には、沖縄県内での自民退潮と新たな政局への兆しが表れていた。

沖国大への米軍ヘリ墜落事件

8月13日、米海兵隊の大型輸送ヘリCH－53Dが、普天間飛行場に隣接する沖縄国際大学1号館の壁面に激突して墜落炎上、搭乗員3名が負傷する事件が起こった。ヘリの部品やコンクリート片が周辺の民家などに飛散したが、学生・教職員や周辺住民に負傷者が出なかったことは、奇跡ともいえる。

事故直後、米軍は大学との境界のフェンスを乗り越えて構内に入り、事故現場を封鎖。大学関係者だけでなく、沖縄県警の現場検証も拒否し、事故機体や周辺土壌などを回収。墜落事故の衝撃に加えて、大学構内が米軍によって封鎖されたことなどに、あらためて日米地位協定見直しの議論が高まっていく。1ヵ月後には3万名（主催者発表）が参加して沖縄国際大学で抗議集会が開かれた。

だが、事件をめぐる沖縄と本土との温度差は大きかった。事件翌日の全国紙一面は、アテネ五輪開幕などで占められ、ヘリ墜落の扱いは小さかった。

そうした喧騒のなか、9月9日、反対派の阻止行動によって延期していた辺野古沖ボーリング調査を那覇防衛施設局が開始し、反対派の阻止行動が再び展開されていく。

10月1日、小泉首相は、本土側自治体の了解があれば、沖縄米軍基地の本土移転を進めることを表明した。さらに7日には、海外移転の検討も明言する。しかし候補として挙がる本土側自治体の反応は冷淡であった。

キャンプ・シュワブ沿岸案への方針変更

05年3月10日から20日、稲嶺知事は翁長那覇市長とともに2度目の訪米を行った。①在沖海兵隊の県外移転、②嘉手納飛行場の運用改善、③都市型戦闘訓練施設の建設中止、④日米地位協定の抜本的見直しの4点を要望したが、前回とは異なり、米国の対応は事務方レベルにとどまった。

7月19日、キャンプ・ハンセン（金武町）の民間地域に近接して建設された都市型戦闘訓練施設で実弾演習が強行される。これに対して超党派の緊急抗議県民大会が開催されたが、ここに稲嶺知事も参加し、大会後のデモにも加わっている。その後、日米合同委員会で既存の射撃場への移設が合意された。

他方で、辺野古沖では1年以上にわたり抗議活動が続けられていた。9月2日、那覇防衛施設局は、台風対策を理由にボーリング調査の足場4基をすべて撤去。反対派は運動の成果であると評した。だが、移設中止の期待はすぐに覆されていく。

10月29日、日米安全保障協議委員会（2プラス2）は、「日米同盟――未来のための変革と再編」を発表する。沖縄の米軍再編については、普天間飛行場の移設先を辺野古沖案からキ

日米安全保障協議委員会（2プラス2）2005年10月29日　普天間飛行場の移設先を辺野古沖からキャンプ・シュワブ沿岸に，在沖海兵隊司令部のグアム移転などが決められた．写真は左から会見に臨む町村信孝外相，ライス国務長官，ラムズフェルド国防長官，大野功統防衛庁長官

ャンプ・シュワブ沿岸案（L字型案）に転換する。

他方で、SACO最終報告の着実な実施が謳われ、在沖海兵隊（第3海兵機動展開部隊）司令部のグアム及びほかの場所への移転、約7000名の海兵隊将校及び兵員、その家族の沖縄外への移転が明記されていた。

キャンプ・シュワブ沿岸案は、既存の米軍基地沿岸部を埋め立てることで拡張しようとするものである。従来沖縄県が要望してきた辺野古沖での「軍民共用」「15年使用期限」を完全に無視したものであった。

10月31日、稲嶺知事は、キャンプ・シュワブ沿岸案の拒否を表明し、従来の辺野古沖案でなければ県外移設を求めるとした。岸本名護市長も同様に拒否を表明する。

名護市長の「Ｖ字案」受け入れ――県を超えて

国と県が全面対立の様相を見せ始めたとき、沖縄県の政財界が危惧したのは、大田県政末期の中央との関係冷え込みであった。

年が明けた06年1月4日、県内経済団体合同新年祝賀会では、すでに次期知事選候補に名前が挙がっていた仲井眞弘多が、「景気回復といっても県内には苦しい業界もある。日本政府と事を構える状況になく、そうならないことが願いだ」と述べ、稲嶺知事は「少し誤解があるようだ」、「政府とけんかしたことは、一度もない。沖縄にプラスになるよう努力しているし、自信を持ってやっている」と応じる一幕もあった（『沖縄タイムス』06年1月5日付）。

1月22日の名護市長選は、岸本前市長の後継として出馬した島袋吉和《しまぶくろよしかず》がキャンプ・シュワブ沿岸案反対を訴えて当選。3月5日には、「普天間基地の頭越し・沿岸案に反対する県民総決起大会」が開催され、3万5000人（主催者発表）が参加し、95年の総決起大会に次ぐ規模となった。だが、実行委員会には県政与党の自民・公明両党は参加せず、稲嶺知事も超党派でないことを理由に参加を見合わせた。

キャンプ・シュワブ沿岸案への反対を示した島袋名護市長だったが、修正協議には応じる姿勢を示す。4月7日、額賀福志郎《ぬかがふくしろう》防衛庁長官が離陸用・着陸用の滑走路をＶ字型に設置して、名護市が要望していた住民地域の騒音や危険性を軽減する「Ｖ字案」を提示。島袋名護市長が修正案の受け入れを表明すると、ただちに北部4町村長（金武、恩納、宜野座、東《ひがし》）も合意する。日本政府は、北部振興で培ったルートを存分に生かし、沖縄県を通さず北部5市町村長の合意を取り付けたのである。稲嶺知事はあくまで合意拒否を貫いていた。

5月1日には、日米安全保障協議委員会（2プラス2）は、「再編実施のための日米のロードマップ」を発表。沖縄の米軍再編については、14年までのV字案による普天間飛行場代替施設完成および在沖海兵隊8000名と家族9000名のグアム移転、さらに嘉手納飛行場以南の相当規模の土地返還などが含まれていた。

3日後、稲嶺知事は、あらためてV字案を容認できないとしたうえで、普天間飛行場の危険除去のため、キャンプ・シュワブ陸上部に暫定ヘリポートを整備する案を提示した。

国と県の対立

00年代以降、米軍の戦略は大きく転換していた。テロとの戦争への対応だけでなく、特に沖縄が中国の弾道ミサイルの射程圏内に完全に入るようになり、沖縄への基地集中を危険と考えるようになったからである。海兵隊は司令部をグアムに移し、基地を分散させ、ローテーションで部隊を移動させることになる。

沖縄の海兵隊基地は、V字案による代替施設のほか、辺野古弾薬庫、キャンプ・ハンセン、北部訓練場、伊江島補助飛行場など本島北部に再編・集約し、機能強化をはかろうとしていた。後述する北部訓練場（東村高江）でのヘリパッド（ヘリコプター着陸帯）建設もその一環である。さらにV字案では大浦湾での港湾設備が計画され、新たに軍港機能が加わることになる。これは「辺野古沖案」とは大きく異なるものであった。

キャンプ・シュワブ沿岸埋め立てによる飛行場建設計画は、実はベトナム戦争中の60年代に米軍が検討していたものである。だが財政難で頓挫し、その計画が日本政府の負担を前提に復活したのである。

さて、日本政府との決裂を避けたい稲嶺知事は、５月11日、額賀防衛庁長官との間で、政府案を基本としながら継続的に協議するとした「在沖米軍再編に係る基本確認書」に署名する。調印後の記者会見で稲嶺知事はV字案同意ではないことをあらためて明言した。

他方で、日本政府は５月30日、「在日米軍の兵力構成見直し等に関する政府の取組について」を閣議決定する。ここでは、99年12月に閣議決定した「普天間飛行場の移設に係る政府方針」の廃止を明記し、軍民共用空港を念頭に整備を図る、使用期限について米国政府と協議するという政府方針も破棄された。また、北部振興事業についても06年度で打ち切り、新たな地域振興策などの措置についてはあらためて検討するとされた。

稲嶺知事は19日前に結んだ「基本確認書」に反し、沖縄県や関係市町村との十分な協議が行われず、閣議決定が行われたと批判する。

８月29日には新たな閣議決定に基づき、「普天間飛行場の移設に係る措置に関する協議会」が、多くの閣僚と沖縄県知事、名護市長、宜野座村長、金武町長、東村長をメンバーとして設置された。この頃から、基地と振興策の「リンク論」が防衛庁幹部などのあいだで公然と語られるようになるが、翌年設けられた後述の米軍再編交付金は、そうした願望を具体化させたものだった。

同時に大きくなるのが、国家財政が窮乏するなかで「沖縄を甘やかすな」という声である。そうした変化は、本土の政治家や官僚のなかで、戦争体験者、あるいは復帰作業の実務経験者が去るなかで起こってきたように思える。

2 「オール沖縄」の形成と変容——仲井眞から翁長へ

仲井眞知事への保守県政継承

2006年11月19日、沖縄県知事選が行われる。6月29日に稲嶺知事が県議会で不出馬を表明すると、その後継者は経済界が強く推した仲井眞弘多(元副知事、沖縄電力会長、県商工会議所連合会長)に一本化され、9月5日に仲井眞が出馬を表明。それに対して、県政野党陣営は調整が難航し、10月1日になってようやく糸数慶子《いとかずけいこ》(社大党、参院議員)が出馬表明し、県知事選は事実上の一騎打ちとなる。

3回続けて知事選の最大争点となったのは普天間飛行場移設問題である。仲井眞は、稲嶺県政の継承・発展を掲げて「県民党」を強調。普天間飛行場の「3年以内の閉鎖状態」を掲

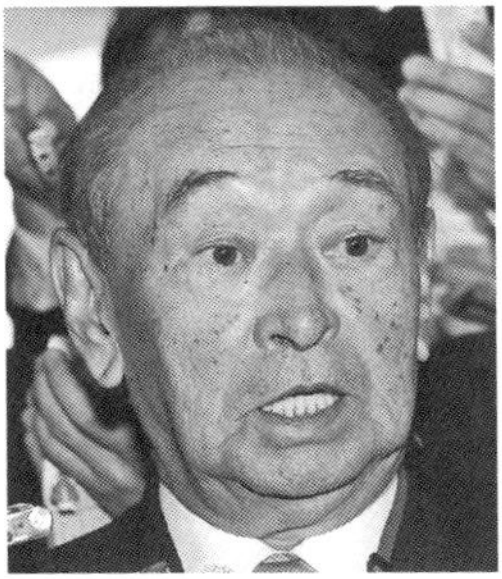

仲井眞弘多（1939～）知事在任06～14　大阪市生（７歳時に両親の故郷沖縄に引き揚げ）．東京大学工学部卒．通産省入省．沖縄開発庁にも出向．退官後，沖縄電力理事，沖縄県副知事，沖縄電力会長などを経て，沖縄県知事に

第10回沖縄県知事選結果　2006.11.19

仲井眞弘多	糸数慶子
保守	革新
347,303	309,985

げ、「県内移設容認」の立場をとりながら、現行のV字案には反対するが、修正・条件付きでの容認には含みを残した。一方の糸数は、「新基地反対」「国外移設」を主張した。

またもう一つの重要な争点である経済振興策は、仲井眞が稲嶺県政の継承・発展、糸数は「基地に頼らない自立経済」を掲げた。

選挙結果は、仲井眞弘多（自民・公明推薦）34万7303票、糸数慶子（社大・共産・社民・民主・国民新党・新党日本・自由連合推薦、そうぞう支持）30万9985票、屋良朝助《やらちょうすけ》（琉球独立党）6220票となり、仲井眞が勝利し、屋良知事―平良知事以来の30年振りの県政引継ぎに成功する。

しかし、前回選挙と比べて、保革両陣営の票差は16万票から4万弱にまで一気に縮まっていた。前回過去最低となった投票率も64・54％まで回復した。保守派の勝利は、革新側の候補擁立の遅れ、98年の知事選で全国に先駆けてつくられた自公連携による集票機能が強く発揮された結果であったといえる。

日本政府は、知事選の5日後には、普天間

飛行場移設協議を条件とした北部振興事業継続を打ち出すなど、仲井眞に揺さぶりをかけてきた。仲井眞知事は、稲嶺県政の継承・発展を謳っていたが、すでに閣議決定によって、稲嶺知事が8年間にわたって求めてきた「軍民共用」「15年使用期限」は白紙となっており、難しい立場に置かれる。選挙時の「修正・条件付きでの容認」はその表れだった。

だが、選挙直前に行われた県内世論調査で、稲嶺県政への肯定的評価が8割近くにのぼり、簡単に態度を覆してしまえば、たちまち県民世論の非難を浴びる。そうしたなかで、普天間飛行場移設問題は一期目から新たな局面を迎えることになる。

「島ぐるみ」の結束──第1次安倍政権下の歴史教科書問題

06年9月26日に成立した第1次安倍晋三内閣は、重要課題として掲げた教育基本法改正、防衛庁の省昇格、国民投票法などを次々と実現していく。特に教育問題では「教育再生会議」を立ち上げ、その報告を受けるかたちで、「教育再生関連三法案」（学校教育法の改正、地方教育行政の組織及び運営に関する法律の改正、教育職員免許法及び教育公務員法の改正）を07年6月27日に成立させた。このようななかで起きたのが、沖縄戦での「集団自決」をめぐる歴史教科書問題である。

07年3月30日、08年度から使用される高等学校歴史教科書の検定結果が公表された。そこで沖縄戦における集団死・「集団自決」について記述した5社・7点の教科書への検定が問題を呼ぶ。日本軍による命令・強制・誘導などが、「沖縄戦の実態について、誤解するおそれのある表現」として、削除・修正させられていたことが明らかとなったからである。文科省は、「日本軍の命令があったか明らかではない」、「最近の研究成果で軍命はなかったという説がある」と理由を挙げていた。

教科書検定意見撤回を求める県民大会，宜野湾市，2007年9月29日　実行委員長は自民党の仲里県議会議長．仲井眞知事も参加し，超党派の大会だった

当時、「大江・岩波裁判」と呼ばれる民事裁判が係争中だった。この裁判は、渡嘉敷島・座間味島の部隊長および遺族が、大江健三郎・岩波書店に対して、住民に自決を強制したとする記述によって名誉が傷つけられたと訴えたものだった（11年4月21日、最高裁で原告側敗訴が確定）。文科省の理由説明は、このような歴史修正主義による活動と歩調を合わせたように見えていた。

沖縄戦研究者、平和団体、教職員団体などから、ただちに抗議声明が出され、5月14日の豊見城《とみぐすく》市議会を皮切りに6月28日までに県内全41市町村の議会で検定意見撤回を求める意見書が可決される。沖縄県議会でも6月22日、7月11日と立て続けに「教科書検定に関する意見書」を可決。東京に要請団を派遣して撤回を訴えた。だが、「島ぐるみ」の撤回要求運動に、日本政府は動かなかった。

9月29日には、「教科書検定意見撤回を求める県民大会」が開催され、宮古・八重山会場(6000名)と合わせて11万6000名(主催者発表)が参加する。実行委員会構成団体には、沖縄県遺族連合会など遺族関係団体も含まれていた。超党派によって組織された実行委員会の委員長は自民党の仲里利信《なかさととしのぶ》県議会議長が務め、仲井眞知事も大会に参加し、1995年以来、しかも保守県政のなかで超党派による県民大会が行われた。

県民大会直前の9月26日、すでに安倍内閣に代わって福田康夫内閣が成立していた。沖縄からの「島ぐるみ」による要求に対し、福田内閣は態度を軟化させ、教科書会社の「正誤訂正」によって、記述の部分的な復活を認めた。しかし、検定意見自体は撤回されなかった。

これまで述べてきたように、沖縄戦についての歴史認識は、沖縄県民が培ってきたアイデンティティの根幹である。基地問題などで保革対立が起こる一方で、沖縄戦認識にはほとんど対立点がなく、「島ぐるみ」でまとまる。また、95年の総決起大会は、米軍への抗議が第一義であったが、07年の「島ぐるみ」の県民大会は、沖縄の歴史上初めて「対米軍」ではなく、「対日本政府」に対して行われたものだった。これは大きな歴史的転換点でもあった。

進められる米軍再編と交付金

「島ぐるみ」の運動が高揚するなかでも、沖縄県内の米軍再編作業は着々と進められていた。

07年4月24日、沖縄県は那覇防衛施設局のキャンプ・シュワブ沿岸での海域現況調査（事前調査）に同意し、調査が始まる。安倍政権は海上自衛隊を参加させるなど、これまでにない強い姿勢で調査を進め、8月7日には防衛省が環境影響評価方法書を沖縄県に送付する。一方、7月2日には、北部訓練場の東村高江集落に隣接する区域でもヘリパッド建設が始まる。反対派は座り込みによる阻止行動を続けた。

他方で、「駐留軍等の再編の円滑な実施に関する特別措置法」（米軍再編特措法）によって、米軍再編交付金が設けられた。10月31日には、支給対象となる「再編関連特定周辺市町村」として33市町村が発表される。

沖縄県内では那覇軍港代替施設受け入れを容認する浦添市のみが指定され、政府の計画に反対しているとされた名護市、金武町、恩納村、宜野座村は対象から外された。名護市はV字案受け入れをすでに容認しており、滑走路を政府案より沖合に移すことを要望していたにすぎない。また、金武町、恩納村、宜野座村は、キャンプ・ハンセンを陸上自衛隊と共同使用することに同意しないための除外だった。

金武町、恩納村、宜野座村は、ただちに容認の姿勢に転換したため追加指定される。名護市も政府方針を受け入れることで07年度末に指定され、次年度には前年度の未交付分と合わせて約18億円が交付された。

県議選での革新の勝利と辺野古「新基地」の全容

08年6月8日の沖縄県議会議員選挙の結果（定数48）は、与党22議席（自民16、公明3、保守系無所属3）、野党・中立26議席（社民5、共産5、民主4、社大2、そうぞう1、無所属9）で与野党が逆転する（なお、08年の県議選から、「中立」も仲井眞県政批判では県政野党と共同歩調をとることが多いため、地元紙などでは「野党・中立」と一緒に扱われている）。それは、普天間飛行場移設問題への明確な態度を示さないまま、着々と手続きを受け入れている仲井眞県政への県民の不信任表明であった。

特に、初めて公認候補を立てた民主党が4議席を獲得したことは、従来の保革対立を超え、国政での変化の流れが沖縄にも浸透しつつあることを象徴していた。7月18日、沖縄県議会は「名護市辺野古沿岸域への新基地建設に反対する意見書・決議」を賛成多数で採択する。

それに対して仲井眞知事は、「私のこの問題に対する姿勢が、十分理解されていない」とし、9月5日、「普天間飛行場の移設に関する沖縄県の考え方（県民の皆様のご理解とご協力を求めて）」を発表する。その内容は、従来通り「普天間飛行場の『三年目途の閉鎖状態の実現』」と、住民地域の騒音や危険性軽減を高めるため「代替施設の沖合移動」という「修正・条件付きでの容認」だった。ただし、危険性の除去を強調、日本政府の進める環境影響評価の手続きの承認、キャンプ・シュワブへの移設は「新基地建設」とは異なる、移設を進めることで海兵隊移駐が進み跡地利用により経済発展が見込まれる、との主張もしていた。

辺野古「新基地」／キャンプ・シュワブ沿岸案（V字案）

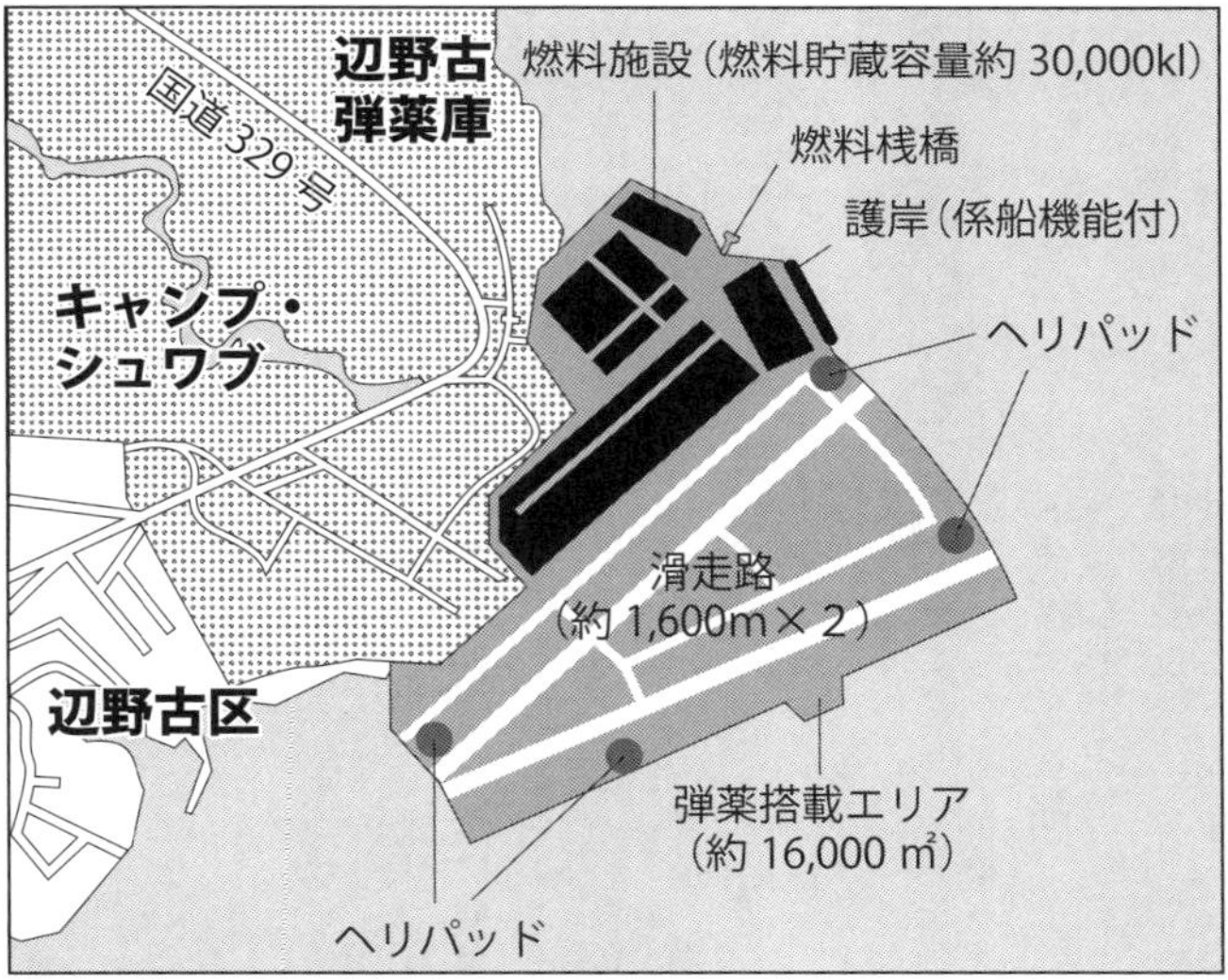

註記：防衛省提出の環境影響評価準備書による
出典：『琉球新報』（2009年４月７日）を基に著者作成

09年１月６日から15日には、仲井眞知事は就任後初の訪米を行っている。①米軍基地から派生する諸問題の解決促進（事件・事故防止、航空機騒音軽減、普天間飛行場危険性除去）、②米軍基地の整理縮小の実現、③日米地位協定の抜本的な見直し要請を目的としたが、オバマ米大統領就任式直前であり、米国側は事務方レベルの対応にとどまった。

４月１日、防衛省は普天間飛行場代替施設建設のための環境影響評価準備書を沖縄県に提出。翌日からは沖縄防衛局など県内５ヵ所で公告縦覧が行われ、22日からは北部自治体での説明会が開かれた。

そうしたなかで、普天間飛行場には存在しない、軍港機能や弾薬搭載エリアが備わった辺野古「新基地」の全容が明らかとなり（前頁図参照）、さらに批判が高まっていく。他方で、移設を推進したい側はあくまで「新基地」ではなく「移設」であることを強調していく。

「最低でも県外」の主張――民主党による政権交代

大きく事態が動いたのは、国政における政権交代からだった。

09年8月30日に実施された衆院選挙で、民主党は定数の6割を超える308議席を獲得して大勝し、9月16日に民主・社民・国民新党による鳩山由紀夫連立内閣が発足する。

「民主党マニフェスト」2009年

民主党は「政権政策マニフェスト」に「日米地位協定の改定を提起し、米軍再編や在日米軍基地のあり方についても見直しの方向で臨む」ことを掲げていた。さらに、鳩山党首は普天間飛行場移設問題について「最低でも県外」と繰り返し主張していた。

沖縄県民は、政権交代による変化に期待し、下地幹郎（1区、国民新）、照屋寛徳（2区、社民）、玉城《たまき》デニー（3区、民主）、瑞慶覧長敏《ずけらんちょうびん》（4区、民主）と、県内4選挙区すべてで反自民党候補を当選させる。

だが、そうしたなかでも仲井眞知事は方針を変えなかった。11月4日から11日にかけて、仲井眞知事は2度目の訪米を行う。今回は米軍基地所在都道県の渉外知事会を代表して行ったものであり、環境汚染への対応指針を定めた特別協定を求めるのが主な目的だった。

仲井眞知事は、その最中にも、普天間基地移設について「県外がベストだが、県内移設もやむを得ない」との立場をとり続けた。仲井眞知事は鳩山政権から県外移設の具体的な見通しが出てこないなか、慎重な姿勢をとり続けていた。

訪米中に行われた世論調査では、普天間飛行場の移設問題への仲井眞弘多知事の政治姿勢に県民の54・5％が「支持しない」と答え、「支持する」の31・1％を大きく上回っていた（『沖縄タイムス』09年11月11日付）。

「オール沖縄」の形成――「国外・県外移設」支持へ

「最低でも県外」実現を掲げた鳩山内閣の登場によって、県民世論は「国外・県外移設」支持に急速に傾いた。

10年1月24日の名護市長選挙は、普天間飛行場の「辺野古移設」（キャンプ・シュワブ沿岸への移設）容認派の現職を破って、稲嶺進《いなみねすすむ》（民主・共産・社民・国民新推薦）が当選する。2月24日には、沖縄県議会で、「米軍普天間飛行場の早期閉鎖・返還と県内移設に反対し、国外・県外への移設を求める意見書」が自民・公明を含めた全会一致で可決。さらには、鳩山内閣成立以降、全41市町村中29議会で普天間飛行場の県外移設を求める意見書が可決された。

そして4月25日、「米軍普天間飛行場の早期閉鎖・返還と県内移設に反対し国外・県外移設を求める県民大会」が開催され、宮古・八重山会場（3700名）と合わせて9万3700名（主催者発表）が参加した。高嶺善伸《たかみねぜんしん》（沖縄県議会議長）、翁長雄志（那覇市長、沖縄県市長会会長）、大城節子《おおしろせつこ》（沖縄県婦人連合会会長）、仲村信正《なかむらのぶまさ》（連合沖縄会長）の4名が実行委員会の共同代表となり、全41市町村長（2市町は代理）に加えて、2日前にようやく参加表明を行った仲井眞知事も登壇し、名実ともに超党派による県民大会が実現する。

ただ、仲井眞知事は大会挨拶で、普天間飛行場の危険性除去と基地負担軽減は訴えたものの、「県内移設」の拒否までは踏みこんでいない。大会終了後も、普天間飛行場移設の条件付き現行案容認の立場について「撤回はしていない」と述べ、従来通りの姿勢を示した。

なお、この頃から「島ぐるみ」に代わり、「オール沖縄」の呼称が一般的となっていく。

仲井眞知事再選――「県外移設」の公約化

政権交代後、鳩山首相は「最低でも県外」を実現すべく米国と交渉、また、沖縄県以外の自治体への基地移転を検討したが、結局、4月に徳之島移設案が困難となり挫折する。

鳩山首相は5月4日、就任後初めて沖縄を訪問し仲井眞知事と会談。「抑止力」の観点から沖縄に海兵隊は必要であるとして、「県内移設」を表明し、謝罪する。結局、28日の日米共同声明であらためて「辺野古移設」（キャンプ・シュワブ沿岸への移設）で合意後、6月2日、辞任を表明する。続いて8日に発足した菅直人内閣は、「日米合意に基づき辺野古移設を進める」との立場を示した。

だが沖縄の県民世論は、首相辞任では収まらず、「県外移設」論が高揚していく。7月11日の参院選は、現職の島尻安伊子《しまじりあいこ》（自民）が再選するが、公約には「県内移設」反対を掲げ、党本部とはねじれが生じていた。「オール沖縄」世論のなかで、自民党県連も「県内移設」容認の立場から選挙戦を戦うことは困難になっていた。

第11回沖縄県知事選結果 2010.11.28

仲井眞弘多	伊波洋一
保守	革新
335,708	297,082

11月28日、沖縄県知事選挙が行われる。結果は、仲井眞弘多（自民県連・公明・みんな推薦）33万5708票、伊波洋一《いはよういち》（社民・共産・社大・国民新・新党日本推薦）29万7082票、金城竜郎《きんじょうたつろう》（幸福実現党）1万3116票となる。「県外移設」撤回への批判を受ける民主党は、独自候補を擁立できず自主投票となった。事実上の保革一騎打ちは、仲井眞が伊波に勝利した。宜野湾市長を任期途中で辞任し、満を持して出馬した伊波の敗北は、「革新共闘崩壊の危機」とも報じられた。

仲井眞の勝利は、従来の方針から転換し、普天間飛行場の「県外移設」を公約として明言したことに尽きる。仲井眞は「鳩山政権は公約を180度転換し、一方的に辺野古移設を発表、県民の怒りと大きな失望を招いた」（『琉球新報』

10年11月11日付）として、県民世論に押されるかたちで公約に組み込むことを了承していた。それを強く促したのは、選対本部長となった翁長那覇市長である。翁長は県民大会実行委員会共同代表も務め、「オール沖縄」の旗手として影響力を増しつつあった。

結局、保革両陣営の基地問題をめぐる争点は不明瞭となった。伊波陣営内には、「県外移設」や「国外移設」によって他府県やグアムなどに基地を移すことへの抵抗もあり、「県外移設」一点を積極的に訴えたのはむしろ仲井眞陣営側であった。

他方で、世論調査では投票時に重視する政策として、「経済活性化」49％が「基地問題」36％を上回っていた（『沖縄タイムス』10年11月29日付）。伊波陣営も経済政策を重点化したものの、仲井眞に対する支持には及ばなかった。そのほか、自主投票だった建設業界の集票を福祉団体が補ったこと、のちに詳述する尖閣諸島問題が保守側に有利に働いたことなどが、仲井眞勝利の要因として挙げられる。

選挙戦を振り返って沖縄のメディアは、県外移設派の勝利を繰り返し強調した。ただしそれは選挙戦勝利のために「県外移設」を公約とした仲井眞知事が、どこまでそれを維持できるか疑問視していたことへの裏返しでもあった。

仲井眞知事への菅政権のすり寄り

10年3月、沖縄県は「沖縄21世紀ビジョン」を公表した。これは、県民へのアンケートや、高校生対象の作文コンクールのほか、全市町村でのワークショップを行い、将来（概ね20〜30年）のあるべき沖縄の姿を描き、その実現に向けた取り組みの方向性と、県民や行政の役割などを明らかにする基本構想をまとめたものである。

仲井眞知事は2期目の選挙公約に、12年3月末で期限が切れる沖縄振興特別措置法に代わる新たな恒久法、県民主体の新たな振興計画の策定、跡地利用推進法、自由度の高い一括交付金の獲得を掲げていた。それは「沖縄21世紀ビジョン」を実現するためのものであった。

菅首相は、県知事選後の12月17、18日に来沖し、仲井眞知事に「辺野古移設」への協力を求めるなか、仲井眞知事の選挙公約実現に前向きな姿勢を示していた。菅内閣は、期限が切れる沖縄振興特別措置法と絡めて基地と振興をリンクさせ、知事の取り込みをはかったのである。

12月24日に閣議決定された11年度予算案では、沖縄振興予算案は2301億5000万円。前年度比0・1％増だったが、01年度以来10年ぶりの増額計上だった。また、全国の自治体向けに新設される一括交付金のなかに、「沖縄振興自主戦略交付金」を設置して、約321億円を計上し、仲井眞知事の要望に一部応えることとなった。

3・11後のオスプレイ配備

11年3月11日、東日本大震災、さらに福島第1原子力発電所事故が起こる。「トモダチ作

MV－22オスプレイ　米海兵隊の垂直離着陸型の輸送機．開発中に事故が相次ぎ，普天間飛行場配備への反対運動が起こった

戦」によって在沖海兵隊の活動が注目された一方、日本全体が「3・11」の衝撃に覆われるなか、沖縄の基地問題への関心は相対的に低下していった。

6月6日、米国防総省は、12年後半に普天間飛行場へMV－22オスプレイを配備する方針を正式発表。沖縄防衛局も同日、沖縄県および関連12市町村に配備を通知した。垂直離着陸機MV－22オスプレイは、開発中に墜落事故が相次ぎ「未亡人製造機」とも言われ、90年代から安全性や騒音が問題視されていた。

「世界一危険な飛行場」ともいわれる普天間飛行場へのオスプレイ配備に、「オール沖縄」による反対運動が再び盛り上がる。7月14日、沖縄県議会が配備計画の撤回を求める意見書と抗議決議の両案を全会一致で可決。県内市町村議会でも反対決議が重ねられていく。

9月18日から22日にかけて仲井眞知事は3度目の訪米を行い、初めて普天間飛行場の「県外移設」を訴えた（12年10月には4度目の訪米を行う）。だが、21日に行われた野田佳彦首相就任後初の日米首脳会談では、日米合意に基づく「辺野古移設」推進が確認されており、沖縄県と日米両政府の隔たりは明らかであった。

11月３日、沖縄県は新たな振興計画の土台となる「沖縄21世紀ビジョン基本計画（仮称）」案を決定し、仲井眞知事は、12年度沖縄振興予算を総額３０００億円の沖縄振興一括交付金とするよう要望。概算要求段階では沖縄振興予算は２４３７億円だったが、12月24日に閣議決定された予算案では、ほぼ満額の２９３７億円が計上される。このうち１５７５億円は仲井眞の選挙公約であった沖縄振興一括交付金として確保される。

他方で、「辺野古移設」作業は着実に進んでいた。環境評価書の沖縄県への年内提出が報じられ、市民団体らが県庁で座り込み阻止行動を展開するなか、仕事納めの12月28日未明に那覇防衛局職員が環境影響評価書を県庁守衛室に運び込み、仲井眞知事がこれを受理。手続きがさらに進められることとなった。

「沖縄関連２法」の成立と県民大会

12年２月10日、野田内閣は、年度末で期限切れとなる沖縄振興特別措置法と駐留軍用地の返還に伴う特別措置法に代わる改正沖縄振興特別措置法案、沖縄県における駐留軍用地跡地の有効かつ適切な利用の推進に関する特別措置法（跡地法）案の「沖縄関連２法」案を閣議決定し、３月30日、10年間の時限立法として成立させる。

沖縄県の要望を大幅に取り入れたものであり、改正沖縄振興特別措置法には、首相が定める基本方針に基づいて沖縄県が振興計画の策定主体となること、沖縄振興一括交付金の創設、鉄軌道の整備などが明記されていた。跡地法には、国による返還全域の原状回復や給付金制度の拡充などが改善されていた。これにより、新たに沖縄県が主体となって「沖縄21世紀ビジョン基本計画（沖縄振興計画）」（12〜21年度）が5月15日に策定される。

6月10日に実施された沖縄県議選の結果（定数48）は、与党21議席（自民13、公明3、無所属5）、野党・中立27議席（社民6、共産5、社大3、民主1、そうぞう1、国民新1、無所属10）となる。前回に続き野党が勝利した。民主党はこの県議選でも大幅に退潮している。

沖縄県議会と県内全41市町村の反対決議がそろうなか、9月9日、「オスプレイ配備に反対する沖縄県民大会」が開催され、宮古・八重山会場（2000名）と合わせて10万3000名（主催者発表）が参加した。

喜納昌春《きなまさはる》（沖縄県議会議長）、翁長雄志（那覇市長、沖縄県市長会会長）、照屋義実《てるやよしみ》（沖縄県商工会連合会会長）、仲村信正（連合沖縄会長）、平良菊《たいらきく》（沖縄県婦人連合会会長）の5名が実行委員会の共同代表となり、実行委員会構成団体は31団体、共催団体は153団体を数え、全41市町村長や代理が参加する（宮古・八重山の市町村長は各地区大会に参加）。これは、2010年4月の県民大会を上回る規模であり、前回と比べて経済団体トップが共同代表に名を連ねたことは、運動の厚みを示すものであった。

一方で、仲井眞知事が趣旨には賛同するとしながらも欠席し、「メッセージ」での参加にとどめたことに批判が集中する。さらに、9月29日から30日にかけて、運動団体や市民の座り込みによって普天間飛行場の全ゲートが封鎖され、沖縄県警が強制排除する事態も起こった。だが、「オール沖縄」の声にもかかわらず、10月1日、普天間飛行場へのオスプレイ配備は実施される。

第2次安倍政権の成立と「建白書」

12年12月16日、衆院選が行われ、自民党が294議席を獲得して大勝し、公明党の31議席と合わせて3分の2以上を占め、再び政権交代が起こった。

沖縄県内の小選挙区は、國場幸之助《こくばこうのすけ》（1区、自民）、照屋寛徳（2区、社民）、比嘉奈津美《ひがなつみ》（3区、自民）、西銘恒三郎《にしめこうざぶろう》（4区、自民）が当選する。沖縄県内の自民党候補者は普天間飛行場「県外移設」を公約に掲げ、4区のうち3区を獲得したが（2区で敗れた宮崎政久《みやざきまさひさ》も比例ブロックで復活当選）、自民党が政権復帰を果たすなかで、党本部とのねじれはさらに深刻になっていた。選挙結果を受けて、12月26日には第2次安倍晋三内閣が発足する。

13年1月27日、「オスプレイ配備に反対する沖縄県民大会」実行委員会主催の「NO　OSPREY東京集会」が開催され、4000名（主催者発表）が参加し、集会後にはパレードが行われた。沖縄県内からは38市町村長と41市町村議会議長（代理含む、3市町長は公務などで欠席）や29県議など総勢約140名の要請団が上京。県関係国会議員7名も参加した。

翌28日には、実行委員会共同代表の翁長那覇市長らが安倍首相と首相官邸で面談し、県民大会実行委員会、県議会、県市町村関係4団体、全41市町村長・議会の連名で、オスプレイ配備反対、普天間飛行場県外移設を記した「建白書」を手渡す。

だが、2月22日の日米首脳会談では「普天間飛行場の早期移設」が合意され、キャンプ・シュワブ沿岸の埋め立てに向けた手続きは進められる。2月26日には沖縄防衛局が名護漁協に埋め立て同意書を申請し、名護漁協が同意。3月22日には、沖縄防衛局が沖縄県に辺野古（キャンプ・シュワブ沿岸）埋め立てを申請する。

「辺野古移設」を「説得」される自民党議員たち

その一方で、安倍政権は沖縄との軋轢をさらに生じさせる政策を実施していく。

13年3月7日、サンフランシスコ講和条約発効によって主権を回復した4月28日を記念し、政府主催で「主権回復・国際社会復帰を記念する式典」を開催する方針が明らかになった。だが沖縄にとって4月28日は、日本から切り離された「屈辱の日」である。沖縄県内からはいっせいに反発が起こる。4月半ばの沖縄での世論調査では、式典について「評価しない」が約7割を占めた。

4月28日に天皇・皇后が出席するなか、東京・憲政記念館で政府主催式典は行われた。仲井眞知事は出席を見送り、高良倉吉副知事が代理出席している。沖縄では「4・28『屈辱の日』沖縄大会」が、また、奄美でも抗議集会が行われた。

政府式典の挨拶で安倍首相は「沖縄の辛苦にただ深く思いを寄せる努力をなすべきだ」と強調し、沖縄への一定の配慮を示したが、その後8月にはオスプレイの12機追加配備を容認し、辺野古新基地建設を進めていく。

この間、沖縄県選出の自民党国会議員および自民党沖縄県連は「県外移設」を撤回するよう「説得」を受けていた。

結局、4月中に西銘恒三郎衆院議員、島尻安伊子参院議員（内閣府政務官）が「県外移設」の公約を放棄。11月には、石破《いしば》茂《しげる》自民党幹事長同席の記者会見で、國場幸之助、比嘉奈津美、宮崎政久を含む沖縄県選出自民党国会議員5名が「辺野古移設」容認を表明。さらに、11月27日には自民党沖縄県連が「辺野古移設」容認方針を決定する。12月4日には普天間飛行場のある佐喜眞《さきま》淳《あつし》宜野湾市長が「辺野古移設」の事実上容認を表明する。

「有史以来の予算」が変えた仲井眞知事の公約

12月17日、沖縄政策協議会で仲井眞知事は、予算確保や基地負担の軽減についての主張をまとめた要望書を安倍首相に手渡した。

12月24日、14年度予算案が閣議決定されるが、沖縄振興予算は総額3460億円（前年度比15・3％増）が計上されていた。那覇空港第2滑走路増設事業（330億円）や沖縄科学技

安倍首相と仲井眞知事の会談，首相官邸，2013年12月25日　首相から振興予算と日米地位協定についての話があり，知事は会談後の記者会見で「有史以来の予算」と評価

術大学院大学拡充予算（198億円）が前年比大幅増で確保されたほか、一括交付金は1759億円（前年比146億円増）となっていた。

翌日、安倍首相は仲井眞知事との会談で、「沖縄21世紀ビジョン基本計画（沖縄振興計画）」の最終年度（21年度）まで、毎年振興予算3000億円台の確保、日米地位協定で新たに環境面について交渉することなどを説明する。

実は6月に、米軍基地返還跡地の沖縄市サッカー場から枯葉剤の入ったドラム缶が発掘され、高濃度のダイオキシンが検出されていた。米軍による原状回復義務がない現協定への批判が高まっていたのである。また、仲井眞知事が要望していた「普天間5年以内運用停止」については具体的な回答はなかったものの、オスプレイ訓練の県外実施の検討なども説明に含まれていた。

安倍首相からの話について仲井眞知事は、「驚くべき立派な内容」と評価し、会談後の記者会見では、「有史以来の予算」「いい正月になる」と発言した。

会談の2日後、仲井眞知事は「県外移設」の公約を翻し、辺野古（キャンプ・シュワブ沿岸）埋め立て申請を承認。これに対して、翌14年1月10日、沖縄県議会は公約に反するとして抗議し、史上初めて知事辞任要求決議を賛成多数で可決したが、仲井眞知事は「今後とも基地負担軽減や沖縄振興といった公約の実現にまい進する」とし、辞任を拒否した（『沖縄タイムス』14年1月11日付）。

名護市長選の反対派勝利と翁長那覇市長への出馬要請

14年1月19日、辺野古がある名護市長選挙で現職の稲嶺進（社民・共産・社大・生活推薦）が末松文信《すえまつぶんしん》（自民推薦）に4155票の大差をつけて再選する。

選挙終盤の末松候補への応援演説で、石破自民党幹事長が500億円の「名護振興基金」創設の検討を述べ、選挙に敗れるとただちに撤回したことは、多くの市民県民の顰蹙《ひんしゅく》を買った。選挙翌日には、菅義偉《すがよしひで》官房長官は市長選に左右されずに「辺野古移設」を推進する方針をあらためて示した。21日には沖縄防衛局が辺野古工事に係る入札公告を行う。

安倍政権は、「オール沖縄」の声に反し、「辺野古移設」を着々と進める。次の政治的焦点は11月に実施される県知事選であった。

まず、具体的な動きを見せたのは、県政野党5団体（社民党県連、共産党県委、社大党、県民ネット、生活の党県連）である。5団体は候補者選考委員会を立ち上げ、5月1日の選考委員会で最有力候補として翁長雄志那覇市長の名前を挙げた。翁長は自民党沖縄県連幹事長も務め、前回の知事選で仲井眞の選対本部長も務めていた宿敵であった。

他方で、6月5日、仲井眞知事による辺野古埋め立て申請承認を批判していた那覇市議会自由民主党新風会11名が、やはり翁長に県知事選への出馬を要請する。この行動に自民党沖縄県連は、新風会メンバーを除名および離党勧告処分とした。

7月27日には「沖縄『建白書』を実現し未来を拓く島ぐるみ会議」が結成される。島ぐるみ会議は県知事選に直接関わらないとしたが、共同代表11名には翁長支持者が名を連ねていた。

8月7日、仲井眞知事が3選をめざし出馬を表明。それに対抗するように、翁長への出馬要請も続いた。4日に稲嶺進名護市長と名護市議会与党会派、8日に経済界で結成された有志会（共同代表は呉屋守将《ごやもりまさ》・金秀グループ会長、平良朝敬《たいらちょうけい》・かりゆしグループCEO）、11日には県政野党5団体の候補者選考委員会、その後も保革を問わず各種団体からの出馬要請が続く。そうしたなかでも、滑走路建設予定地の既存施設の解体が行われ、辺野古新基地建設が始まっていた。8月14日には沖縄防衛局が辺野古沖埋め立て予定海域にブイなど設置し、18日から海底ボーリング調査を開始する。28日には沖縄防衛局による岩礁破砕申請を沖縄県が許可した。

９月３日、沖縄県議会は「辺野古でのボーリング調査等の強行に抗議し、新基地建設工事の即時中止を求める意見書」を賛成多数で可決。７日の名護市議選では（定数27）、辺野古移設反対派が16議席を占める結果となった。そして９月13日、翁長那覇市長が正式に知事選出馬を表明する。

仲井眞と翁長の戦い——２０１４年11月知事選

11月の知事選には、下地幹郎（前衆院議員）、喜納昌吉《きなしょうきち》（前参院議員）も出馬したが、事実上、現職仲井眞と翁長の一騎打ちだった。

選挙の最大の争点は、あらためて言うまでもなく、普天間飛行場移設問題であった。仲井眞は、「辺野古移設」による普天間飛行場の「５年以内の運用停止」と「嘉手納基地より南の早期返還を実現」を掲げた。一方の翁長は、「あらゆる手法を駆使して辺野古に新基地を造らせない」との公約を掲げ、明確に新基地建設反対を打ち出した。

両候補とも選挙スローガンとして掲げたのは、仲井眞が「流れをとめるな！　沖縄21世紀ビジョン！」、翁長が「誇りある豊かさを！」といった経済問題であった。ただし翁長は「沖縄21世紀ビジョン」の実現も掲げており、「米軍基地は沖縄の経済発展の最大の阻害要因」であると強く訴えた。

他方で、沖縄振興予算のその後を懸念し、県内主要経済団体12団体のうちの7団体、県内41市町村のうち31の首長が仲井眞支持に回った。同時に、共産党などからの支援を受ける翁長には、「革新不況」が起こるというネガティブキャンペーンも行われた。翁長は、「イデオロギーよりアイデンティティ」を謳い、「オール沖縄」による13年1月の普天間県外移設を要求した「建白書」の実現を主張した。

翁長知事の登場──10万票の大差

11月16日に実施された沖縄県知事選の結果は、翁長雄志（共産・生活・社民・社大支援）36万820票、仲井眞弘多（自民推薦）26万1076票、下地幹郎（そうぞう・維新支援）6万9447票、喜納昌吉（無所属）7821票となる（公明は自主投票）。翁長が現職の仲井眞に約10万票の大差をつけて勝利した。

しかし、知事選翌日、菅官房長官は「辺野古移設が唯一の解決策」であり、仲井眞知事の埋め立て許可に基づき「粛々と進める」と発言。19日には、台風の影響と県知事選への配慮から中断されていた辺野古海上作業は再開された（衆院解散で23日には再び中断）。さらに、任期満了直前の仲井眞知事が辺野古埋め立て工事の工法変更申請2件を承認する。

12月14日に行われた衆院選では、小選挙区は赤嶺政賢《あかみねせいけん》（1区、共産）、照屋寛徳（2区、社民）、玉城デニー（3区、生活）、仲里利信（4区、無所属）と、すべて「オール沖縄」候補が

翁長雄志（1950〜）知事在任14〜 現那覇市生（父は助静〔元真和志市長〕）．法政大学法学部卒．那覇市議（85〜92），沖縄県議（92〜00），那覇市長（00〜14）を経て，沖縄県知事に．2010年の知事選では仲井眞の選対本部長を務めていた

第12回沖縄県知事選結果 2014.11.16

翁長雄志	仲井眞弘多
「オール沖縄」	自民推薦
360,820	261,076
下地幹郎	喜納昌吉
そうぞう・維新支援	無所属
69,447	7,821

勝利し、重ねて「辺野古新基地反対」の民意を示した。ただし、選挙区で敗れた立候補者全員（自民候補４名、維新候補１名）が比例復活で当選している。

民意に従えば、11月の沖縄県知事選と12月の衆院選によって、「オール沖縄」候補が全勝し、県民の圧倒的支持を得たといえる。だが投票行動を子細にみると、別の見方もできる。

実は、宮古・八重山、本島北部、周辺離島では、反「オール沖縄」候補の票が勝っていた。同じ選挙区内で人口が多い地域で票を集めることで「オール沖縄」候補が当選したのが実態である。選挙戦を通じて、実は離島地域を中心に、「オール沖縄」はすでに崩れている。それは、県を通さずに国が市町村とのパイプを直接繋いできた結果でもあった。

12月25日、翁長知事は、就任後初めて上京したが、安倍首相、菅官房長官は面会を拒否した。沖縄にとって新たな長い苦難の道のりが始まったと言えるだろう。

3　基地経済脱却への具体的展望

稲嶺県政下の「沖縄振興計画」

稲嶺県政期（1998〜2006年）には、第3次沖縄振興開発計画（第3次沖振計／92〜01年度）を引き継ぐ「沖縄振興計画」（02〜11年度）が策定され、整理縮小を前提としつつ、残される米軍基地とのバランスが図られていく。

この沖縄振興計画は、それまでの「振興開発計画」から「開発」を外し、格差是正の側面を退け、「自立的発展の基礎条件」の整備に重点を置く。そのうえで、計画目標に「我が国ひいてはアジア・太平洋地域の社会経済及び文化の発展に寄与する特色ある地域として整備を図」ることを加え、「アジア・太平洋の結節点」の主張を強く押し出していた。

また、新たに情報通信関連産業を重点産業に位置付ける。稲嶺県政では積極的な県外企業誘致を展開し、知事退任直後の07年1月時点で、コールセンター、情報サービス産業、ソフトウェア開発業など累計120社が沖縄県内に進出。1万1000名余を雇用する重要産業に成長し、06年度の生産額は2252億円にまで拡大した。

さらに、沖縄振興計画では、世界レベルの大学院大学の設立を謳っていた。05年9月に発足した独立行政法人沖縄科学技術研究基盤整備機構による準備を経て、11年11月には学校法

8-2 沖縄振興（開発）計画の人口，経済見通し

	人口	県内純生産	就業者数	1人当たり所得
第１次沖縄振興開発計画 1972-81年度	95万 →100万以上	3100億 →１兆*	39万 →46万	33万 →３倍近く
第２次沖縄振興開発計画 1982-91年度	111万 →120万	１兆2800億 →２兆4000億	45万 →53万	116万 →200万
第３次沖縄振興開発計画 1992-2001年度	122万 →130万	２兆8000億 →４兆9000億	54万 →63万	200万 →310万
沖縄振興計画 2002-11年度	132万 →139万	３兆4000億 →４兆5000億	58万 →67万	218万 →270万
沖縄21世紀ビジョン 基本計画 2012-21年度	139万 →144万	３兆7000億** →５兆1000億	62万 →69万	207万 →271万

註記：*は生産所得　**は県内総生産
出典：川瀬光義『基地維持政策と財政』（日本経済評論社，2013年）を基に筆者作成

人沖縄科学技術大学院大学学園（恩納村）がつくられ、12年9月からは大学院大学博士課程が開設された。大学院大学には、将来的な研究機関や企業群の集積による一大産業地への発展が期待されている。

ただし、沖縄振興計画の予算は、過去3次にわたる沖振計と比較すると、長期不況のなかで公共事業削減の影響などを受けて低くなる。大田県政から稲嶺県政に転換する第3次沖振計の98年度と沖縄振興計画の最終年度の11年度を比較すると、半分弱にまで減少している（8-3参照）。

仲井眞知事は、沖縄振興計画を引き継ぐ「沖縄21世紀ビジョン基本計画」（12～21年度）のために、日本政府に3000億円の予算を要望しほぼ満額を計上させた。また、14年度予算の際にも最終年度までの毎年3000億円台を要求し、安倍首相の確約を得ている。これらは、仲井眞知事の辺野古埋め立て承認の重要な要因とされるが、仲井眞には、沖縄21

8－3　沖縄振興予算の推移

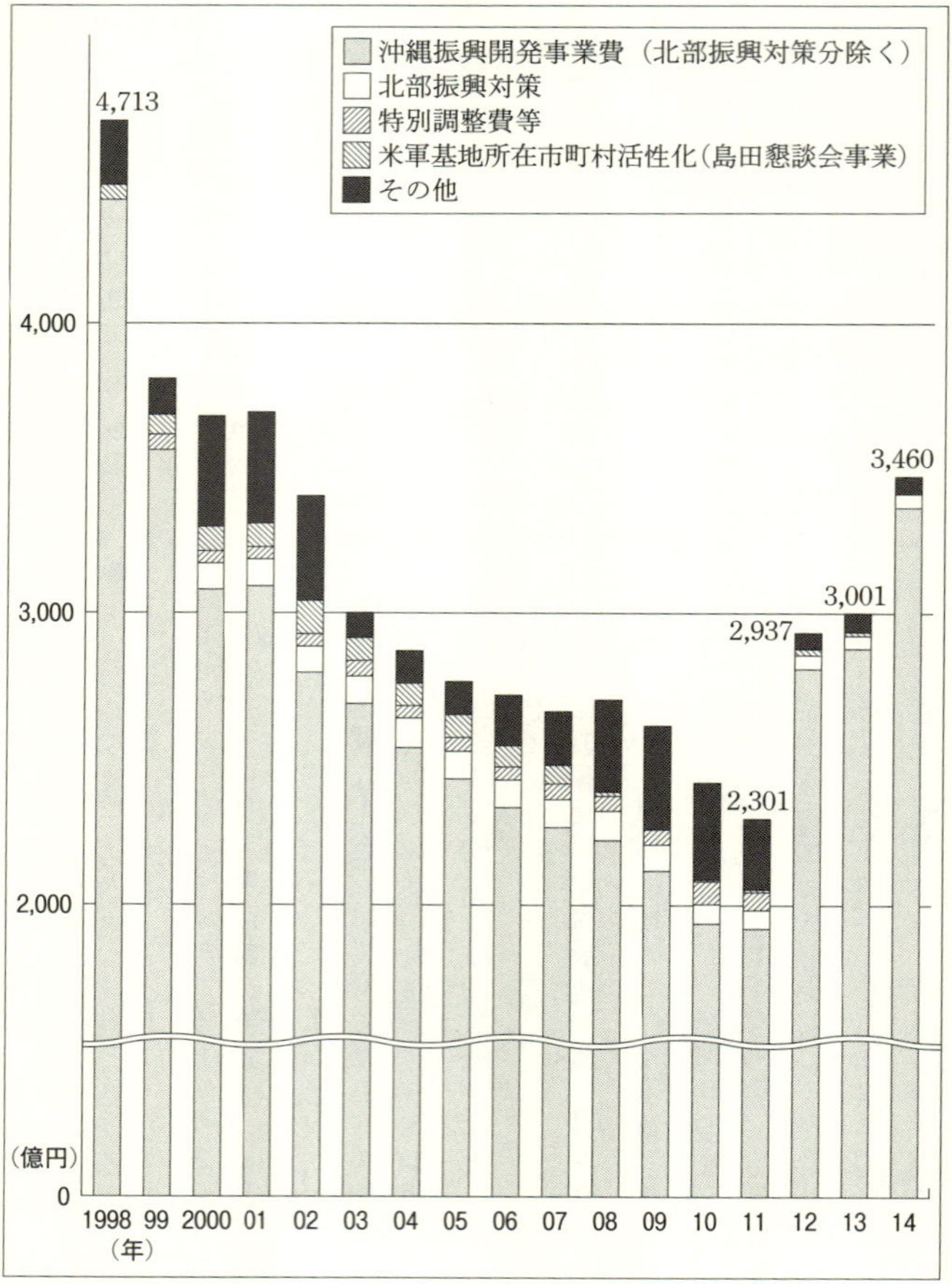

註記：2012〜14年は当初予算
出典：沖縄県ウェブページ「沖縄振興予算」

世紀ビジョン基本計画に対する予算削減の危機感があったのである。

並存する振興事業——県と市町村の分断

第７章で触れたように、３次にわたる沖振計のような従来からの沖縄振興開発事業費とは別に、90年代後半以降、島田懇談会事業や北部振興事業といった日本政府からの補助金がつくられる。

島田懇談会事業は、97〜13年度の17年間に総事業費が約１０００億円。北部振興事業は、00〜09年度の10年間に各年度１００億円ずつが実施される。それ以降も10〜11年度には北部活性化特別振興事業、12年度以降も北部連携促進特別振興事業として、予算が減額されながらも継続する。

島田懇談会事業や北部振興事業などは、普天間飛行場移設問題のなかで実施されたが、表向きには振興事業と基地問題はリンクさせず、別の問題とされてきた。それとは逆に、リンクを明確にし、普天間飛行場移設と関連付けて07年度から実施されたものもある。防衛省が管轄する米軍再編交付金である。

いずれにせよ、これら基地問題と絡んだ沖縄振興開発事業費とは別枠の予算は、沖縄県を通さず、国と市町村が直結するものであり、沖縄県内部に複雑な分断を作り出した。

そのような状況下、仲井眞知事は11年度で終わる沖縄振興計画の次の計画について、県主導での計画策定、一括交付金の実現を日本政府に要求する。結局、予算全額の一括交付金化は実現せず、使用方法にも制約があるなど、沖縄県の要望がすべて実現したわけではないが、普天間飛行場移設問題との政治的駆け引きのなかで、その多くを日本政府に受け入れさせ、「沖縄21世紀ビジョン基本計画」が策定された。

沖縄21世紀ビジョン基本計画では、米軍基地は「沖縄振興を進める上で大きな障害」と明記され、普天間飛行場など駐留軍用地の跡地活用が重要な前提とされる。基地の整理縮小の行方とともに、日本政府が基地と振興の「リンク論」を強めるなかで、沖縄21世紀ビジョン基本計画で沖縄県と県内市町村が一体となれるかが、これから計画を進めるうえで重要な課題となるだろう。

新たな観光資源とインフラ整備

00年代に入り、観光業はますます重要度を増していった。

00年11月には、ユネスコ世界遺産委員会で「琉球王国のグスク及び関連遺産群」の世界遺産（文化遺産）登録が決定する。首里城のほか中城城《なかぐすくじょう》跡、座喜味城《ざきみじょう》跡、勝連城《かつれんじょう》跡、今帰《なき》仁城《じんじょう》跡の5つのグスクと、園比屋武御嶽石門《そのひゃんうたきいしもん》、玉陵、識名園、斎場御嶽《せーふぁうたき》の4つの関連遺産が対象となった。各地の整備が進み、海外からの観光客誘致にも効果を発揮していく。

90年代からの国内での「沖縄ブーム」をさらに加速させたのは、NHK連続テレビ小説

「ちゅらさん」（01年４月２日〜９月29日、全156回）である。具体的な内容に触れる余裕はないが、八重山諸島の小浜島と沖縄本島の那覇、そして東京の３ヵ所を軸に物語が展開され、「癒しの島」としての沖縄イメージはさらに増幅され、離島への観光客を呼び込む「離島ブーム」にも繋がっていく。

01年４月には、沖縄振興特別措置法の改正で、沖縄型特定免税店制度が拡充され、04年12月には国内初の路面型免税店として「ＤＦＳギャラリア沖縄」がオープンする。観光業の多様化を進める点では、オフシーズンの冬期にプロ野球キャンプをはじめ、スポーツ合宿の誘致を進めたことも大きい。

02年11月には、復帰30周年事業の一環として国営沖縄記念公園海洋博覧会地区（本部町）の水族館がリニューアルされて「沖縄美ら海水族館」が開館。沖縄本島有数の観光地となっていく。

有形無形の観光財の蓄積も一層進む。04年１月には、国立劇場おきなわ（浦添市）が開場。組踊など沖縄伝統芸能の保存振興などを目的に５番目の国立劇場となった。さらには、06年３月、那覇市に寄贈されていた琉球国王尚家関係資料（計1251件）が、沖縄県では戦後初めて国宝に指定されている。

空港整備も、99年５月には那覇空港の新国内線ターミナルが供用開始、03年８月には空港直結の沖縄都市モノレール（ゆいレール）が那覇空港―首里間で開業。さらには、12年10月にはＬＣＣ専用ターミナル、14年2月には新国際線ターミナルがそれぞれ開業した。そして、復帰時点からの懸案となっていた那覇空港第2滑走路も、第1滑走路の沖合1・3キロに2700メートルの滑走路を建設する工事が14年1月に着工し、20年3月末の運用開始が予定されている。

建設候補地が決まらず、懸案となっていた新石垣空港も、99年8月に新石垣空港建設位置選定委員会が設置される。県主導ではなく地元代表や学識経験者による選定作業が進められ、00年3月に「カラ岳陸上案」が最終計画地となり、13年3月に新石垣空港（愛称「南《ぱい》ぬ島石垣空港」）が開港した。

沖縄県への入域観光客数は、98年の約413万人から14年には約706万人となり、保守県政16年間で約1・71倍に増加した。特に約548万人であった2011年からの伸びが著しく、わずか3年で約158万人も増加している。その要因は、ＬＣＣの利用増と、後述するアジアを中心とした外国人観光客の急増である。

その一方で、先述したように01年のアメリカ同時多発テロやアフガニスタン戦争、03年のイラク戦争開戦などの「風評被害」によるキャンセルの連鎖は、基地と観光の共存が難しいことを沖縄県民に強く意識させた。観光業経営者が翁長知事の有力な支持層となっていることもそうした認識がもたらした結果といえる。

アジア新時代

アジアへの玄関口として沖縄を位置付けることは、本土復帰後の経済計画で一貫して行われてきた。80年代以降のアジア経済の成長と冷戦終結による軍事的緊張緩和への期待のなかで、大田県政期の「国際都市形成構想」など、アジア重視が計画で謳われるようになってきた。近年になり、理念に留まっていたアジア重視が、実態と結びつくようになってきている。

たとえば、那覇空港を基点に日本とアジアの主要都市を結ぶ「ＡＮＡ沖縄貨物ハブ事業」がある。09年10月の運用開始以降、その影響は大きく、那覇空港の14年国際貨物取扱量は18万5０００トンで運用開始前の約1００倍にも達し、成田、関西、羽田の各空港に次いで国内4位の取扱量となっている。

また、アジアを中心とした外国人観光客の増加も著しい。11年には28万人だった外国人観光客は、12年に37万6７００人、13年に55万8００人、14年に89万3５００人となり、わずか3年間で約3・19倍に急増している。14年の国籍別内訳は、台湾34万4１００人、韓国15万5１００人、香港12万3０００人、中国11万3４００人、その他15万7９００人となっている（各年次「入域観光客統計概況」沖縄県ウェブページ）。14年2月には新国際線ターミナルが開業して新規航路も次々に就航し、今後も外国人観光客の増加が見込まれている。

このようななかで、テロへの懸念に繋がる米軍基地の存在だけでなく、近年の歴史問題や領土問題などによる韓国・中国との対立もまた、観光業の阻害要因として懸念されるようになってきている。

跡地利用報告のインパクト

沖縄県の統計（巻末資料・付録①）によれば、県民総所得に占める基地関係収入の割合は、90年度には4・9％（約1425億円）にまで減少した。だがその後は、知事交代期でみると、98年度には5・4％（約1962億円）、06年度には5・5％（約2142億円）である。96年から統計の精度を高めるために、米軍基地内での建設工事、テナント業者の営業活動で得た雇用者の報酬、企業の利益も加えられ、0・2〜0・4％程度が上乗せされているため、それ以前との単純比較はできないが、おおよそ5％程度で下げ止まっている。

米軍用地は少しずつではあるが返還されて総面積は減少している。またバブル崩壊以降、土地価格が下落した。そのようななかで基地関係収入の割合が維持された最大の要因は、日本政府が安定的な基地運用を行うために、土地連の値上げ要求に応じてきたからである。大田県政期には4〜6％台、稲嶺県政期に入っても01年度までは3％台という高率で、軍用地料を一貫して増額している。だが、国家財政逼迫を理由に日本政府の姿勢も変化し、02年度以降は0・1％台以下での微増となっている。

駐留軍従業員数はどうであろうか。復帰直後の72年5月末には1万9980名であったが、80年3月末には7177名にまで減少する。その後人数は微増していき、90年3月末774

8－4　米軍基地の経済問題（中南部）

	返還前			返還後（2009年）	
那覇新都心地区 （牧港住宅地区）	従業員数 軍雇用者所得 軍関係受取	168人 7.5億円 45億円	➡	従業員数 雇用者報酬 市町村民所得	1万7285人 518.3億円 849.6億円
北谷町北前地区 （ハンビー飛行場）	従業員数 軍雇用者所得 軍関係受取	― ― 2.7億円	➡	従業員数 雇用者報酬 市町村民所得	2078人 67.1億円 121.3億円
小禄金城地区 （那覇空軍・海軍補助施設）	従業員数 軍雇用者所得 軍関係受取	159人 5.3億円 31.6億円	➡	従業員数 雇用者報酬 市町村民所得	5612人 168.3億円 275.8億円
普天間飛行場	従業員数 軍雇用者所得 軍関係受取	197人 10.9億円 93億円	➡	雇用誘発人数 直接経済効果	3万2090人 4522億円

註記：雇用者報酬，市町村民所得は推計．普天間飛行場の返還後は見込
出典：沖縄県ウェブページ「中南部に位置する米軍基地の経済問題」（2013年8月23日更新）を基に著者作成

6名、98年3月末8443名、06年3月末8928名となる（『沖縄の米軍基地　平成25年3月』）。

沖縄県は06年度に野村総合研究所・都市科学政策研究所に委託して「駐留軍用地跡地利用に伴う経済波及効果等検討調査」を行った。報告書の内容に基づき、沖縄県が行った試算（8－4）は、その後、県民の意識を大きく転換させる。

その試算では、那覇新都心地区、北谷町北前地区、小禄金城地区という具体的な事例を挙げ、返還後の開発によって軍用地料を含めた基地関係収入の数倍の経済効果がもたらされ、雇用も劇的に増加したことが示されていた。その事例をふまえた普天間飛行場返還のシミュレーションの試算も説得力があり、大きな期待を持たせるものだった。

沖縄県民の認識は、県民総所得に占める基地

関係収入が「5%程度もある」のではなく、「5%程度しかない」のであり、軍用地が返還されれば数倍、数十倍の経済活動が可能で、その機会を失っているという考え方に変化してきている。

現在、米軍基地で大きく問題化しているのは、普天間飛行場を含めた沖縄本島中南部である。人口集中地域に米軍基地が存在することで市街地は分断され、都市計画にも大きな影響を及ぼしている。そのなかで、土地連も、重要度が高く今後も維持される軍用地については軍用地料の値上げを要求する一方で、整理縮小による返還が可能な地域については、地主の不利益とならないよう日本政府が再開発に責任を持つことを要求する現実的な方針へと転換している。

経済的に基地依存はやむを得ないという理屈は、沖縄県内ではすでに現実味を失ってきている。沖縄は基地があるがゆえに豊かな生活ができるという主張は、県内所得や失業率が長く全国最下位であり続けてきた一方で、返還地域の再開発が経済効果をもたらしている事実によって、空虚なものとなっているのである。

4　自立意識の高まり――県民多数の意思とは

「沖縄イニシアティブ」――日米同盟の積極評価

第7章で述べたように、1995年の米兵少女暴行事件以降、沖縄県内では基地見直し論や自立論・独立論が公然と語られるようになった。だが、その論調は「行きすぎ」という批判も県内から起こっていた。

「行きすぎ」論の急先鋒は、保守県政のブレーンにもなった琉球大学の大城常夫《おおしろつねお》、高良倉吉、真栄城守定、琉球銀行の牧野浩隆らである。その後、牧野は稲嶺県政、高良は仲井眞県政の副知事を務めている。

特に、00年3月に那覇市で開催された日本国際交流センター主催「アジア太平洋アジェンダプロジェクト・沖縄フォーラム」で、大城・高良・真栄城の3名が発表した『沖縄イニシアティブ』のために——アジア太平洋地域社会のなかで沖縄が果たすべき可能性について」は、大きな反響を呼び、地元紙などで批判が巻き起こった。

「沖縄イニシアティブ」の趣旨は、沖縄が21世紀に新しいソフト・パワーとなるため、沖縄の再評価を提言することであった。沖縄自身が自らの過去・現在・未来に積極的な自己評価を与え、日本社会の一員として自己の創造的役割を定義し、アジア太平洋地域のなかでどのような役割を発揮できるのか、その際の自己像を明確にし、自らのイニシアティブを積極的に発揮すべきだとする。

「沖縄イニシアティブ」では、まず7つの「歴史問題」——①「琉球王国」という独自の前近代国家を形成したこと、②独自の文化を形成したこと、③日本本土から「差別」を受けたこと、④戦争で拭《ぬぐ》いがたい被害を被ったこと、⑤「異民族統治」を受けたこと、⑥日本に復帰することを求めたこと、⑦基地負担の面で不公平であること――を挙げる。そのうえで、「歴史問題」を基盤とする「地域感情」で一方的に批判を行うのではなく、相手にも伝わる「普遍的な言葉」で交渉する力を持ったときに、沖縄は日本とアジア太平洋地域を結ぶ「知的な解決装置」としてレベル・アップすることができるとした。

そして、日米同盟や沖縄米軍基地の安全保障上の役割を高く評価し、それは多数の日本国民によって民主主義に基づき支持され、沖縄県はその一員であることが重視されていた（『沖縄イニシアティブ』）。

県民多数の意思――米軍基地肯定のうえでの要望

「沖縄イニシアティブ」は論旨全体が、基地見直し論や自立論・独立論への批判であったため、沖縄内外から多くの批判が起こり、保守県政の「御用学者」の発言とも言われた。しかし、確認しておくべき論点がある。

「沖縄イニシアティブ」は沖縄の経済発展、経済自立の前提となる議論であり、そのためにアジア太平洋地域の安定をめざしていた。本書で繰り返し述べてきたように、本土復帰以降の沖縄開発庁を通じた沖縄振興開発は、外交・防衛を分けていた。それにより、沖縄は沖縄米軍基地への直接の発言権を失い、基地問題と経済振興は別という建て前が成り立ってきた。

それが、96年9月の閣議決定で沖縄政策協議会が設置され、基地問題と経済振興を含めた沖縄についての問題全般を沖縄県が政府に直接訴える場ができる。そこに「沖縄イニシアティブ」が提起され、より積極的に沖縄が果たしている安全保障上の役割が打ち出されたのである。

「沖縄イニシアティブ」が打ち出した、日米同盟の重要性を認め、必要な基地については同意するという立場、そして、沖縄県が日本の一員、一地域であることを前提とする立場は、稲嶺知事、仲井眞知事、そして翁長知事にいたる保守出身の知事に一貫した特徴でもある。このことは、革新が弱体化するなか「オール沖縄」における最大公約数の同意形成でも前提となってきた。

実際、NHKの世論調査によって、02年3月と12年3月の変化をみると、保革イデオロギーを超えて、こうした立場が沖縄県民の主流になっていることがわかる。

本土復帰については、「非常によかった・まあよかった」76%→78%、「非常に不満である・あまりよくなかった」13%→15%と、ほとんど変動がない。その上で、米軍基地については、「必要・やむをえない」47%→56%、「危険である・必要でない」44%→38%と、「必要・やむをえない」が上昇している。さらに、自衛隊についても、後述する尖閣諸島問題などもあって、「必要・やむをえない」67%→82%、「危険である・必要でない」23%→14%と、「必要・やむをえない」が大きく上昇している。

米軍基地・自衛隊は、必要であることは認めたうえで、基地の整理縮小などによる相応以上の負担軽減や、日米地位協定の改善、軍人の綱紀粛正を要求するというのが、この間の県民多数の一貫した意見だといえる。そして、その要求内容も基地認識の変化とともに具体化しているのである。

「移設」ではない「新基地」への批判

09年8月の衆院選で政権交代が起こり、「県外移設」を掲げた鳩山内閣が誕生したことが、沖縄県民の基地認識の変化に決定的な影響を与えたことは間違いない。それ以前から「県外移設」を求める主張はあったが、あくまで多様な意見の一つにすぎなかった。それが一気に県民の総意を集約する政治的スローガンとして浮上したからである。

10年4月に「米軍普天間飛行場の早期閉鎖・返還と県内移設に反対し国外・県外移設を求める県民大会」が開催される過程で、「県内移設」は基地機能の強化であり、沖縄への基地固定化であるという考えが、保革を超えて県民の総意となっていった。6月に鳩山首相が「県外移設」の公約を翻《ひるがえ》して退陣した後も、「オール沖縄」の要求として、主張は掲げられ続ける。

また、09年11月、岡田克也《おかだかつや》外相の委嘱により「いわゆる『密約』問題に関する有識者委員会」が発足し、翌年3月に報告書が出され、一般公開された。沖縄返還時の「有事の際の核持ち込みに関する『密約』」、「原状回復補償費の肩代わりに関する『密約』」が検討され、第5章で触れた〝密約〟問題が県民一般に広く知られたことで、沖縄米軍基地に対する信頼は一層揺らぐ。

すでに述べたように、「基地は経済発展の障害」という認識は広がっている。だが「抑止力」として沖縄米軍基地が必要であれば、ただちに縮小・撤去が進むことにはならないだろう。とはいえ、その「抑止力」自体の根拠が大きく揺らぎ始めている。

冷戦終結以降、中国の軍事技術向上によって、精度の高い弾道ミサイルの射程距離に沖縄が完全に入った。そのため米軍はグアムを海兵隊の拠点とし、オーストラリアから日本本土にまたがる弧を描くラインで分散配置する再編を太平洋・アジア地域で進めてきた。在沖海兵隊はアジアをローテーションで部隊を移動させており、沖縄に常駐していない。そもそも海兵隊が使用する揚陸艦の拠点が、現在は佐世保であることからも沖縄にいる必然性はない。

現在、辺野古沖（キャンプ・シュワブ沿岸）に建設されようとしている基地は、揚陸艦も着岸可能な「護岸」や、滑走路横の「弾薬搭載エリア」のように、普天間飛行場には存在しない新たな施設が予定され、既存の辺野古弾薬庫とも連結する。そうしたことから、単なる「移設」ではなく、機能強化された「新基地」であり、負担軽減にはならない。このことは沖縄県民の多くに認識されている。

さらには、11年2月に、鳩山元首相が『琉球新報』のインタビューに応え、海兵隊の「抑止力」は、県外の移設先が見つからないなかで「理屈付け」の「方便」であったことを率直に述べている。軍事専門家でもある森本敏《もりもとさとし》元防衛相も12年12月の退任記者会見のなかで、「軍事的には沖縄でなくても良いが、政治的に考えると、沖縄がつまり最適の地域である」と述べている。

沖縄の地元メディアが、以上のような情勢を丹念に報じ、在沖海兵隊は「抑止力」という根拠はもはやないという認識が広がっている。誤解してはならないのは、沖縄県民の多数が、「ただちに全基地を撤去せよ」と主張しているわけではないことである。空軍の嘉手納飛行場・弾薬庫などは、「抑止力」の点でも、日米同盟が継続する限り、撤去することはきわめて難しいだろう。だが、海兵隊基地については、そのような根拠は乏しいと考えているのである。

翁長知事を含め、沖縄保守政治家は日米同盟を肯定し、相応の基地負担には同意している。それはまた、世論調査で示された県民多数の意見でもある。しかし、沖縄県には、全国の米軍専用施設面積の73・7%が集中し、さらには、米軍訓練空域20ヵ所、水域28ヵ所が米軍管理下に置かれている（『沖縄の米軍及び自衛隊基地（統計資料集）平成27年3月』）。そうした現状に、日米同盟の安定のためにも、沖縄政情の不安定化を避けることが必要であるとして、過分な負担の軽減を要求しているのである。

尖閣問題と八重山教科書問題

一方で、沖縄県内にも大きな問題を投げかけているのが、中国との領土問題、軍事対立と、そのなかで高揚する日本ナショナリズムである。特に尖閣諸島が所属する石垣市を含む八重山諸島の3市町では、さまざまな問題が生じている。

08年9月19日、日本の最西端である「国境の島」与那国町では、町議会で自衛隊誘致に関する要請決議が賛成多数で可決され、翌年8月の町長選では現職で自衛隊誘致派の外間守吉《ほかましゅきち》（自民・公明推薦）が再選を果たす。

さらに、10年2月28日に実施された石垣市長選挙では、前市議の中山義隆《なかやまよしたか》（自民・公明推薦）が、現職で5期目をめざした大濱長照《おおはまながてる》（社民・共産・社大・民主推薦）に5000票余の大差をつけて当選。4期16年ぶりに保守が市政を奪還した。

10年に入り、中国籍漁船による領海侵犯が急増し、9月7日には尖閣諸島中国漁船衝突事件が起こる。中国政府が報復措置をとるなかで逮捕・勾留した中国漁船船長を那覇地方検察庁の判断として処分保留で釈放したこと、中国の各都市で「反日デモ」が起こったこと、さらには、海上保安官によるインターネット動画サイトへの衝突映像流出事件など、その影響は大きく、尖閣諸島をめぐる問題は国内の政治課題となった。

12月17日には、石垣市が1895年に領有の閣議決定がなされた1月14日を条例で「尖閣諸島開拓の日」に制定し、翌年同日には記念式典を実施している。このようななかで八重山教科書問題が起こる。

11年7月頃から、12年度以降に使用する中学校教科書の選定について、八重山地区（石垣市、竹富町、与那国町）が「新しい歴史教科書をつくる会」系（「つくる会」系）の教科書を採択する動きがあることが報道され、07年の歴史教科書問題の際の歴史修正主義を否定する県民大会決議と異なる動きに懸念が広がった。

11年8月23日、八重山採択地区協議会は、歴史は従来通り帝国書院「中学生の歴史」、公民は「つくる会」系の育鵬社「新しいみんなの公民」を選定して答申。だが、竹富町は公民教科書については答申に従わず、独自に東京書籍「新しい社会、公民」を採択し、八重山地区の教科書採択が分裂する。

10月18日、文科省が教科書無償措置法に基づき沖縄県教育委員会に是正要求を出すよう指示したが、竹富町は地方教育行政法を根拠にこれに従わなかった。教科書無償措置法は採択地区内の市町村が同一の教科書を使用するよう規定している一方で、地方教育行政法は各市町村教育委員会の採択権を認めていたからである。事態は長期化し、竹富町は無償給付の対象外とされ、12年度から有志の寄付により生徒への給付を行うこととなった。

第2次安倍内閣の成立以降、文科省による是正要求は強まったが、竹富町は態度を変えず、結局、14年4月9日、教科書の「共同採択地区」を市郡単位から市町村単位に改める改正教科書無償措置法が成立。竹富町が八重山採択地区から離脱することによって問題が解決され、

15年度からは国による無償給付が復活している。

八重山教科書問題は国境の島におけるナショナリズムの高揚がもたらした地域内での対立であった。

尖閣問題と米軍基地・自衛隊

尖閣諸島中国漁船衝突事件から１年半後の12年４月、石原慎太郎東京都知事が、尖閣諸島の魚釣島、北小島、南小島を地権者から購入する方針を発表し、購入資金として募金を募り始める。結局、中国側の反発で、野田政権が９月11日に地権者から３島を買い取り国有化する。米軍射爆場となっている残りの２島のうち大正島は元来国有地であり、久場島のみが私有地として残ることとなった。

他方で、この年の４月と12月の２度にわたって北朝鮮が人工衛星打ち上げとして弾道ミサイル発射を行った。先島諸島（宮古・八重山）の上空を通過すると想定されたことで、自衛隊法に基づき防衛相の破壊措置命令が出され、落下物に備えて宮古・八重山にもＰＡＣ－３《パックスリー》（地対空誘導弾）が配備される。打ち上げ予定時刻には屋内退避を呼び掛けるなど、緊張を強いる状況がつくられた。また、14年４月には、与那国島での陸上自衛隊沿岸監視部隊の建設が着工し、15年度末までの完成となっている。

こうした対外的な緊張が高まるなかで、先に触れたように、米軍基地・自衛隊について必要性を認める県民世論は高まっている。

12年11～12月に沖縄県が実施した県民意識調査によれば、中国に「良い印象を持っている・どちらかといえば良い印象を持っている」9・1％（全国調査15・6％、以下同）、「どちらかといえば良くない印象を持っている・良くない印象を持っている」89・0％（84・3％）である。また、海洋での軍事紛争については「数年以内に起こると思う・将来的には起こると思う」43・6％（27・2％）、「起こらないと思う」30・0％（37・9％）、「わからない」25・2％（34・6％）となっている。全国調査と比較した場合、沖縄県民は中国への脅威をより身近に感じており、警戒を強めている（『沖縄現代政治史』）。

だが、そうした実態にもかかわらず、沖縄の「反基地運動」が日米同盟を脅かし、中国に利する行動をしているとみなす人々の沖縄に対するバッシングは年々強まっている。

13年1月、沖縄県と県内全市町村の代表者らによる「オール沖縄」の要請団が東京で日本政府への要請行動を展開し、「NO OSPREY東京集会」後に行ったパレードに、「中国共産党のスパイ」「日本から出ていけ」といったヘイトスピーチが行われている。こうした状況は、沖縄側からも「ヤマト」（本土）に対する批判が強まっているなかで、一層その乖離を拡げることにしかならないだろう。

「構造的差別」と「オール沖縄」

95年10月の県民総決起大会以降、基地負担の軽減が一向に進まない閉塞感のなか、自立論・独立論が沖縄社会で活発化していった。近年でも、07年9月の沖縄戦「集団自決」をめぐる歴史教科書問題、10年4月の普天間飛行場移設問題、12年9月のオスプレイ配備反対と、立て続けに県民大会が開催されてきたが、その抗議の矛先は、明確に「ヤマト」に向けられたものである。ヤマトとは沖縄で用いられる本土に対する呼称である。

特に、07年の歴史教科書問題は、戦後の沖縄アイデンティティの根幹となってきた沖縄戦認識への「ヤマト」からの攻撃とみなされた。このときの保革を超えた共感が、基地問題をめぐる「オール沖縄」での結束に繋がった。

ただ、沖縄戦認識は、住民虐殺や集団自決に触れることによって必然的に「ヤマト」との緊張関係を生む。そのため、沖縄側からも保守県政下で「自主規制」に動くことがある。

稲嶺県政下の99年8月にはリニューアル準備中の沖縄県平和祈念資料館で、監修委員と協議せずに勝手に県の事務方が、ガマのなかで日本兵が銃を住民に突きつけた展示を、銃を持たないかたちに変更していたことが明らかとなり、抗議の声が強まり再修正された。その問題がきっかけとなって、5月に開館したばかりの八重山平和祈念館の展示にも、写真・パネルの削除や書き替えなどの変更を加えていたことが発覚している。

さらに、仲井眞県政下の12年2月には、首里城地下の第32軍司令部壕の説明板を設置する際、有識者による検討委員会でまとめられた文案から、県が「慰安婦」「日本軍による住民虐殺」の文言を削除したことが明らかとなる。沖縄戦認識だけをみても「ヤマト」との関係では危うさを持っている。

10年の県民大会の頃から沖縄社会で頻繁に用いられるようになった言葉が、「構造的差別」と「オール沖縄」である。

沖縄現代史研究者の新崎盛暉によれば、「構造的沖縄差別とは、対米従属的日米関係の矛盾を沖縄にしわ寄せすることによって、日米関係（日米同盟）を安定させる仕組みである」（『沖縄を越える』）。11年3月11日以降、原発問題と組み合わされることによって、日本社会における「構造的差別」は、特定の地域への差別として、より普遍的に理解されるようになったといえる。

「自己決定権」の要求

それと前後して、自立論・独立論についての学問的な探求や具体的な実践が行われていることにも注目する必要がある。

07年1月、内閣官房に道州制ビジョン懇談会が設置される。だがここでは、沖縄単独州の方向性はなかった。その危機感から、沖縄経済同友会を中心に沖縄道州制懇話会（座長・仲地博琉球大学教授）が発足。主要経済3団体（沖縄県経営者協会、沖縄経済同友会、那覇商工会議所）、連合沖縄、県議会、市長会、町村会の各代表のほか、学識経験者など13名の委員で構成され、全沖縄的合意形成をめざした。09年９月には、沖縄は単独の「特例型」道州とするべきとの最終提言をまとめ、仲井眞知事と高嶺県議会議長に提出。沖縄単独州への切望は、「自己決定権」の獲得を求めたからであった。

一方、90年代後半以降、国連で「先住民族」として「自己決定権」を要求する活動も進められてきた。08年10月31日、国連人権委員会は日本政府に対して「アイヌ民族および琉球民族を国内立法下において先住民族と公的に認め、文化遺産や伝統生活様式の保護促進を講ずること」を勧告した（『沖縄タイムス』08年11月１日付）。

さらに10年３月と14年８月には、国連人種差別撤廃委員会が日本政府に対して、沖縄の人々は「先住民族」であり、沖縄の民意尊重、琉球・沖縄の言語や歴史、文化の学校教育で教科書に盛り込むといった保護などを行うよう繰り返し勧告している。

だが、日本政府は、08年にアイヌ民族を先住民族として認めているが、琉球民族についての勧告は無視し続けている。

国連で「琉球民族」が先住民族として認知され、繰り返し、日本政府に勧告が出されていることは、重視すべき事実である。

15年５月に実施された琉球新報社と沖縄テレビ放送の世論調査によれば、沖縄のことは自ら決める「自己決定権」について、「大いに広げていくべきだ」（41・８％）「ある程度広げていくべきだ」（46・０％）を合わせると87・８％が肯定的に回答している（「広げる必要はあまりない」6・8％、「広げる必要はまったくない」2・4％、「分からない」3・0％）。将来の沖縄の方向性については、「日本の中の一県のままでいい」が66・6％で最も多く、「日本国内の特別自治州などにすべき」が21・0％、「独立すべき」が8・4％となっている（『琉球新報』15年6月3日付）。この結果からは、日本への帰属を前提としつつも、「自己決定権」獲得の要求が強いことがわかる。さらには、特別自治州や独立への願望も決して無視できる数字ではなく、一定数の確固とした支持層が存在している。

なお、13年5月15日には、琉球の独立を前提とし、琉球の独立に関する研究・討論を行う場として、琉球民族独立総合研究学会が設立されるなど、独立論も新たな動きをみせている。

「オール沖縄」と独立論の相克

ただ「オール沖縄」の主張は、そのような独立論とは明確に一線を画すものである。繰り返しになるが、翁長知事を含め、沖縄保守政治家は、沖縄県が日本の一員、一地域であることを前提とし、日米同盟の重要性を認め、必要な基地については同意する立場をとっている。その上で、合理性のない不必要な基地の整理縮小を求めている。

沖縄アイデンティティの重視は、ただちに独立論に繋がるものではない。1国2制度や多民族国家は実際地球上に存在しており、道州制議論への期待もそうしたなかの一つといえる。51年頃の講和交渉期には、「沖縄人」としてのアイデンティティを軸としつつ、沖縄にとって復帰と独立のどちらがよりよい選択なのかという対立があった。

60年代の復帰運動はそれ自体が「目的」ではなくあくまでも「手段」であった。日本という国家に帰属することは、「日本人」と「沖縄人」のどちらを選択するのかという対立ではなく、「沖縄人」であることを否定して「日本人」を選択したわけではない。

現在の沖縄の民意を反映した「オール沖縄」の主張も同様である。

だが、今後も「構造的差別」が一層強まれば、よりよい選択が別の道となる可能性もありうるだろう。それを避けようとするのであれば、沖縄現代史が辿った道のりを、可能な限り偏見を持たず、直視することが重要なのである。

あとがき

「沖縄問題」はとかく先入観を持たれがちである。近年でも、沖縄経済は基地に依存している、あるいは、結局沖縄は「補償金」を吊り上げようとしているだけだ、という主張がある。さらには、「オール沖縄」は全基地撤去を要求している、中国に近づいている、といったものまである。

こうした先入観は、何も現状に関するものに限らない。沖縄現代史についても、1950年代から本土同様の保革対立を前提とした理解がいまだに根強い。復帰運動は革新勢力が担ったものである、あるいは、保守＝基地依存派、革新＝基地反対派といった単純な理解もされている。

本書で明らかにしたように、こうした先入観はすべて誤りである。たとえば、保守勢力は一定程度の基地は容認しつつも基地経済の弊害を懸念し、50年代以降、一貫して自立経済の樹立を主張してきた。先入観がなくなればすぐに答えが見つかるわけではない。けれども複雑に絡み合った糸を解きほぐすことで、ひとまず解決の糸口を見つけやすくなるだろう。もしこうした先入観を一つでも持っていたのだとすれば、現代日本の最重要課題の一つである「沖縄問題」がまったく違って見えてくるのではないだろうか。

＊

本書は私にとって2冊目の単著である。1冊目の『沖縄の復帰運動と保革対立　沖縄地域社会の変容』（有志舎、2012年）は2008年に提出した博士論文を基にしたものである。そこでは、50〜60年代の復帰運動の変遷をたどるなかで、戦後沖縄の保革対立を自明とせず、米軍統治のなかで保革対立自体がどのように形成されたのか、そしてその一方で「島ぐるみ」の動きが困難になっていく過程を論じた。

こうした沖縄研究にいたるまでには次のような経緯があった。

新潟県新潟市に生まれ、特に沖縄に縁もゆかりもなかった私は、歴史好きが高じて日本中世史を勉強したいと思い、京都の大学に進学した。しかし、学部に在学した90年代後半は、冷戦終結という激動を経て、日本近現代史の議論がさかんに行われている時期でもあり、私もその影響を受けて関心が一気に近現代史に移る。そしてまさに95年以降の「沖縄問題」再高揚のなかで、紆余曲折を経ながら戦後の沖縄を卒業論文のテーマとすることになったのである。

それ以来、私は修士論文、博士論文と一貫して沖縄の復帰運動を研究対象とし、特に沖縄教職員会や沖縄県祖国復帰協議会（復帰協）について検討してきた。当初は私も保革対立を前提とした先入観を持っていたのだが、実際に史料を読んでいくうちに、その枠組みに収まりきらない事実が多いことに気が付き、従来の叙述に違和感を覚えるようになった。だが、私が本格的に研究を始めた00年代前半は、ようやく50年代初頭くらいまでを対象とした沖縄現代史の新たな潮流が出始めた頃であり、50〜60年代の保革対立自体に疑いを持つことは、いまだに難しく、周囲の理解を得ることすら難しい時期でもあった。

このようななかさらに研究を進める上で決定的だったのが、50〜60年代に復帰運動の現場にいた方々への聞き取りを行ったことである。もちろん40〜50年前のお話を伺ううえで、さまざまなバイアスがかかることは前提としなければならないが、伺うお話と、自分が史料に基づいて抱いてきた枠組みがピタリと一致していくという、不思議な、かつ大変刺激的な経験をする。それによって違和感は確信へと変わり、博士論文に結びつくことになった。

＊

本書執筆のきっかけは、吉田裕氏に中公新書編集部の白戸直人氏をご紹介いただいたことである。12年8月の現代史サマーセミナーでの拙著書評会後、これからの研究構想をお話ししたことが直接の契機であった。当初は米軍統治期のより具体的なテーマを想定していたのだが、白戸氏に初めてお会いした際にそれは一蹴され、現代までの通史を書かないかとのお誘いをいただくことになった。

とはいえ、私の専門は復帰前までであり、本書1〜4章はこれまでの蓄積もあって比較的執筆に困難はなかったが、5章以降についてはなかなか書き進めることができなかった。それでもどうにか書き上げることができたのは、14年11月の沖縄県知事選、12月の衆院選にいたる状況を目の当たりにし、そこまでを区切りとする枠組みを具体化することが自分のなかで可能となったからである。

それでも私にとって新書の執筆は初めての経験であり、特に多くの読者を想定した文章とすることには困難がともなった。本書が少しでも読みやすくなっているとすれば、それは白戸氏と重ねた応答の賜物である。

また、本書の具体的な構想に取りかかったのとほぼ同時期の13年春からは、立命館大学衣笠総合研究機構の専門研究員として採用された。受入教員の加藤政洋氏をはじめ、大学関係者には十分な研究環境を整えていただいた。任期付きではあるが、研究に専念できるこのような恵まれた環境がなければ、本書をまとめることは到底不可能であった。さらには、本書執筆に当たっては、JSPS科研費24820064、26870710および、トヨタ財団（研究助成プログラム）D12-R-0746の助成を受けている。

本書ができ上がるまでには、このほかにも多くの方々にお世話になったことは言うまでもない。紙幅に限りがあるため、すべての方のお名前を挙げることができないが、最後に、あらためてこれまでお世話になった皆様に心より御礼申し上げたい。

２０１５年８月

櫻澤　誠

付録① 県民総所得と農林水産業純生産額，軍関係受取，観光収入（1972～2012年度）　（億円）

年度	県民総所得	農林水産業	軍関係	観光	軍関係の割合註1	観光の割合註2
72	5,013	287	777	324	15.5%	6.5%
73	7,177	376	785	460	10.9%	6.4%
74	8,611	440	966	577	11.2%	6.7%
75	10,028	496	1,010	1,277	10.1%	12.7%
76	10,656	594	1,061	589	10.0%	5.5%
77	11,631	669	1,006	940	8.6%	8.1%
78	13,176	721	996	1,197	7.6%	9.1%
79	14,610	723	1,035	1,507	7.1%	10.3%
80	15,647	673	1,113	1,497	7.1%	9.6%
81	17,098	753	1,330	1,634	7.8%	9.6%
82	18,226	742	1,346	1,645	7.4%	9.0%
83	19,464	734	1,366	1,679	7.0%	8.6%
84	20,844	760	1,483	1,929	7.1%	9.3%
85	22,512	804	1,441	1,862	6.4%	8.3%
86	23,872	739	1,345	1,929	5.6%	8.1%
87	25,165	746	1,282	2,125	5.1%	8.4%
88	26,284	666	1,310	2,173	5.0%	8.3%
89	28,168	811	1,394	2,478	4.9%	8.8%
90	29,051	643	1,425	2,668	4.9%	9.2%
91	30,606	594	1,481	2,836	4.8%	9.3%
92	31,929	625	1,563	2,803	4.9%	8.8%
93	33,134	603	1,573	2,772	4.7%	8.4%
94	33,099	552	1,567	2,776	4.7%	8.4%
95	33,843	552	1,603	2,959	4.7%	8.7%
96	35,056	565	1,822	3,077	5.2%	8.8%
97	35,700	592	1,840	3,434	5.2%	9.6%
98	36,393	530	1,962	3,604	5.4%	9.9%
99	36,659	556	1,882	3,864	5.1%	10.5%
00	37,459	510	1,934	3,772	5.2%	10.1%
01	37,976	513	2,008	3,420	5.3%	9.0%
02	38,008	397	2,033	3,483	5.3%	9.2%
03	38,564	499	2,103	3,773	5.5%	9.8%
04	38,298	512	2,104	3,694	5.5%	9.6%
05	38,780	537	2,007	4,057	5.2%	10.5%
06	39,235	544	2,142	4,083	5.5%	10.4%
07	39,550	551	2,067	4,289	5.2%	10.8%
08	39,033	484	2,042	4,299	5.2%	11.0%
09	39,559	485	2,056	3,778	5.2%	9.6%
10	39,823	515	2,086	4,025	5.2%	10.1%
11	39,986	356	1,970	3,783	4.9%	9.5%
12	40,165	429	2,160	3,997	5.4%	10.0%

註記／（1）県民総所得に占める軍関係受取の割合、（2）県民総所得に占める観光収入の割合。なお1972～74年度の観光収入は暦年の値。軍関係受取は自衛隊関係の軍用地料を除く。1996年度以降の軍関係受取には、米軍基地内での建設工事、テナント業者の営業活動で得た雇用者の報酬、企業の利益が新たに算入

出典／沖縄県知事公室基地対策課編『沖縄の米軍及び自衛隊基地（統計資料集）平成27年3月』（同課、2015年）を基に著者作成

付録② 1人当たり県民所得と国民所得との格差

（1972～2012年度）（千円）

年度	沖縄県	国	所得格差
1972	445	742	60.0%
73	623	946	65.8%
74	729	1047	69.6%
75	826	1121	73.7%
76	873	1261	69.2%
77	945	1361	69.4%
78	1060	1490	71.1%
79	1151	1654	69.6%
80	1199	1728	69.4%
81	1292	1791	72.1%
82	1364	1848	73.8%
83	1430	1922	74.4%
84	1503	2031	74.0%
85	1572	2109	74.6%
86	1641	2174	75.5%
87	1714	2304	74.4%
88	1787	2441	73.2%
89	1900	2607	72.9%
90	1999	2799	71.4%
91	1966	2992	65.7%
92	2038	2967	68.7%
93	2082	2955	70.5%
94	2029	2988	67.9%
95	2033	2983	68.2%
96	2100	3076	68.3%
97	2099	3104	67.6%
98	2123	3000	70.8%
99	2112	2947	71.7%
2000	2117	2988	70.8%
01	2072	2883	71.9%
02	2047	2855	71.7%
03	2072	2883	71.9%
04	2038	2897	70.3%
05	2045	2928	69.8%
06	2050	2957	69.3%
07	2049	2978	68.8%
08	1990	2773	71.8%
09	2017	2690	75.0%
10	2037	2755	73.9%
11	2026	2733	74.1%
12	2035	2754	73.9%

出典／１９９０年までは琉球新報社編集局編『現代沖縄事典　復帰後全記録』（琉球新報社、１９９２年）。１９９１～２０００年度は沖縄県企画部統計課編『平成15年度　県民経済計算』（同課、２００６年）。２００１～12年度は沖縄県企画部統計課編『平成24年度　県民経済計算』（同課、２０１５年）を基に著者作成

付録③ 沖縄の完全失業者数と完全失業率（1972～2013年）（千人）

年	完全失業者数	完全失業率	全国・完全失業率
1972	11	3.0%	1.4%
73	13	3.5%	1.3%
74	15	4.0%	1.4%
75	21	5.3%	1.9%
76	26	6.3%	2.0%
77	29	6.8%	2.0%
78	26	6.0%	2.2%
79	24	5.4%	2.1%
80	23	5.1%	2.0%
81	25	5.4%	2.2%
82	23	4.9%	2.4%
83	28	5.8%	2.6%
84	26	5.2%	2.7%
85	25	5.0%	2.6%
86	27	5.3%	2.8%
87	27	5.2%	2.8%
88	26	4.9%	2.5%
89	24	4.4%	2.3%
90	22	3.9%	2.1%
91	23	4.0%	2.1%
92	24	4.3%	2.2%
93	25	4.4%	2.5%
94	29	5.1%	2.9%
95	33	5.8%	3.2%
96	38	6.5%	3.4%
97	36	6.0%	3.4%
98	47	7.7%	4.1%
99	51	8.3%	4.7%
2000	50	7.9%	4.7%
01	53	8.4%	5.0%
02	52	8.3%	5.4%
03	49	7.8%	5.3%
04	49	7.6%	4.7%
05	51	7.9%	4.4%
06	50	7.7%	4.1%
07	47	7.4%	3.9%
08	48	7.4%	4.0%
09	50	7.5%	5.1%
10	51	7.6%	5.1%
11	47	7.1%	4.5%
12	46	6.8%	4.3%
13	39	5.7%	4.0%

註記／数値は年平均
出典／1990年までは琉球新報社編集局編『現代沖縄事典　復帰後全記録』（琉球新報社、1992年）。1991年以降は沖縄県ウェブページ「労働力調査」、総務省統計局ウェブページ「労働力調査」を基に著者作成

主要参考文献（50音順）

東江平之・宮城悦二郎・保坂廣志編『大田昌秀教授退官記念論文集　沖縄を考える』アドバイザー、1990年
新崎盛暉編『ドキュメント沖縄闘争』亜紀書房、1969年
新崎盛暉『戦後沖縄史』日本評論社、1976年
新崎盛暉『沖縄同時代史　第7巻 1996～1997.6　平和と自立をめざして』凱風社、1997年
新崎盛暉『沖縄現代史　新版』岩波書店、2005年
新崎盛暉『新崎盛暉が説く　構造的沖縄差別』高文研、2012年
新崎盛暉編『沖縄を越える　民衆連帯と平和創造の核心現場から』凱風社、2014年
石原昌家『空白の沖縄社会史　戦果と密貿易の時代』晩聲社、2000年
石原昌家・大城将保・保坂廣志・松永勝利『争点沖縄戦の記憶』社会評論社、2002年
稲嶺惠一『稲嶺惠一回顧録　我以外皆我が師』琉球新報社、2011年
エルドリッヂ、ロバート・D『沖縄問題の起源　戦後日米関係における沖縄 1945-1952』名古屋大学出版会、2003年
大城常夫・高良倉吉・真栄城守定『沖縄イニシアティブ』ひるぎ社、2000年
大田昌秀『沖縄の帝王　高等弁務官』朝日新聞社、1996年
沖教組十年史編集委員会編『沖教組十年史』沖縄県教職員組合、1985年
沖縄朝日新聞社編『沖縄大観』日本通信社、1953年
沖縄開発庁編『沖縄開発庁十年史』沖縄開発庁、1983年
沖縄経済振興懇談会編『沖縄経済振興懇談会議事録』沖縄経済振興懇談会、1966年
沖縄経済同友会編『沖縄経済同友会30周年記念誌』沖縄経済同友会、2014年
沖縄県議会事務局編『沖縄県議会史　第13巻　資料編10　群島議会Ⅰ』沖縄県議会、1995年
沖縄県企画部統計課編『平成15年度　県民経済計算』沖縄県企画部統計課、2006年
沖縄県企画部統計課編『平成24年度　県民経済計算』沖縄県企画部統計課、2015年
沖縄県教育委員会編『概説　沖縄の歴史と文化』沖縄県教育委員会、2000年
沖縄県護国神社編『沖縄県護国神社の歩み』沖縄県護国神社、2000年
沖縄県商工労働部編『沖縄県労働史　第3巻』沖縄県、2001年
沖縄県生活福祉部援護課編『沖縄の霊域（改訂版）』沖縄県生活福祉部援護課、1983年

沖縄県総務部広報課編『行政記録　総合版』1～4、沖縄県総務部広報課、1980～84年
沖縄県総務部知事公室編『沖縄の米軍及び自衛隊基地（統計資料集）平成4年3月』沖縄県総務部知事公室、1992年
沖縄県祖国復帰闘争史編纂委員会編『沖縄県祖国復帰闘争史　資料編』沖縄時事出版、1982年
沖縄県知事公室基地対策課編『沖縄の米軍基地　平成25年3月』沖縄県知事公室基地対策課、2013年
沖縄県知事公室基地対策課編『沖縄の米軍及び自衛隊基地（統計資料集）平成27年3月』沖縄県知事公室基地対策課、2015年
沖縄県知事公室広報課編『行政記録　総合版』5～7、沖縄県知事公室広報課、1991～96年
沖縄県文化観光スポーツ部観光政策課編『平成25年版　観光要覧』沖縄県文化観光スポーツ部観光政策課、2014年
沖縄社会大衆党史編纂委員会編『沖縄社会大衆党史』沖縄社会大衆党、1981年
沖縄自由民主党編『祖国への道』沖縄自由民主党、1960年
沖縄人民党史編集刊行委員会編『沖縄人民党の歴史』沖縄人民党史編集刊行委員会、1985年
沖縄戦後選挙史編集委員会編『沖縄戦後選挙史』1～4・別巻、沖縄県町村会、1983～96年
沖縄大百科事典刊行事務局編『沖縄大百科事典』上・中・下・別巻、沖縄タイムス社、1983年
沖縄タイムス社編『沖縄年鑑』1959～72、沖縄タイムス社、1959～72年
沖縄タイムス社編『50年目の激動　総集　沖縄・米軍基地問題』沖縄タイムス社、1996年
沖縄の文化と自然を守る十人委員会編『沖縄喪失の危機』沖縄タイムス社、1976年
「沖縄を知る事典」編集委員会編『沖縄を知る事典』日外アソシエーツ、2000年
「沖縄を知る事典」編集委員会編『沖縄を深く知る事典』日外アソシエーツ、2003年
小熊英二『〈日本人〉の境界　沖縄・アイヌ・台湾・朝鮮　植民地支配から復帰運動まで』新曜社、1998年
鹿野政直『戦後沖縄の思想像』朝日新聞社、1987年
鹿野政直『沖縄の戦後思想を考える』岩波書店、2011年
我部政明『戦後日米関係と安全保障』吉川弘文館、2007年
川瀬光義『基地維持政策と財政』日本経済評論社、2013年
川手摂『戦後琉球の公務員制度史　米軍統治下における「日本化」の諸相』東京大学出版会、2012年
岸政彦『同化と他者化　戦後沖縄の本土就職者たち』ナカニシヤ出版、2013年
北村毅『死者たちの戦後誌　沖縄戦跡をめぐる人びとの記憶』御茶の水書房、2009年
来間泰男『沖縄の米軍基地と軍用地料』榕樹書林、2012年
河野康子『沖縄返還をめぐる政治と外交　日米関係史の文脈』東京大学出版会、1994年
小松寛『日本復帰と反復帰　戦後沖縄ナショナリズムの展開』早稲田大学出版部、2015年
櫻澤誠『沖縄の復帰運動と保革対立　沖縄地域社会の変容』有志舎、2012年
佐道明広『沖縄現代政治史　「自立」をめぐる攻防』吉田書店、

２０１４年
嶋津与志『沖縄戦を考える』ひるぎ社、１９８３年
島袋純『「沖縄振興体制」を問う　壊された自治とその再生に向けて』法律文化社、２０１４年
島袋嘉昌編『戦後沖縄の企業経営』中央経済社、１９８２年
下地芳郎『沖縄観光進化論』琉球書房、２０１２年
自由民主党沖縄県連史編纂委員会編『戦後六十年沖縄の政情　自由民主党沖縄県連史』自由民主党沖縄県支部連合会、２００５年
瀬長浩『世がわりの記録　復帰対策作業の総括』若夏社、１９８５年
平良辰雄『戦後の政界裏面史　平良辰雄回顧録』南報社、１９６３年
平良好利『戦後沖縄と米軍基地　「受容」と「拒絶」のはざまで　1945～1972年』法政大学出版局、２０１２年
高橋順子『沖縄〈復帰〉の構造　ナショナル・アイデンティティの編成過程』新宿書房、２０１１年
多田治『沖縄イメージの誕生　青い海のカルチュラル・スタディーズ』東洋経済新報社、２００４年
多田治『沖縄イメージを旅する　柳田國男から移住ブームまで』中央公論新社、２００８年
知花昌一『焼きすてられた日の丸　基地の島・沖縄読谷から（増補版）』社会批評社、１９９６年
照屋榮一『終戦39周年記念　沖縄行政機構変遷史』照屋榮一、１９８４年
当間重剛『当間重剛回想録』当間重剛回想録刊行会、１９６９年
土地連三十周年記念誌編集委員会編『土地連のあゆみ　創立三十年史』新聞集成編・資料編・通史編、沖縄県軍用地等地主会連合会、１９８４・85・89年
鳥山淳『沖縄／基地社会の起源と相克　1945－1956』勁草書房、２０１３年
中島琢磨『沖縄返還と日米安保体制』有斐閣、２０１２年
中野好夫編『戦後資料　沖縄』日本評論社、１９６９年
中野好夫・新崎盛暉『沖縄戦後史』岩波書店、１９７６年
仲程昌徳『沖縄の戦記』朝日新聞社、１９８２年
南方同胞援護会編『沖縄問題基本資料集』南方同胞援護会、１９６８年
南方同胞援護会編『追補版　沖縄問題基本資料集』南方同胞援護会、１９７２年
比嘉幹郎『沖縄　政治と政党』中央公論社、１９６５年
福間良明『「反戦」のメディア史　戦後日本における世論と輿論の拮抗』世界思想社、２００６年
藤澤健一『沖縄／教育権力の現代史』社会評論社、２００５年
前田哲男・林博史・我部政明編『〈沖縄〉基地問題を知る事典』吉川弘文館、２０１３年
松岡政保『波乱と激動の回想　米国の沖縄統治25年』松岡政保、１９７２年
松島泰勝『沖縄島嶼経済史　一二世紀から現在まで』藤原書店、２００２年
松田賀孝『戦後沖縄社会経済史研究』東京大学出版会、１９８１年
宮城悦二郎『占領者の眼』那覇出版社、１９８２年
宮里政玄『アメリカの沖縄統治』岩波書店、１９６６年

宮里政玄編『戦後沖縄の政治と法　1945－72年』東京大学出版会、1975年
宮里政玄『日米関係と沖縄　1945－1972』岩波書店、2000年
宮本憲一編『講座地域開発と自治体3　開発と自治の展望・沖縄』筑摩書房、1979年
宮本憲一・佐々木雅幸編『沖縄　21世紀への挑戦』岩波書店、2000年
宮本憲一・川瀬光義編『沖縄論　平和・環境・自治の島へ』岩波書店、2010年
森宣雄『地のなかの革命　沖縄戦後史における存在の解放』現代企画室、2010年
門奈直樹『アメリカ占領時代　沖縄言論統制史　言論の自由への闘い』雄山閣、1996年
屋嘉比収『沖縄戦、米軍占領史を学びなおす　記憶をいかに継承するか』世織書房、2009年
山本英治・高橋明善・蓮見音彦編『沖縄の都市と農村　復帰・開発と構造的特質』東京大学出版会、1995年
屋良朝苗編『沖縄教職員会16年　祖国復帰・日本国民としての教育をめざして』労働旬報社、1968年
屋良朝苗『屋良朝苗回顧録』朝日新聞社、1977年
屋良朝苗『激動八年　屋良朝苗回想録』沖縄タイムス社、1985年
琉球銀行調査部編『戦後沖縄経済史』琉球銀行、1984年
琉球新報社編『戦後政治を生きて　西銘順治日記』琉球新報社、1998年
琉球新報社編集局編『現代沖縄事典　復帰後全記録』琉球新報社、1992年
渡辺昭夫『戦後日本の政治と外交　沖縄問題をめぐる政治過程』福村出版、1970年

『琉球新報』
『沖縄タイムス』

◎主要図版出典一覧

読売新聞　123、131、136、165下、187、189、235、268、277、282、295、308、314、319ページ
共同通信　45、60、165上、227、244、290ページ
時事通信　140、196、224ページ
産経新聞　146、261、297ページ
毎日新聞　143、228ページ
桑江朝幸『民族の血は燃えて　異民族支配下の闘争裏面史』（新星図書、1972年）35ページ
大山朝常『大山朝常のあしあと』（うるま通信社、1977年）273ページ

沖縄現代史関連年表

年	月日	出来事	知事
	12・27	仲井眞知事，辺野古埋め立てを承認	
2014	1・19	名護市長選，稲嶺進が再選（2期目）	
	8・18	辺野古で海底ボーリング調査が開始	
	11・16	沖縄知事選，翁長雄志が当選	翁長雄志
	12・14	衆院選挙，沖縄4選挙区すべてで「オール沖縄」候補が勝利	
2015	2・17	高江着陸帯N4地区2ヵ所の先行提供が閣議決定	
	2・22	自衛隊配備の賛否を問う与那国町住民投票．賛成57.76%	
	5・17	戦後70年止めよう辺野古新基地建設！沖縄県民大会が開催	
	5・27	翁長知事が訪米（～6月5日）	
	7・16	「普天間飛行場代替施設建設事業に係る公有水面埋立承認手続に関する第三者委員会」が翁長知事に検証結果報告書を提出．「法的瑕疵」を指摘	

年	月日	出来事	知事
		について」が閣議決定	↓
	11・19	沖縄県知事選．仲井眞弘多が当選	仲井眞弘多
2007	5・23	米軍再編特措法が成立	
	9・29	教科書検定意見撤回を求める県民大会が開催	
2009	4・1	防衛省，環境影響評価準備書を沖縄県に提出（2日～，公告縦覧）	
	8・30	衆院選挙，民主党第1党，政権交代（9月16日，鳩山由紀夫内閣成立）	
2010	1・24	名護市長選，稲嶺進が当選	
	4・25	米軍普天間飛行場の早期閉鎖・返還と県内移設に反対し国外・県外移設を求める県民大会が開催	
	5・28	日米共同発表．辺野古移設合意．（6月4日，鳩山内閣総辞職）	
	9・7	尖閣諸島中国漁船衝突事件	
	11・28	沖縄県知事選．仲井眞弘多が再選（2期目）	
	12・17	石垣市，条例で1月14日を「尖閣諸島開拓の日」に制定	
2011	3・11	東日本大震災，東京電力福島第1原子力発電所事故	
	8	八重山教科書問題（～14年4月）	
	11・1	沖縄科学技術大学院大学が設立	
	12・28	那覇防衛局，未明に環境影響評価書を県庁守衛室に運び込む	
2012	3・30	改正沖縄振興特別措置法，「跡地法」が成立	
	5・15	沖縄県，沖縄21世紀ビジョン基本計画（沖縄振興計画）を決定	
	9・9	オスプレイ配備に反対する沖縄県民大会が開催（10月1日，配備実施）	
	12・16	衆院選挙，自民党第1党，政権復帰（12月26日，第2次安倍晋三内閣成立）	
2013	1・28	県民大会実行委員会共同代表が「建白書」を安倍首相に手渡す	
	2・22	日米首脳会談で「普天間飛行場の早期移設」が合意	
	3・7	新石垣空港（愛称「南ぬ島石垣空港」）が開港	
	3・22	那覇防衛局，沖縄県に辺野古埋め立てを申請	
	4・28	政府主催「主権回復・国際社会復帰を記念する式典」が開催	↓

年	月日	出来事	知事
1997	1・27	名護市辺野古で「ヘリポート建設阻止協議会　命を守る会」が結成	大田昌秀
	4・17	改正駐留軍用地特別措置法，成立	
	9・23	日米政府，「日米防衛協力のための指針」（新ガイドライン）で合意	
	12・21	名護市住民投票	
	12・24	比嘉名護市長，基地受け入れと辞任表明	
1998	11・15	沖縄県知事選．稲嶺恵一が当選	稲嶺恵一
1999	7・8	地方分権推進一括法，成立	
	12・28	「普天間飛行場の移設に係る政府方針」が閣議決定	
2000	2・10	北部振興協議会，発足	
	7・21	九州・沖縄サミット（～23日）	
	8・25	沖縄政策協議会，「沖縄経済振興21世紀プラン」最終報告	
	11・12	那覇市長選．翁長雄志が当選．32年ぶりに保守が市政奪還	
	11・30	「琉球王国のグスク及び関連遺産群」が世界遺産に登録	
2001	1・6	中央省庁再編．沖縄開発庁は内閣府沖縄振興局に	
	4・2	NHK 連続テレビ小説「ちゅらさん」放映開始（～9月29日）	
	9・11	アメリカ同時多発テロ	
2002	7・10	沖縄振興計画が閣議決定	
	11・1	沖縄美ら海水族館が開館	
	11・17	沖縄県知事選．稲嶺恵一が再選（2期目）	
2003	3・20	イラク戦争開始	
	8・10	沖縄都市モノレール（ゆいレール）が那覇空港―首里間で開業	
	11・16	ラムズフェルド国防長官が沖縄を訪問（～17日）	
2004	1・18	国立劇場おきなわ，開場	
	8・13	沖国大米軍ヘリ墜落事件	
2005	10・29	日米安全保障協議委員会，「日米同盟：未来のための変革と再編」を発表．「L字案」提起	
2006	5・1	日米安全保障協議委員会，「再編実施のための日米のロードマップ」を発表．「V字案」明記	
	5・30	「在日米軍の兵力構成見直し等に関する政府の取組	

年	月日	出来事	知事
	8・23	第1回世界のウチナーンチュ大会が開催（～26日）	
	11・18	沖縄県知事選．大田昌秀が当選	
1991	3・26	地方自治法改正．「慰霊の日」公休日が継続	
1992	9・28	第3次沖縄振興開発計画（第3次沖振計）が閣議決定	
	11・3	首里城公園が開園	
1993	1・10	NHK大河ドラマ「琉球の風」放映開始（～6月13日）	
	4・23	第44回全国植樹祭．天皇・皇后初の沖縄訪問	
1994	9・9	宝珠山防衛施設庁長官発言（「沖縄は基地と共生・共存してほしい」）	
	11・20	沖縄県知事選．大田昌秀が再選（2期目）	
1995	5・19	「軍転特措法」，成立	
	6・23	平和の礎が建立	
	8・1	沖縄県公文書館が開館	
	9・4	米兵少女暴行事件	
	9・28	大田知事，代理署名拒否を表明	大田昌秀
	10・21	米軍人による少女暴行事件を糾弾し日米地位協定の見直しを要求する沖縄県民総決起大会が開催	
	11・17	沖縄米軍基地問題協議会の設置が閣議決定	
	11・20	沖縄における施設及び区域に関する特別行動委員会（SACO）設置	
	12・7	村山首相，大田知事を提訴（代理署名訴訟）	
	12・25	八重山戦争マラリア補償問題が政治的解決（1999年5月28日，八重山平和祈念館が開館）	
1996	4・12	橋本・モンデール会談普天間飛行場条件付き返還で合意	
	8・19	沖縄米軍基地所在市町村に関する懇談会（島田懇）発足	
	8・28	代理署名訴訟最高裁判決，県が敗訴	
	9・8	沖縄県民投票	
	9・13	大田知事，公告・縦覧代行を表明	
	9・17	沖縄政策協議会の設置が閣議決定	
	11・11	大田知事，「国際都市形成構想」を決定	
	12・2	SACO最終報告．沖縄米軍基地の整理縮小を明記（11施設，約5000ha）	

沖縄現代史関連年表

年	月日	出来事	知事
1974	9・5	金武湾を守る会が，埋め立て無効を求め，那覇地裁に提訴	屋良朝苗
1975	7・20	沖縄国際海洋博覧会が開催（～1976年1月18日）	
1976	6・13	沖縄県知事選．平良幸市が当選	
	6・22	退任2日前の屋良知事がCTSタンク設置認可を承認	
1977	5・18	地籍明確化法，成立	平良幸市
1978	7・30	「人は右，車は左」に交通方式変更（７《ナナ》・３０《サンマル》）	
	11・27	日米政府，「日米防衛協力のための指針」（旧ガイドライン）で合意	
	12・10	沖縄県知事選．西銘順治が当選	西銘順治
1979	7・19	3者連絡協議会（沖縄県，那覇防衛施設局，在沖米軍）が発足	
1980	12・3	西銘知事と中山沖縄開発庁長官の合意により対米放棄請求権問題が解決	
1981	1	沖縄県で自衛官募集業務開始	
	4・1	沖縄県で主任制実施	
1982	2・26	嘉手納基地爆音訴訟，提訴	
	6	教科書検定に際して沖縄戦住民虐殺が削除されていたことが問題となる（歴史教科書問題）	
	8・5	第2次沖縄振興開発計画（第2次沖振計）が閣議決定	
	11・14	沖縄県知事選西銘順治が再選（2期目）	
1983	12・8	沖縄戦記録フィルム1フィート運動の会が結成	
1984	2・6	中城湾港建設着工	
1985	5・31	西銘知事，沖縄県知事として初の渡米（～6月21日）	
1986	4・1	沖縄県立芸術大学が開学	
	11・16	沖縄知事選西銘順治が再選（3期目）	
1987	6・21	初の嘉手納基地包囲行動	
	9・20	沖縄海邦国体夏季大会（～23日）	
	10・25	沖縄海邦国体秋季大会（～30日）	
1988	5・26	那覇市にフリーゾーン（自由貿易地域）が開設	
1989	6・23	ひめゆり平和祈念資料館が開館	
1990	6・19	日米合同委員会，沖縄米軍基地返還リスト（17施設23件，約1000ha）を発表	

年	月日	出来事	主席／知事
	3・19	ケネディ新政策が発表	
1963	3・5	キャラウェイ高等弁務官，「自治神話論」演説を行う	
1964	10・31	松岡政保が第4代行政主席に就任	松岡政保
1965	8・19	佐藤栄作首相が沖縄を訪問（～21日）	
1966	7・1	沖縄経済振興懇談会が発足	
1967	2	教公2法阻止闘争	
	11・15	佐藤・ジョンソン共同声明	
1968	4・24	全軍労10割年休闘争	
	11・10	主席公選．屋良朝苗が当選．第5代行政主席に（12月1日就任）	屋良朝苗
1969	2・4	2・4ゼネストが回避され，生命を守る県民総決起大会が開催	
	11・21	佐藤・ニクソン共同声明．「72年返還」決定	
1970	9・7	琉球政府，「長期経済開発計画」を決定	
	11・15	国政参加選挙	
	12・20	コザ騒動	
1971	5・19	5・19ゼネスト	
	6・17	沖縄返還協定締結	
	10・16	「沖縄国会」（～12月27日）	
	11・10	11・10ゼネスト	
	12・9	反戦地主会が結成	
	12・30	公用地暫定使用法，成立	
1972	1・7	佐藤・ニクソン共同声明，5月15日施政権返還で合意	
	5・15	沖縄返還協定発効．沖縄復帰記念式典．沖縄県設置．沖縄開発庁設置	
	6・25	沖縄県知事選．屋良朝苗が当選	屋良朝苗
	11・26	沖縄復帰記念植樹祭	
	12・18	沖縄振興開発計画（第1次沖振計）が閣議決定	
1973	4・24	在沖米海兵隊による県道104号越え実弾砲撃訓練が開始（それに対し，翌年からキセンバル闘争が実施）	
	5・3	復帰記念沖縄特別国民体育大会（若夏国体，～6日）	
	9・25	金武湾を守る会が結成	

沖縄現代史関連年表

年	月日	出来事	主席
		無期限保持を明言	比嘉秀平
	3・17	米国民政府，「軍用地料一括払いの方針」を発表	
	4・30	立法院，「軍用地処理に関する請願」を全会一致で可決	
	10	人民党事件	
1955	1・13	『朝日新聞』が「米軍の「沖縄民政」を衝く」を掲載（「朝日報道」）	
	5・23	渡米折衝団（～6月28日，比嘉主席ほか）	
	6	琉球政府，経済振興第1次五ヵ年計画を策定	
	7・21	伊江島住民による「乞食行進」実施（～1956年2月）	
	9・4	由美子ちゃん事件	
1956	6・9	プライス勧告が発表	
	6・20	プライス勧告反対・軍用地4原則貫徹住民大会が開催	
	11・11	当間重剛が第2代行政主席に就任	当間重剛
	11・15	南方同胞援護会が発足	
	12・25	那覇市長選瀬長亀次郎が当選（布令改正により1957年11月25日失職）	
1957	6・5	高等弁務官制となる	
1958	1・12	那覇市長選兼次佐一が当選	
	2・16	沖縄社会党が結成	
	6・10	渡米折衝団（～7月21日，団長・安里積千代立法院議長）	
	9・16	B円からドルへの通貨切替（～20日）	
	11・3	米琉共同声明が発表軍用地問題は終焉	
1959	4・25	沖縄県護国神社が再建（仮社殿）（1965年11月19日，本社殿復興）	
	6・30	石川宮森小学校ジェット機墜落事件	
	10・5	沖縄自由民主党が結成	
	11・11	大田政作が第3代行政主席に就任	大田政作
1960	4・28	沖縄県祖国復帰協議会（復帰協）が結成	
	6・19	アイゼンハワー大統領が沖縄を訪問．復帰協のアイク請願デモ	
1961	12・17	那覇市長選．西銘順治が当選	
1962	2・1	立法院，「2・1決議」を全会一致で可決	

沖縄現代史 関連年表

年	月日	出来事	主席
1945	3・26	米軍，慶良間諸島上陸．沖縄戦始まる	
	4	ニミッツ布告により米軍政府が発足	
	6・23	第32軍（沖縄守備隊）司令官・参謀長が自決（現在の「慰霊の日」）	
	8・20	沖縄群島で沖縄諮詢会が発足	
	9・7	南西諸島守備軍代表が降伏	
1946	1・29	GHQ 覚書（SCAPIN677）により北緯30度線以南が日本から分離	
	4・24	沖縄群島で沖縄民政府が発足	
1947	6・15	沖縄民主同盟が結成	
	7・20	沖縄人民党が結成	
1948	5・1	琉球銀行が設立	
	7・16	琉球列島の法定通貨をB円軍票に統一	
1949	10・27	シーツ少将が軍政長官に就任	
1950	5・22	琉球大学が開学	
	9・17	群島知事選（奄美のみ10月22日）．平良辰雄（沖縄），西原雅一（宮古），安里積千代（八重山），中江実孝（奄美）がそれぞれ当選	
	10・31	沖縄社会大衆党が結成	
	11	奄美・沖縄・宮古・八重山の各群島に群島政府が発足	
	12・15	米軍政府が米国民政府に改編	
1951	9・8	サンフランシスコ講和条約締結．4群島ではそれぞれ復帰署名運動を実施	
1952	4・1	琉球政府発足，比嘉秀平が初代行政主席に就任	比嘉秀平
	4・28	サンフランシスコ講和条約発効	
	7・1	那覇日本政府南方連絡事務所が設置	
	8・31	琉球民主党が結成	
1953	1・9	映画『ひめゆりの塔』公開	
	3・26	戦傷病者戦没者遺族等援護法の沖縄への適用が公表	
	4・3	米国民政府，布令第109号「土地収用令」を公布	
	6・16	市町村土地特別委員会連合会（土地連）が発足	
	7・24	立法院，労働三法を可決（10月1日施行）	
1954	1・7	アイゼンハワー大統領，一般教書演説で沖縄の	

櫻澤 誠（さくらざわ・まこと）

1978（昭和53）年新潟県生まれ．2001年立命館大学文学部史学科日本史学専攻卒業．08年立命館大学大学院文学研究科博士課程後期課程修了．博士（文学）．立命館大学文学部助手，日本学術振興会特別研究員，立命館大学衣笠総合研究機構専門研究員などを経て，16年4月より大阪教育大学教育学部准教授．専門は日本近現代史・沖縄近現代史．

著書『沖縄の復帰運動と保革対立――沖縄地域社会の変容』（有志舎，2012年）
『沖縄の保守勢力と「島ぐるみ」の系譜――政治結合・基地認識・経済構想』（有志舎，2016年）
『沖縄観光産業の近現代史』（人文書院，2021年）

沖縄現代史《おきなわげんだいし》
中公新書 2342

2015年10月25日初版
2022年 5 月20日 4 版

著 者 櫻 澤　誠
発行者 松 田 陽 三

本文印刷 三晃印刷
カバー印刷 大熊整美堂
製　本 小泉製本

発行所 中央公論新社
〒100-8152
東京都千代田区大手町 1-7-1
電話 販売 03-5299-1730
　　 編集 03-5299-1830
URL https://www.chuko.co.jp/

Published by CHUOKORON-SHINSHA, INC.
Printed in Japan ISBN978-4-12-102342-1 C1221

中公新書 1886

現代史

f1

2105 昭和天皇 古川隆久
2687 天皇家の恋愛 森 暢平
2309 朝鮮王公族—帝国日本の準皇族 新城道彦
2482 日本統治下の朝鮮 木村光彦
632 海軍と日本 池田 清
2192 政友会と民政党 井上寿一
1138 キメラ—満洲国の肖像(増補版) 山室信一
2348 日本陸軍とモンゴル 楊 海英
2144 昭和陸軍の軌跡 川田 稔
2587 五・一五事件 小山俊樹
76 二・二六事件(増補改版) 高橋正衛
2059 外務省革新派 戸部良一
1951 広田弘毅 服部龍二
2657 平沼騏一郎 萩原 淳
795 南京事件(増補版) 秦 郁彦

84
90 太平洋戦争(上下) 児島 襄
2465 日本軍兵士—アジア・太平洋戦争の現実 吉田 裕
2387 戦艦武蔵 一ノ瀬俊也
2525 硫《い》黄《おう》島《とう》 石原 俊
2337 特攻—戦争と日本人 栗原俊雄
244
248 東京裁判(上下) 児島 襄
2015 「大日本帝国」崩壊 加藤聖文
2296 日本占領史 1945-1952 福永文夫
2411 シベリア抑留 富田 武
2471 戦前日本のポピュリズム 筒井清忠
2171 治安維持法 中澤俊輔
1759 言論統制 佐藤卓己
828 清沢《きよさわ》洌《きよし》(増補版) 北岡伸一
2638 幣原喜重郎 熊本史雄
1243 石橋湛山 増田 弘
2515 小泉信三—天皇の師として、自由主義者として 小川原正道